践行总体国家安全观教材

“互联网+活页式理念”新形态教材

牢固树立国家安全观

——国家安全教育学习

李东波 主编

中国言实出版社

图书在版编目(CIP)数据

牢固树立国家安全观 ：国家安全教育学习 / 李东波主编. -- 北京 ：中国言实出版社, 2021.9（2024.2重印）

ISBN 978-7-5171-3340-7

Ⅰ. ①牢… Ⅱ. ①李… Ⅲ. ①国家安全－安全教育－中国－通俗读物 Ⅳ. ①D631-49

中国版本图书馆CIP数据核字（2021）第123333号

牢固树立国家安全观：国家安全教育学习

责任编辑：王战星
责任校对：张　丽

出版发行：中国言实出版社

地　址：北京市朝阳区北苑路180号加利大厦5号楼105室
邮　编：100101
编辑部：北京市海淀区花园路6号院B座6层
邮　编：100088
电　话：010-64924853（总编室）　010-64924716（发行部）
网　址：www.zgyscbs.cn　电子邮箱：zgyscbs@263.net

经　销：新华书店
印　刷：北京同文印刷有限责任公司
版　次：2021年9月第1版　2024年2月第3次印刷
规　格：787毫米×1092毫米　1/16　16.25印张
字　数：366千字

定　价：49.80元
书　号：ISBN 978-7-5171-3340-7

PREFACE 前言

一、背景与使命

国家安全是国家生存发展的前提、人民幸福安康的基础、中国特色社会主义事业的重要保障。“安而不忘危，存而不忘亡，治而不忘乱。”居安思危是治国理政的重大原则，国泰民安是人民群众最基本、最普遍的愿望。

2014 年 4 月 15 日，习近平总书记在中央国家安全委员会第一次全体会议上的重要讲话中指出，必须坚持总体国家安全观，以人民安全为宗旨，以政治安全为根本，以经济安全为基础，以军事、文化、社会安全为保障，以促进国际安全为依托，走出一条中国特色的国家安全道路。2015 年 7 月 1 日，我国颁布并实施《中华人民共和国国家安全法》，将每年 4 月 15 日确定为全民国家安全教育日，明确规定“通过多种形式开展国家安全宣传教育活动，将国家安全教育纳入国民教育体系和公务员教育培训体系，增强全民国家安全意识”。

2016 年 4 月 15 日首个全民国家安全教育日前夕，习近平总书记作出重要指示：“要以设立全民国家安全教育日为契机，以总体国家安全观为指导，全面实施国家安全法，深入开展国家安全宣传教育，切实增强全民国家安全意识。”

2018 年 4 月 9 日，教育部印发《关于加强大中小学国家安全教育的实施意见》，从多个层次对大中小学的国家安全教育作出部署安排，要求各类院校必须大力加强国家安全教育，开设国家安全教育课程。为了贯彻落实教育部关于“研究开发国家安全教育教材”的任务，实现“国家安全教育进学校、进教材、进头脑，提升学生国家安全意识”的目标，培养担当民族复兴大任的时代新人，汇聚维护国家安全的强大力量，我们根据教育部2020年10月发布的《大中小学国家安全教育指导纲要》编写了《牢固树立国家安全观——国家安全教育学习》这本书，以帮助学校更好地开展这门课程。

二、特色与理念

整体而言，本书具有以下特色。

1. 铸魂育人，推动国家安全理念入心。本书以培养学生正确的世界观、人生观和价值观为己任，将社会主义核心价值观、以爱国主义为核心的民族精神、以改革创新为核心的时代精神等有机地融入正文内容与各模块中。例如，提出“素质目标”，将德育渗透于教学过程；讲述我国科技企业（如华为公司）遭遇美国的芯片封锁等科技安全事件，让学生深刻体会我国面临的科技安全危机与挑战，进而有意识地培养国家安全意识；围绕时事热点设置大量的课堂互动活动和实践训练活动，引导学生通过思考、讨论和实践来增强国家安全意识；等等。

2. 内容系统，构筑国家安全思想防线。本书以专题的形式系统地阐述了各重点领域安全的相关内容，包括总体国家安全观总论、政治安全、国土安全、军事安全、经济安全、文化安全、社会安全、科技安全、网络安全、生态安全、资源安全、核安全、海外利益安全和新型领域安全，以增强学生的国家安全意识，促使其自觉维护国家安全。

3. 体例新颖，述说国家安全多样故事。本书既有简明扼要、通俗易懂的理论知识，又有形式新颖、内容丰富的多个模块。

- 内容导读：每一专题的篇首都设有一段用于点明主题的导读内容，可让学生了解各专题的主要内容和重点知识。
- 学习目标：每一专题的篇首均设有“知识目标”“能力目标”“素质目标”。其中，“知识目标”用于明确学生所应掌握的知识重点，“能力目标”用于明确学生所应具备的主要技能，“素质目标”用于明确学生应当提升的基本素养。
- 国家安全聚焦：每一专题的篇首均设有一篇导读性案例，启发学生思考国家安全各领域的相关内容，进而带着问题学习正文内容。
- 生活实例：即与国家安全各领域内容相关且紧贴生活实际的典型案例，丰富学生国家安全方面的感性认识，帮助学生更好地理解正文内容。
- 时事博览：即与国家安全各领域内容相关的国内外时事，可帮助学生从世界横向视角理解维护国家安全的重要性。
- 历史纵横：即与国家安全各领域内容相关的历史事件，可帮助学生从历史纵向视角理解国家安全内涵的发展变化，更好地理解国家安全所面临的威胁与挑战。
- 法治在线：即与国家安全法律法规相关的案例及其涉及的法律条文，可从法治的角度增强学生的国家安全意识，使学生进一步认识危害国家安全所造成的严重后果。

- **互动空间：**即结合正文内容设计的课堂互动活动，可引导学生思考实际生活中的国家安全问题，帮助学生深入理解国家安全各领域内容的内涵。
- **相关链接：**即与正文内容相关的拓展性阅读材料，有利于学生更好地理解正文内容。
- **实践活动：**每一专题的篇末均设有与专题内容紧密相关的实践活动，用于指导学生从身边的小事做起，践行总体国家安全观。

4．扫码即学，呈现安全教育立体视野。本书提供了丰富的微课视频，这些视频精彩呈现了国家安全方面的指导精神、法律规定、经典案例、时事热点、实践感想等内容，可增强正文内容的感染力，帮助学生开阔视野，增强国家安全意识。另外，学生可以登录文旌综合教育平台“文旌课堂”（www.wenjingketang.com）下载相关资源。

三、框架与课时

本书采用“总—分”结构系统阐述了总体国家安全观的内容。其中，专题一全面阐述了总体国家安全观的基本内涵、主要内容、重要意义和落实原则等内容，专题二至专题十四分别阐述了总体国家安全观的各个重点领域。各校授课教师可以结合自身教学实际和下列课时表进行教学安排。

专题	内容	课时安排
专题一	总体国家安全观总论	2 课时
专题二	政治安全	3 课时
专题三	国土安全	3 课时
专题四	军事安全	3 课时
专题五	经济安全	3 课时
专题六	文化安全	3 课时
专题七	社会安全	3 课时
专题八	科技安全	3 课时
专题九	网络安全	3 课时
专题十	生态安全	3 课时
专题十一	资源安全	3 课时
专题十二	核安全	2 课时
专题十三	海外利益安全	2 课时
专题十四	新型领域安全	2 课时

本书由李东波担任主编，刘敏担任副主编。在编写的过程中，本书参考了大量的文献资料，在此，我们向这些文献的作者表示诚挚的谢意。

CONTENTS

目 录

01 专题一 总体国家安全观总论

02 专题二 政治安全

03 专题三 国土安全

04 专题四 军事安全

05 专题五 经济安全

06 专题六 文化安全

07 专题七 社会安全

08 专题八 科技安全

09 专题九 网络安全

10 专题十 生态安全

11 专题十一 资源安全

12 专题十二 核安全

13 专题十三 海外利益安全

14 专题十四 新型领域安全

专题一

总体国家安全观总论

01

内容导读

国泰民安是人民群众最基本、最普遍的愿望。要实现人民安居乐业和社会长治久安，国家安全是头等大事。而新时代、新形势下维护国家安全需要新的安全观，习近平总书记审时度势，适时提出要“坚持总体国家安全观，走出一条中国特色国家安全道路”。这将为破浪前行的中国航船，构筑更为坚固的安全屏障。

学习目标

知识目标

- 了解我国国家安全新形势和世界发展大趋势
- 熟悉总体国家安全观的基本内涵
- 理解总体国家安全观提出的意义

能力目标

- 掌握总体国家安全观的落实途径
- 能够明辨是非，识别国家安全隐患

素质目标

- 积极参与国家安全教育活动，增强国家安全意识
- 增强忧患意识，做到居安思危、知危图安
- 培养自身奋发向上的团结精神，积极参与社会主义现代化建设

国家安全聚焦

也门撤侨

2015 年 3 月 26 日，沙特阿拉伯等国对也门展开空袭，也门局势突然恶化，战火四起，道路等设施被毁，几百名中国同胞受困也门。

也门撤侨

面对不断恶化的局势，中国政府当机立断开始撤侨。3 月 26 日深夜，中国海军舰队接到撤侨命令后，立即展开部署。3 月 27 日，中国海军护航编队护卫舰“临沂”舰、“潍坊”舰、“微山湖”舰奉命急速开往也门。这是我国第一次动用军舰来执行撤侨任务。3 月 29 日，“临沂”舰停靠也门港口亚丁，进行撤侨行动。

图 1-1 海军特战队队员布设安全警戒圈

全副武装的海军特战队队员在撤侨时迅速控制港口附近区域，并树立起英文警告标示：“Chinese Navy Security Area，Keep Clear!”（这里是中国海军所设安全区，闲人勿近!）

在战火纷飞的也门撤侨，格外惊心动魄。在临沂舰停靠亚丁湾的时候，就有炮弹在港区落地，随后，在距军舰舰艏 20 米处，又有吊车被数枚榴弹击中。在紧张的局势下，中方摸索出双方交火的规律，抓住双方停火的宝贵窗口期来进行撤侨。同时，为确保人员安全登舰，临沂舰进入一级战斗部署，全副武装的特战队队员荷枪实弹在码头进行安全警戒，直升机进入战斗值班，随时准备应对各种突发情况，如图 1-1 所示。

3 月 29 日，“临沂”舰接回第一批 122 名中国同胞和 2 名中国公司聘用的外籍专家。撤离时，包括人员甄别、行李检查，只用了 39 分钟。3 月 30 日，“潍坊”舰载着 449 名中国公民平安离开也门西部荷台达港。至此，需要撤出也门的中国公民全部安全撤离。

4 月 2 日，中国政府帮助巴基斯坦等 10 个国家在也门的 225 名侨民撤离。

时任中国驻也门使馆官员领事司司长黄屏在之后接受采访时说：“我们最大的感慨就是，有自己的力量真好。中国护照的含金量不仅在于能让你免签去多少国家，也在于碰到麻烦和危险的时候，祖国能带你回家。”

资料来源：《这次令人热血沸腾的救援，让所有人看到中国的强大》，参考消息网，2019-3-29

想一想 公民生活与国家安全有什么关系？什么是国家安全？

第一讲 国家安全——国之基石

谈到国家安全，很多人想到的是守卫边防、制止犯罪、获取情报等，觉得这些事情是军队、警察、情报工作者的职责，离自己的生活很遥远。实际上，新时代的国家安全涵盖了政治、经济、社会、文化、生态环境等多个领域，国家安全关系到我们每一个人，维护国家安全也是我们每个人的责任和义务。

那什么是国家安全呢？《中华人民共和国国家安全法》第二条规定："国家安全是指国家政权、主权、统一和领土完整、人民福祉、经济社会可持续发展和国家其他重大利益相对处于没有危险和不受内外威胁的状态，以及保障持续安全状态的能力。"简而言之，国家安全既指国家处于安全状态，又指国家维持这种安全状态的能力。

一、国家安全的重要性

国家安全是安邦定国的重要基石。推动改革发展的每一步，离不开国家安全；全面建成社会主义现代化强国的每一步，也离不开国家安全；实现中华民族伟大复兴的中国梦的每一步，同样离不开国家安全。

（一）国家安全直接事关国家主权独立和领土完整

人口、领土、政权和主权是主权国家的基本要素。其中，主权作为国家统一而不可分割的最高权力，是一个国家的生命和灵魂；而领土是国家及其人民生存和发展的物质基础。因此，必须坚决维护我国的主权独立和领土完整。而国家安全直接事关国家主权独立和领土完整，只有国家安全得到保障，国家才能掌握自己的命运。

鸦片战争后，清政府被迫签订多个不平等条约，中国逐渐成为半殖民地半封建社会，丧失了独立自主的地位。在此之后，中华民族经过百余年艰苦卓绝的奋斗，才最终实现民族独立和人民解放。近代中国被剥削、被侵略，人民被压迫、被奴役的惨痛教训告诉我们，国家安全直接关系国家的兴衰存亡，是国家生存发展的最基本前提。中华儿女在任何时候都要坚定不移地维护国家主权和领土完整。

历史纵横

清政府签订的不平等条约

从第一次鸦片战争（1840—1842 年）到八国联军侵华战争（1900—1901 年）的 60 多年中，帝国主义强迫清政府签订数百个不平等条约，使得中国白银外流，领土和主权丧失。最主要的不平等条约包括以下几条。

1．1842年中英《南京条约》

条约规定：① 中国开放广州、厦门、福州、宁波、上海五处港口；② 割让中国领土香港；③ 中国赔偿2 100万两白银。

2．1858年《天津条约》

清政府与俄、美、英、法四国签订《天津条约》。条约规定：① 外国公使进驻北京，增开汉口、南京等十处为通商口岸，外国军舰和商船可以在长江各口岸自由航行；② 外国人可以到中国内地游历、经商、传教；③ 清政府赔偿英法两国军费各200万两白银，赔偿英商损失200万两白银。

3．1860年中英、中法《北京条约》

清政府承认《天津条约》继续有效，又增开天津为商埠，割九龙司地方一区给英国，准许华工出国，对英法两国赔款各增至800万两白银。

4．1895年中日《马关条约》

条约规定：① 中国承认朝鲜由日本控制；② 日本强占台湾、澎湖列岛和辽东半岛；③ 赔偿日本军费 2 亿两白银；④ 开放沙市、重庆、苏州、杭州为商埠；⑤ 允许日本人在各通商口岸任便设领事馆和工厂；⑥ 日军占领威海卫，待赔款付清后才撤退。

5．1901年《辛丑条约》

清政府与英、美、俄、德、日、法、意、西班牙、奥地利、荷兰、比利时11国签订《辛丑条约》。条约规定：① 中国赔款白银4.5亿两，分39年付清，本息合计白银9.8亿两；② 惩办曾支持宣战的王公大臣，保证严禁人民反对帝国主义侵略的活动；③ 拆毁大沽炮台，允许帝国主义国家驻兵京津以及京山铁路沿线；④ 划东交民巷为“使馆界”，允许各国驻兵保护，不准中国人居住；⑤ 改总理衙门为外务部，位列六部之首。

（二）国家安全是人民安居乐业、幸福生活的保障

国家安全工作归根结底是为了保障人民的利益、人民的幸福生活。只有国家安全稳定，才能实现经济社会的可持续发展，人民群众对美好生活的向往才能在发展中不断被满足。随着经济发展、社会进步，人民群众对国家安全有了更高的要求。人们不仅要求生命安全、健康安全、财产安全等，还追求自我价值的实现、精神世界的满足。只有实现国家安全，才能有效地呼应人民群众的这一期待，才能使人民获得感、幸福感、安全感更加充实、更有保障、更可持续。

时事博览

战争中的孩子

自2011年3月15日开始，叙利亚经历了长达10年的内战。在这10年的战争中，几十万叙利亚人因之丧生，几百万叙利亚人民流离失所，出逃沦为难民。

2014年12月，土耳其摄影师奥斯曼·萨厄尔在叙利亚北部阿特梅赫的一个难民营中，拍摄了一张照片，引起了国际关注。照片中一个小女孩神情惊恐，紧抿嘴唇，举起双手。萨厄尔长期报道国外的自然灾害和战争，尽管见过了很多残酷的景象，但这一幕仍然触动了他的心，“我当时用的是长焦镜头，她以为那是一把枪。后来我看照片时，我才意识到她当时很害怕。一般情况下，孩子见到相机时要么跑开，要么捂住脸，要么微笑，但她不是。”

照片中的小女孩当时才4岁，我们能够从她圆圆的大眼睛里看到生命本能的恐惧和无助，这是这个年纪的孩子本不应该有的表情，如图1-2所示。

图1-2　难民营里“投降”的小孩

战争中最令人心痛的就是这些小小的孩子，他们什么都没做错，只是生在了动荡的国家，所以不得不伴随着战火声成长。他们不能在干净整洁的街道肆意打闹，无法享受校园里的温馨时光，每天都可能面临受伤甚至死亡，难以对明天怀有期许，（如图1-3至图1-5所示）。

图1-3　躺在父母墓间的孩子

图1-4　海滩上溺亡的3岁难民

图1-5　学校废墟中的男孩

资料来源：刘宇，《错将相机当武器　叙利亚女童惊恐投降》，中国日报网，2015-4-1

（三）国家安全是社会稳定、国家长治久安的基石

社会稳定是国家发展的前提和基础，而只有在国家安全的保障下，才能实现社会稳定，才能推进改革发展。反之，如果没有国家的安全稳定，国家的经济发展与和谐社会的构建就无从谈起。动荡不安的国家是难以获得稳定的发展环境的，西亚和非洲一些国家战乱频繁，导致冲突四起，政权分裂，民不聊生。

（四）国家安全是实现中华民族伟大复兴中国梦的重要前提

实现中华民族伟大复兴，是中华民族近代以来最伟大的梦想。实现中华民族伟大复兴，保证国家安全是重要前提。而这都离不开一代又一代中华儿女的接力奋斗，尤其是我们青年学生将是实现中国梦的未来主力。

当前，世界正经历百年未有之大变局，我国正处于实现中华民族伟大复兴的关键时期。在这样关键的时刻，国际形势环境变化迅速、矛盾风险挑战增多，考验之大前所未有，青年学生应勇担重任，在思想上领会国家安全的重大意义，在行动上自觉维护国家安全，以肩负起实现中华民族伟大复兴的历史使命。

二、我国国家安全的新形势

目前，我国国家安全处于全面拓展期，国家安全形势变化呈现新特点、新趋势。

（一）多元复杂的外部安全环境

1. 风云变幻的国际形势

不可否认，当今国际社会的主旋律仍然是和平与发展，时代潮流向着求和平、谋发展、促合作继续前进。在对外开放不断扩大和经济全球化、信息网络化不断发展的过程中，我国与世界各国的联系日益紧密，境内外人员和信息流动日益增多和加快，相互影响也日益广泛和深入。但同时，也造成了国内安全与国际安全的复杂交织，若国内问题处理不当就可能演变为国际问题，国际问题传导到国内也可能诱发社会稳定问题。简言之，全球化浪潮带来了安全全球化挑战，维护国家安全的复杂性增大。而全球气候变化加剧、世界经济增长乏力、霸权主义和强权政治等逆全球化横行给维护国家安全带来了更大的风险与挑战。

2. 复杂敏感的周边环境

当前，国际形势错综复杂，世界经济、科技、文化、安全和政治局势加速演变，大国关系面临新的调整，博弈加剧，我国周边环境也日益敏感复杂。

相关链接

"三股势力"

"三股势力"就是指宗教极端势力、民族分裂势力和暴力恐怖势力。这是一种极端邪恶势力，在世界各国都留下了斑斑劣迹。他们煽动民族仇恨，制造宗教狂热，鼓吹所谓"圣战"，大搞暴力恐怖活动，残杀无辜群众，挑起暴乱骚乱。

我们同"三股势力"的斗争，不是民族问题，不是宗教问题，而是一场维护祖国统一与企图分裂中国、维护民族团结与企图挑起民族仇杀、维护社会稳定与企图制造动乱暴乱的生死较量。

"三股势力"是指什么

资料来源：徐步军，《铲除危害国家统一、民族团结、社会稳定的毒瘤——"三股势力"（一）》，《统一论坛》，2014-10-23

（二）国内安全面临严峻挑战

自改革开放以来，中国的经济发展获得了丰硕的成果，社会文明的发展也不断进步，但这并不能代表国内安全是可以高枕无忧的。我们应该清醒地认识到，目前中国社会正面临着多方面的安全隐患：

第一，我国国内依旧存在几股分裂势力，如"东突"势力、"台独"势力等，其对国家的统一和局势稳定造成了一定的威胁；第二，我国仍然存在土地沙漠化、水土流失、生物破坏及各种污染问题，这些问题给生态环境造成了巨大的破坏，严重威胁到人们的生存与发展；第三，我国是一个自然灾害频发的国家，地球上各种自然灾害在我国几乎都有发生，如洪涝、台风、干旱、地震、森林草原火灾等，这些灾害给我国人民生命财产安全带来了巨大的损害；第四，随着网络技术的不断发展，我国网民的数量持续增加，而我国网络用户的硬件、软件设备很大一部分产自国外，信息数据易被监听、窃取，等等。

（三）非传统安全威胁上升

传统安全威胁一般是指国家主权独立、领土完整所面临的外部武力威胁，而非传统安全威胁则是指政治安全威胁和军事安全威胁以外的其他对主权国家及人类整体生存与发展构成的威胁，主要包括恐怖主义、跨国犯罪、环境安全、毒品威胁、重大疫情、自然灾害等。

在全球化日益加深的今天，非传统安全威胁日益严峻。非传统安全问题日趋频繁多发，其危机不可预测性更强、传播速度更快、破坏力更强、应对难度更大，已成为国家安全的常态化风险。

当前重大自然灾害、恐怖主义、跨国犯罪、重大疫情等非传统安全威胁影响深远，给国际社会造成惨重损失：恐怖袭击阴霾未散，“9·11”事件、昆明火车站暴力袭击事件、莫斯科剧院人质事件等，给人类带来巨大伤害；埃博拉病毒病等重大传染性疾病危害人类的健康与生命；网络犯罪、知识产权犯罪成为全球公害；地震、海啸、火山喷发等地质灾害频发，大自然敲响警钟。

此外，非传统安全威胁如果处置不力，就可能引发多种安全风险的叠加效应，不但会引发经济、金融、科技、能源等非传统安全风险，而且有可能引发政治外交、意识形态、军事等方面的传统安全问题，甚至加剧大国地缘竞争和战略对抗。

历史纵横

日本“3·11”大地震的连锁反应

2011 年 3 月 11 日，北京时间 13 时 46 分，日本发生里氏 9.0 级地震。此次地震是1900年以来全球第五强震，也是日本地震记录史上震级最高的一次，威力是 2010 年初海地地震的 700 倍左右。

地震发生后，日本境内多处停电，千叶县一炼铁厂发生爆炸；受强烈地震影响，东京塔塔顶部三分之一处出现歪斜；强震大约30分钟后，多处移动电话通信网络中断；地震使太平洋海面上出现巨大漩涡，太平洋海啸预警中心对包括俄罗斯、菲律宾、印度尼西亚、澳大利亚、新西兰、墨西哥、美国夏威夷等在内的多个国家和地区发布了海啸预警，日本气象厅称此次海啸最高达 23 米。

比地震和海啸更加令人恐慌的，是发生在福岛的一连串核泄漏事故。受强震影响，福岛第一核电站 1、3、2、4 号机组相继发生爆炸，释放出放射性物质，并随污水和降雨流入太平洋，在沿岸一些国家相继被检测出来。日本政府将福岛第一核电站事故等级提升为最严重的 7 级，与切尔诺贝利核电站事故等级相同。核污染使日本出口大幅受挫，福岛渔业发展受到严重影响，核危机阴云笼罩日本列岛乃至整个世界，其影响至今仍在被关注。

2020 年，日本警察厅发布数据称，截至 2020 年 3 月 1 日，共有 15 899 人在“3·11”大地震中遇难，此外，还有 2 529 人仍处于失踪状态。而今，这场地震已经过去10余年，因地震及东京福岛第一核电站事故而在外避难的灾民目前仍有上万人，不少人仍居住在简易房内，部分灾民被精神疾病折磨。

第二讲　践行总体国家安全观　谱写国家安全新篇章

当前，我国国家安全的内涵和外延越来越丰富，时空领域越来越宽广，内外因素越来越复杂，维护国家安全的任务也越来越艰巨。因此，我们必须提出一种新的安全观来面对日益复杂的国家安全形势。

2014 年 4 月 15 日，习近平总书记在中央国家安全委员会第一次会议上指出："要准确把握国家安全形势变化新特点新趋势，坚持总体国家安全观，走出一条中国特色国家安全道路。"总体国家安全观将国家安全的范畴大大扩展，对于应对我国国内外安全挑战、维护国家安全和社会安定具有十分重要的指导意义。党的二十大报告中，习近平总书记再次强调："必须坚定不移贯彻总体国家安全观，把维护国家安全贯穿党和国家工作各方面全过程，确保国家安全和社会稳定。"

一、总体国家安全观的内涵

总体国家安全观是站在国家全局高度、统筹把握国内国际因素、兼顾各领域安全形势来审视国家安全而形成的一系列观点、理念和战略方针，科学地回答了我国处于什么环境、站在什么方面、面临什么挑战、承担什么使命等重大问题，为走中国特色国家安全道路提供了强大思想武器。

（一）总体国家安全观的主要内容

树立总体国家安全观

总体国家安全观关键在"总体"，强调"大安全"理念，涵盖政治、国土、军事、经济、文化、社会、科技、网络、生态、资源、核、海外利益、太空、深海、极地、生物、粮食、金融、人工智能和数据等诸多领域。

◈ **政治安全：**主要是指一个国家由政权、政治制度和意识形态为要素组成的政治体系，相对处于没有危险和不受威胁的状态，以及面对风险和挑战时能够及时有效防范、应对，从而确保国家良好政治秩序的能力。

◈ **国土安全：**是指领土完整、国家统一、边疆边境、海洋权益等不受侵犯或免受威胁的状态，以及持续保持这种状态的能力。

◈ **军事安全：**是指国家不受外部军事入侵和战争威胁的状态，以及保障这一持续安全状态的能力。

◈ **经济安全：**是指国家保持其经济存在和发展所需资源有效供给、经济体系独立稳定运行、整体经济福利不受恶意侵害、威胁的状态和能力。

◈ **文化安全：**是指一国文化相对处于没有危险和不受内外威胁的状态，以及保障持续安全状态的能力。

◈ 社会安全：是指防范、消除、控制直接威胁社会公共秩序和人民群众生命财产安全的治安、刑事、暴力恐怖事件及规模较大的群体性事件等。

◈ 科技安全：包括科技自身安全和科技支撑保障相关领域安全，涵盖科技人才、设施设备、科技活动、科技成果、成果应用安全等多个方面，是支撑国家安全的重要力量和技术基础。

◈ 网络安全：是指通过采取必要措施，防范对网络的攻击、侵入、干扰、破坏和非法使用及意外事故，使网络处于稳定可靠运行的状态，以及保障网络数据的完整性、保密性、可用性的能力。

◈ 生态安全：是指一个国家赖以生存和发展的生态环境处于不受或少受破坏和威胁的状态，以及应对内外重大生态问题保障这一持续状态的能力。

◈ 资源安全：是指一个国家或地区可以持续、稳定、充足和经济地获取所需自然资源及资源性产品的状态，以及维护这一安全状态的能力。

◈ 核安全：指从保护公众及环境不受放射性危害的角度出发，采取措施确保核设施的正常运行、预防事故的发生、限制可能的事故后果。

◈ 海外利益安全：主要包括海外能源资源安全、海上战略通道及海外公民、法人的安全。

◈ 新型领域安全：太空、深海、极地等新型领域，不属于国家主权管辖范围，但其对于国家安全的重要性，已经越来越成为世界各国的共识。

总体国家安全观是开放性的安全观，具有包容性、开放性和动态性。随着时代的进步，总体国家安全观的内涵仍将不断丰富，外延将不断扩展。

相关链接

国家安全体系的扩展

2014 年，习近平总书记主持召开中央国家安全委员会第一次会议强调，“构建集政治安全、国土安全、军事安全、经济安全、文化安全、社会安全、科技安全、信息安全、生态安全、资源安全、核安全等于一体的国家安全体系”，涵盖 11 个领域。

2020 年，在教育部关于印发《大中小学国家安全教育指导纲要》的通知中，国家安全问题涵盖政治、军事、国土、经济、文化、社会、科技、网络、生态、资源、核、海外利益、太空、深海、极地、生物等 16 个领域，国家安全体系随之扩展到以上 16 个领域。

2022 年，根据《总体国家安全观学习纲要》的相关精神，国家安全问题涵盖政治、军事、国土、经济、金融、文化、社会、科技、网络、粮食、生态、资源、核、海外利益、太空、深海、极地、生物、人工智能、数据等 20 个领域，国家安全体系随之扩展到以上 20 个领域。

（二）总体国家安全观的丰富内涵

总体国家安全观的基本内涵和外延，可以概括为五大要素和五对关系。厘清五大要素、把握五对关系，是理解总体国家安全观的关键所在。

1. 五大要素

五大要素即以人民安全为宗旨，以政治安全为根本，以经济安全为基础，以军事、文化、社会安全为保障，以促进国际安全为依托。

以人民安全为宗旨，就是要坚持以民为本，以人为本，坚持国家安全一切为了人民，一切依靠人民，真正夯实国家安全的群众基础。

以政治安全为根本，就是要坚持党的领导和中国特色社会主义制度不动摇。

以经济安全为基础，就是要确保国家经济发展不受侵害，促进经济持续健康发展，增强国家经济实力，为国家安全提供坚实物质基础。

以军事、文化、社会安全为保障，就是要完善强基固本、化险为夷的各项对策措施，为维护国家安全提供硬实力和软实力的保障。

以国际安全为依托，就是要始终不渝走和平发展道路，在注重维护本土国家安全利益的同时，注重维护共同安全。

五大要素清晰地反映了国家安全的内在逻辑关系，每一要素都与其他要素相互联系、相互影响。

2. 五对关系

一是既重视外部安全，又重视内部安全。对内求发展、求变革、求稳定、建设平安中国，对外求和平、求合作、求共赢、建设和谐世界，强调外部安全与内部安全彼此联系，相互影响。

二是既重视国土安全，又重视国民安全。坚持以民为本、以人为本，坚持国家安全一切为了人民、一切依靠人民，真正夯实国家安全的群众基础，强调国土安全与国民安全存在的有机统一。

三是既重视传统安全，又重视非传统安全。构建集政治安全、国土安全、军事安全、经济安全、文化安全、社会安全、科技安全、信息安全、生态安全、资源安全、核安全等于一体的国家安全体系，强调传统安全威胁与非传统安全威胁相互影响，并在一定条件下可以相互转化。

四是既重视发展问题，又重视安全问题。发展是安全的基础，安全是发展的条件，富国才能强兵，强兵才能卫国，强调发展和安全是一体之两面，只以其中一项为目标，两个目标均不可能实现。

五是既重视自身安全，又重视共同安全。打造命运共同体，推动各方朝着互利互惠、共同安全的目标相向而行，强调全球化和相互依赖使得中国与世界的安全已经密不可分。

五对关系准确反映出总体国家安全观是一种辩证、全面、系统的国家安全理念，是对传统安全理念的创新和超越。

互动空间

“只要不发生战争或者军事冲突，国家就是安全的。”你认为这句话是否正确？给出你的理由。

“五大要素”和“五对关系”使得总体国家安全观成为一个有着严密内在逻辑关系的、不可分割的有机整体，是理解和把握总体国家安全观的钥匙。我们应该顺应时代的发展，全面、系统地理解总体国家安全观的丰富内涵，为切实维护国家安全和社会稳定奉献力量。

二、总体国家安全观的重要意义

总体国家安全观的提出，是中国国家安全观念不断发展的结果。认真学习和贯彻落实总体国家安全观，对于维护国家利益、做好国家安全工作具有重大而深远的意义。

（一）总体国家安全观构建了国家安全的中国话语体系

中国的国家安全和世界的和平发展息息相关。总体国家安全观强调以促进国际安全为依托，实现自身安全与共同安全相统一，共同构建人类命运共同体。这一安全理念摒弃了零和博弈、绝对安全、结盟理论等旧观念，在国际上树立起一种普遍包容的国家安全理念，体现了中国风格，展示了中国胸怀，彰显了中国智慧。

首先，总体国家安全观继承和发展了我们党长期坚持的和平发展思想。中国从一个积贫积弱的国家发展成为世界第二大经济体，不是靠对外军事扩张和殖民掠夺，而是靠在和平环境下大力解放和发展生产力，靠中国人民的勤劳和智慧。今天的中国比一百多年来任何时候都更有意愿、更有力量顺应世界人民的呼声，主动适应和引领时代潮流，为促进世界和平与发展承担大国责任。

其次，总体国家安全观为建设一个普遍安全的世界提供了中国方案。基于对人类社会战争与和平历史进程规律性的准确把握，特别是在深刻反思第二次世界大战惨痛教训的基础上，习近平总书记发表在《俄罗斯报》的题为《铭记历史，开创未来》的署名文章中明确指出：“弱肉强食、丛林法则不是人类共存之道。穷兵黩武、强权独霸不是人类和平之策。赢者通吃、零和博弈不是人类发展之路。”2017 年 2 月 10 日，“构建人类命运共同体”首次写入联合国决议，这一理念已经得到国际社会的普遍认同，这是中国对世界和平与发展的崇高事业作出的积极贡献。

（二）总体国家安全观重塑了中国国家安全体制机制

总体国家安全观，擘画了维护国家安全的整体布局，实现了对传统国家安全理念的重大突破，重塑了中国国家安全体制机制。

在总体国家安全观的指导下，我国专门设立中央国家安全委员会，习近平总书记亲自担任主席。中央国家安全委员会按照集中统一、科学谋划、统分结合、协调行动、精干高效原则，统一领导和部署国家安全工作。同时，不断完善国家安全法制体系，制定并全面实施《中华人民共和国国家安全法》（以下简称《国家安全法》）、《中华人民共和国反间谍法》（以下简称《反间谍法》）、《中华人民共和国反恐怖主义法》（以下简称《反恐怖主义法》）、《中华人民共和国网络安全法》（以下简称《网络安全法》）、《中华人民共和国核安全法》（以下简称《核安全法》）、《中华人民共和国国家情报法》（以下简称《国家情报法》）、《中华人民共和国生物安全法》（以下简称《生物安全法》）等一系列法律，不断提升国家安全工作法治化水平。

（三）总体国家安全观指明了中国特色国家安全道路方向

总体国家安全观是新形势下维护我国国家安全的强大思想武器和行动指南，体现了鲜明的中国特色。总体国家安全观强调必须把科学统筹作为国家安全工作的根本方法，把攸关国家安全的重要因素都放到一个系统里总体谋划，统筹国内国际两个大局、发展安全两件大事，始终把国家安全置于中国特色社会主义事业全局中来把握，既立足当前又着眼长远，既整体推进又突出重点，既讲原则性又讲策略性，既讲需求又讲能力，实现平衡兼顾、全面贯通，指明了中国特色国家安全道路方向。

三、如何落实总体国家安全观

落实总体国家安全观的基本要求如下。

（一）坚持党的集中统一领导

落实总体国家安全观，最根本的就是坚持党对国家安全工作的绝对领导，这是维护国家安全和社会安定的根本政治保证。党的历史、新中国的历史证明，办好中国的事情关键在党的集中统一领导。新时代的国家安全具有全局性和复杂性，这就需要在党的绝对领导和党中央的集中统一下，贯彻党总揽全局、协调各方的原则，构建国家安全的大安全格局，统筹协调各领域、各方面和全过程，充分调动和发挥方方面面的积极性和创造性，创新开拓总体国家安全工作的新局面。

（二）坚持以人民安全为宗旨

全面践行总体国家安全观，需要坚持以人民安全为宗旨，坚持国家安全一切为了人民、一切依靠人民。

国家安全工作归根结底是保障人民利益，需要把人民安全贯穿于国家安全工作各领域，为全体人民创造良好的生存发展条件和安定的工作环境，保障人民的生命财产安全和其他合法权益。具体来说，就是要稳步推进经济发展，积极发挥社会政策的托底作用，使人民生活水平不断提高；加强社会治安建设，坚决打击犯罪、暴力恐怖活动，创造更加安定的社会环境；妥善应对重大自然灾害和突发事件，保障人民的生命财产安全；加强海外利益保护，保障境外公民和机构安全；等等。

（三）坚持国家利益至上

国家利益关系民族生存、国家兴亡，反映了绝大多数人民的共同需求。国家安全工作的根本使命，就是维护国家利益。坚持国家利益至上，也就是要坚决维护国家主权、安全、发展利益。

习近平总书记在多个重要场合强调，我们不惹事，但也不怕事；我们走和平发展道路，但决不放弃正当合法的权益，决不牺牲国家核心利益；在一穷二白的时候敢于维护国家利益，不向外来压力弯腰、低头，现在发展强大了，更不会屈从于任何外来压力。这向世界清晰表达了涉及我国核心利益的红线，也亮明了维护我国国家安全的底线。

（四）坚持共同安全

所谓共同安全，就是尊重和保障每一个国家的安全。无论是恐怖袭击事件的频繁发生、传染病的肆意横行，还是自然灾害的巨大破坏等都在提醒世界各国，当今世界，各国人民命运与共、唇齿相依，各国安全相互关联、彼此影响。

中国践行总体国家安全观不仅需要关注自身的发展和安全，也需要将目光投向周边与世界，走共同安全道路。面对复杂的安全威胁，单打独斗不行，穷兵黩武更不行，中国要发挥负责任大国作用，与各国携起手来，建设持久和平、普遍安全的世界。

共同家园

为促进世界和平与安全作出中国贡献

和平如阳光，安全似雨露，受益而不觉，失之则难存。面对风云变幻的时代、动荡变革的世界，各国人民对和平安宁的期盼愈加强烈。

2022年4月，在博鳌亚洲论坛2022年年会开幕式上，国家主席习近平首次提出全球安全倡议，倡导以团结精神适应深刻调整的国际格局，以共赢思维应对复杂交织的安全挑战，旨在消弭国际冲突根源、完善全球安全治理，推动国际社会携手为动荡变化的时代注入更多稳定性和确定性，实现世界持久和平与发展。

2023年3月10日，沙特和伊朗北京对话取得重大成果，双方达成北京协议，明确了改善关系的路线图和时间表。4月6日，沙伊两国外长在北京成功会晤，宣布恢复外交关系。长期断交的两个中东大国在中国的斡旋下握手言和。这成为中国积极践行全球安全倡议的生动案例。

此后，中东地区掀起一轮和解潮。中国为化解冲突而呼喊，为促进和平而奔

走，为推动实现世界长治久安不断贡献中国智慧、中国力量。

在非传统安全领域，中国践行构建人类卫生健康共同体理念；积极参与应对气候变化，推动达成“格拉斯哥气候协议”，提出碳达峰、碳中和目标；发起《全球数据安全倡议》，倡导各国携手加强网络安全治理，为全球数字治理规则的制定贡献中国方案；积极推进国际反恐合作……

“实现世界持久和平，让每一个国家享有和平稳定的外部环境，让每一个国家的人民都能安居乐业，人民权利得到充分保障，是我们的共同愿望。各国需要同舟共济、团结协作，构建人类安全共同体，携手建设一个远离恐惧、普遍安全的世界。”《全球安全倡议概念文件》这样写道。

资料来源：谢鹏等，《让平安的钟声响彻人间——中国践行全球安全倡议守护世界和平安宁》，新华网，2023-4-22

（五）加强国家安全人民防线建设

党的二十大报告指出：“全面加强国家安全教育，提高各级领导干部统筹发展和安全能力，增强全民国家安全意识和素养，筑牢国家安全人民防线。”新时代的国家安全人民防线，是指在对外开放的形势下，为保卫国家的安全和利益，维护国家的稳定，在各级党委、政府的领导下，通过宣传、动员、组织有关社会力量，同专门机关配合，形成防范和打击间谍情报机关和其他敌对势力的渗透、颠覆、分裂和破坏活动的综合防卫体系。

为建设牢固的国家安全人民防线，国家应做好各机关、各部门安全保密教育工作，确保新形势下对敌斗争的顺利开展；应结合社会治安综合治理和普法工作，抓好抓实国家安全人民防线工作，维护内部安全稳定；高度关注境内外各种敌对势力、宗教组织、“慈善”机构、有复杂背景的境外非政府组织以捐资助学、公务考察等名义，对我国教育系统进行的渗透、策反、窃密、颠覆、破坏等活动。

各级各类学校需要对各年龄阶段人群积极开展国家安全教育活动，在校园里形成学习总体国家安全观的良好氛围，如图 1-6 所示。青年学生则应做到把维护国家安全当作一种自觉的思维和行为习惯，增强自身的国家安全意识，为促进全社会共筑国家安全人民防线奉献力量。

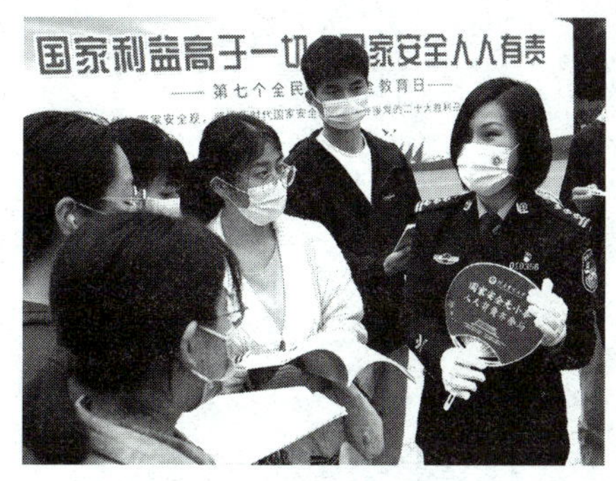

图 1-6　国家安全教育进校园

互动空间

2021年7月8日，福建省莆田市对一名学生发现危害国家安全可疑情况及时举报进行表彰，并奖励1万元。2020年12月，该生上网时，发现有人在利用互联网散布反动言论，严重危害国家安全。他立即拨打12339国家安全机关举报受理电话反映。莆田市国家安全局随即顺线侦察，成功制止、惩处了这一危害国家安全的事件。我们要为青年人心系国家安危、勇敢出手举报犯罪的行为点赞。

作为新时代的青年学生，你能为国家安全做什么？与同学进行讨论。

实践活动　展板设计活动

（1）将全班同学分成若干小组，每组4～5人。

（2）以小组为单位，小组成员通过查询资料、请教他人等方式，了解国家安全的相关知识。

（3）小组成员结合自身对国家安全的了解，进行小组讨论。以“我眼中的国家安全”为主题进行展板设计。展板形式不限，可自行发挥，如海报、小作文等。

（4）在全班同学面前展示各小组成果，并由一名代表进行解说。

教师可参考表1-1对各小组进行评价。

表1-1　实践活动评价表

评价标准	分值	分数小计	教师评价
分工合理，各成员均积极参与	20分		
展示内容符合主题	30分		
对展示内容有自己的见解	30分		
解说逻辑分明，吐字清晰	20分		

专题二

政治安全

02

内容导读

政治安全在国家安全体系中居于核心地位，处于最高层次。作为国家安全的根本，政治安全不仅关系着党和国家的安危，也关系着最广大人民的根本利益，更关系着中华民族伟大复兴中国梦的实现。因此，维护政治安全是头等大事。

学习目标

知识目标

- 了解政治安全的重要性
- 了解政治安全的主要内容

能力目标

- 能够识别政治安全面临的威胁与挑战
- 树立维护政治安全的理想信念
- 掌握维护政治安全的途径与方法

素质目标

- 提升自身的政治觉悟，形成较高层次的理性认同
- 增强自身公民意识和民族团结意识，把自己的命运和国家的命运联系起来
- 坚定理想信念，坚决抵制西方意识形态的渗透

国家安全聚焦

“社会学博士”的教唆

香港反对派立法会议员、“港独”组织“热血公民”成员郑松泰生于1983年，籍贯广东省中山市。2019年8月30日，郑松泰涉嫌“串谋摧毁或损坏财产”等罪名被香港警方拘捕。郑松泰出身普通家庭，父母为小商贩，家庭条件一般，后来经过努力，考入香港理工大学社会政策系。2005年毕业后，郑松泰到北京大学修读社会学硕士及博士。博士毕业回到香港，郑松泰为牟取个人政治资本，加入新兴的“热血公民”组织（香港的一个激进泛民派反共组织）。同时，郑松泰进入香港理工大学任教。

利用教师身份，郑松泰为“热血公民”组织培养了一批又一批后备力量。他欺骗、煽动香港的青少年，公然教唆年轻人参加暴乱，怂恿年轻人诋毁、攻击他们的父母。他声称，反对青少年上街的家长是“猪”、是“港猪”，“爱不爱年轻人，在上街这件事上会表达得一清二楚”，鼓吹年轻人要“与港猪划清界限”，年轻的子女们要同他们的父母断绝关系，终生不相往来。

在郑松泰这样“港独”教师的洗脑下，青少年成为参与暴力犯罪活动最狂热的一群人。他们肆意纵火破坏、打砸店铺、毁坏公共设施、投掷汽油弹、攻击警察及市民。烂漫花季，骤然被卷入腥风血雨；青春热血，在街头狂飙中迷失了自我……

资料来源：《郑松泰：当“社会学博士”走上“港独”之路》，中国青年网，2019-8-31

想一想

当青年被扭曲的教育绑上暴力战车，可能会对国家的政治安全产生什么影响？

第一讲　政治安全——国家安全的根本

政治安全，主要是指一个国家由政权、政治制度和意识形态等要素组成的政治体系，相对处于没有危险和不受威胁的状态，以及面对风险和挑战时能够及时有效防范、应对，从而确保国家良好政治秩序的能力。

一、政治安全的主要内容

政治安全主要包括政权安全、制度安全和意识形态安全。党的二十大报告指出，要“坚定维护国家政权安全、制度安全、意识形态安全”。

（一）政权安全

政权即国家政权，是指掌握国家主权的政治组织及其所掌握的政治权力。中国特色社会主义最本质的特征是中国共产党的领导，中国特色社会主义最大的优势是中国共产党的领导。中国共产党一经诞生，就把为中国人民谋幸福、为中华民族谋复兴确立为自己的初心使命。一百年来，中国共产党始终把人民放在心中最高位置，坚守人民立场，坚持全心全意为人民服务的根本宗旨，始终保持同人民群众的血肉联系，团结带领人民创造历史伟业、创造幸福生活，向人民、向历史交出了一份优异答卷。

一百年来，为了实现中华民族伟大复兴，中国共产党团结带领中国人民，浴血奋战、百折不挠，创造了新民主主义革命的伟大成就，创造了社会主义革命和建设的伟大成就，创造了改革开放和社会主义现代化建设的伟大成就，创造了新时代中国特色社会主义的伟大成就。

现在，我们比历史上任何时期都更接近实现中华民族伟大复兴的目标。为了实现中华民族伟大复兴的中国梦，我们必须始终不渝地坚持党的领导，坚持走中国特色社会主义民主政治道路，发展社会主义民主政治，扩大人民的政治参与，增强民族凝聚力，形成安定团结的政治局面。

法治在线

胡石根，曾任北京语言大学讲师。他以非法宗教活动为平台，网罗一些不法律师和职业访民，散布颠覆国家政权的思想，与多人密谋策划颠覆国家政权，提出颠覆国家政权思想、方法和步骤，并积极付诸行动。

2015 年 2 月 1 日，北京“七味烧”饭馆，十五六人在聚餐的掩饰下，召开了一场企图颠覆国家政权的密谋。胡石根向 10 多名与会人员提出了自己的构想：“公民力量壮大、统治集团内部分裂、国际社会介入”系国家转型的三大因素，“转型、建国、民生、奖励、惩罚”系建设未来国家的五大方案。一句话：要搞“颜色革命”，和境外敌对势力一起颠覆国家政权。

根据《中华人民共和国刑法》第一百零五条，组织、策划、实施颠覆国家政权、推翻社会主义制度的，对首要分子或者罪行重大的，处无期徒刑或者 10 年以上有期徒刑；对积极参加的，处 3 年以上 10 年以下有期徒刑；对其他参加的，处

3 年以下有期徒刑、拘役、管制或者剥夺政治权利。最终，胡石根因犯颠覆国家政权罪，被判处有期徒刑 7 年 6 个月，剥夺政治权利 5 年。

资料来源：金歌，《胡石根获刑 7 年半：用“推墙”思想颠覆国家政权》，中国青年网，2016-8-4

（二）制度安全

政治制度，是指统治阶级为实现阶级专政而采取的统治方式、方法的总和，包括国家的国体、政体、国家结构形式等。我国的政治制度是中国特色社会主义制度，国体是人民民主专政的社会主义国家，政体是人民代表大会制度，国家结构形式为单一制。

我国坚持中国特色社会主义制度是社会发展的历史选择和人民的选择，能够顺应时代潮流，有利于保持党和国家的活力，有利于调动广大人民群众和社会各方面的积极性、主动性、创造性，创造出光辉的成就，使科学社会主义在 21 世纪的中国焕发出强大生机活力。同时，为世界上那些既希望加快发展又希望保持自身独立性的国家和民族提供了全新选择，为解决人类问题贡献了中国智慧和中国方案。

相关链接

中国特色社会主义制度

中国特色社会主义制度包括人民代表大会制度这一根本政治制度，中国共产党领导的多党合作和政治协商制度、民族区域自治制度以及基层群众自治制度等构成的基本政治制度，中国特色社会主义法律体系，公有制为主体、多种所有制经济共同发展的基本经济制度，按劳分配为主体、多种分配方式并存的分配制度，以及建立在根本政治制度、基本政治制度、基本经济制度基础上的经济体制、政治体制、文化体制、社会体制等各项具体制度。

（三）意识形态安全

意识形态是与一定社会的经济和政治直接相联系的观念、概念的总和，任何国家都绝不能没有意识形态。意识形态作为一个国家政治安全的重要组成部分，是实现国家利益的重要手段和维护国家安全的重要屏障。

意识形态领域的斗争是没有硝烟的暗战，如果一个国家占主导地位的意识形态动摇了、走偏了，可能会影响这个国家的政治方向、价值理念等，从而引发政治危机或社会动乱，威胁国家的政治安全。

当前，中国的意识形态安全依然面临严峻挑战。国际上，两种制度、两条道路之间的

斗争依然复杂，西方敌对势力从未中断过对我国意识形态、发展模式和价值理念等方面的攻击。而从国内看，人们的思想观念、价值观念、价值取向更趋多元化，先进的和落后的互相交织，积极的和消极的相互影响。这要求我们始终坚持马克思主义在意识形态领域的指导地位，坚持学习贯彻习近平新时代中国特色社会主义思想，坚持社会主义核心价值观，以此维护我国政治秩序稳定。

生活实例

网络意识形态负面营销

网络意识形态营销，就是利用网络来传播作为思想文化商品的意识形态。近年来，针对我国的网络意识形态负面营销可谓五花八门，其中捏造式、抹黑式和碰瓷式都是被经常使用的手段。

2015 年，在纪念中国人民抗日战争暨世界反法西斯战争胜利 70 周年前后，某些人捏造了一系列所谓抗战老兵没有得到政府照顾的故事，意指我们党不公正。

2017 年 3 月 23 日晚，中国国足 1∶0 力克韩国队，赢下了令国人扬眉吐气的一战。然而才过一天，某些人就用“网曝”“网传”等来源，说中国球迷通宵放鞭炮影响韩国球员比赛状态，进而反思中国“胜之不武”“民族悲哀”……这些“反思体”的背后其实也是满满的套路！

部分敌对势力通过凭空捏造事实，制造和传播谣言，进而抹黑我国的国家形象，否定我们党和政府，否定主流意识形态。而当他们遭遇反对和行政处理时，就以言论自由为由满世界宣扬自己被迫害，从而获取政治资本。

资料来源：孙夕龙，《网络意识形态负面营销的危害及应对》，《红旗文稿》，2016（15）

二、政治安全的重要性

政治安全是国家安全的根本，它决定和影响着国家的经济安全、军事安全、社会安全等各个领域的安全，直接关系到国家的长治久安和民族的兴衰存亡。

（一）政治安全攸关党和国家安危，是国家安全的根本

国家政治安全、社会大局稳定在国家安全体系中占据着基础性、全局性和主导性地位，它攸关党和国家的安危，是不可动摇的底线。20 世纪 90 年代初期，苏联解体，导致国际共产主义运动遭受重大挫折。苏联解体的一个重要原因在于其政治安全丧失。苏联改旗易帜，社会主义制度难以为继；国家失去凝聚力，刺激了一些加盟共和国的分离倾向；苏共内部滋生出各种派系，最后分裂、瓦解。

历史经验告诉我们，国家政治安全至关重要，尤其是中国共产党领导的社会主义国家。当前，中国特色社会主义事业虽然取得了举世瞩目的成就，但仍未摆脱处于资本主义包围中的局面。因此，国家必须要坚持共产党的执政地位，依法履行人民民主专政职能，正确处理敌我矛盾和人民内部矛盾，坚决防范、严厉打击敌对势力渗透、破坏、颠覆、分裂活动，为维护国家安全提供根本保障。

（二）政治安全是维护人民安全和国家利益的根本保证

作为国家安全根本的政治安全，从本质上来说是为人民安全和国家利益服务的，政治安全必须落实到人民安全和国家利益上，必须保证国家利益至高无上，人民安全高于一切。

20 世纪 70 年代的委内瑞拉，凭借丰富的石油资源，一度成为南美洲最富有的国家，拥有较为丰富的农业资源、全球第一的石油储量、受教育程度较高的国民等一切有利于经济发展的优越条件。然而，伴随着国际油价暴跌，委内瑞拉国内冲突层出不穷，导致其政治动荡、政变此起彼伏，现今成为全球通货膨胀率最高的国家之一。

可以看出，只有确保政治安全，才能充分保障人民安全，才能捍卫国家利益，才能使人民获得幸福与安定。

（三）政治安全是坚持和发展中国特色社会主义的根本前提

事实证明，只有社会主义才能救中国，只有坚持和发展中国特色社会主义才能实现中华民族伟大复兴。中国特色社会主义是党和人民长期实践取得的根本成就，是实现全面建成社会主义现代化强国、实现中华民族伟大复兴的必由之路。

在发展中国特色社会主义这条道路上，我们进入新发展阶段、贯彻新发展理念、构建新发展格局，必然会遇到各种新问题、新情况，面临各种新要求、新期待。而维护国家政治安全，坚持和完善中国特色社会主义制度、推进国家治理体系和治理能力现代化，能够为发展中国特色社会主义事业创造良好的内外部环境，提供基本的制度保障，抵御外界干扰侵蚀，从而保障我国经济社会健康有序发展，中国特色社会主义事业不断取得新成就。

第二讲　坚定守牢底线　维护政治安全

冷战结束后，经济全球化程度加深，各国政权、主权和意识形态的斗争也在不断上演。随着中国的崛起，国际反华敌对势力不断加强对中国的渗透，再加上国内改革开放带来的新变化、新情况，我国政治安全面临着较大的威胁与挑战。而要维护我国的政治安全，就必须具有强烈的风险意识，抓住重大问题和关键问题，内外统筹，解决主要矛盾。

一、政治安全面临的威胁与挑战

我国政治安全面临的威胁与挑战，突出表现在以下几个方面。

（一）国际反华敌对势力的渗透打压

社会主义国家的社会制度和意识形态与西方资本主义国家有着根本的不同，自第一个社会主义国家建立以后，如何抹去社会主义国家的存在，就成为西方资本主义国家的痴心妄想。中国是在全球化中迅速崛起的社会主义国家，西方敌对势力处心积虑遏制中国和平崛起，通常使用以下手段：

第一，造谣抹黑。以美国为首的西方国家对我国发动疯狂的舆论攻击，通过 BBC（英国广播公司）、CNN（美国有线电视新闻网）等境外媒体发布不实报道，在香港、新疆及南海等问题上对我国进行疯狂抹黑和造谣，无所不用其极地扭曲我国的国际形象，不断渲染“中国威胁”。

第二，打压制裁。西方国家倚仗其自身强大的国力、领先的科技，以及在世界上的经济垄断地位，时常对我国发动制裁，试图对我国进行全方位的打击。例如，由于我国科技企业的崛起，尤其是在 5G 领域取得了十分突出的成就，美国开始将目标对准华为，不仅禁止向我国出口芯片，还禁止台积电为华为代工进行芯片的生产。

第三，意识形态渗透。近年来，反华敌对势力利用信息网络、课堂讲坛、独立媒体、地下教会等，传播西方思想文化和意识形态，诋毁我国主流意识形态，片面渲染、刻意放大我国存在的问题，煽动人们的不满情绪。

时事博览

破除 BBC 抹黑新疆棉的谣言

2020 年 12 月 15 日，BBC 发布了一则以“中国被玷污的棉花”为题的报道，称“中国正迫使数十万维吾尔族和其他少数民族人群在新疆地区广阔的棉田中从事艰苦的体力劳动”。

报道引述美国反华学者谣言，称每年有超过 50 万少数民族工人被调派参与季节性采棉工作，他们的工作环境可能存在很高的强制性。但其实新疆北部 9 成以上的棉田已经实现了全程机械化，南疆棉花采收机械率也在不断增长，无人机也在大规模投入使用，如图 2-1 所示。即使偶尔需要请一些采棉工摘棉花，这些工人不到两个月就能挣 1 万多元。这样的工资水平，当地人都抢着去，根本不存在强迫的说法。

图 2-1 采棉机在新疆棉田里采收新棉

为了强化外界对新疆“强迫劳动”的联想，该报道特意强调工厂招收员工的过程有“政府的动员和组织”。对此，报道中被拍摄的库车石榴籽服饰公司的厂长黄丙友表示，工厂刚建立时，管理人员拿着招工广告到周边各村散发，每个村都会有一个联络人。招来的员工家住得近的可以早上来、晚上回，住得远的有宿舍。一开始招了 1 800 多人，到最后通过培训筛选，留下来的有 500 多人。工厂还会在培训期间补贴一部分薪水，以达到最低工资标准，这期间完全不存在强迫一说。

资料来源：范凌志、刘欣、杨若愚，《让英媒“大失所望”！新疆服饰厂厂长回应所谓“强迫劳动”：并不属实，最头疼员工跳槽》，环球网，2020-12-28

（二）国内政治认同与政治信仰弱化

政治认同与政治信仰是指政治个体或政治组织基于政治环境的浸润和政治文化的熏陶，对某种政治观念体系的深度认同和真诚信服，并将其奉为行动的指南和准则，通常表现为拥护执政党、赞同社会制度、贯彻执行公共政策的政治倾向，以及对政治共同体的心理归属和热爱忠诚。

中国共产党率领人民群众在革命战争年代和新中国成立初期所确立的马克思主义指导思想，一直是新中国的基本政治信仰。但随着时间的推移，马克思主义在部分人心中的地位有所下降，一些党员理想信念缺失，不信马列信鬼神；一些党员精神上“缺钙”，盲目推崇西方，得了“软骨病”。加之近年来，境内外各种敌对势力不断进行各种思想渗透、炮制谣言，在某种程度上也使部分青少年对社会主义思想出现了动摇。这冲击着国家的政治思想，对国家的政治稳定产生了消极影响。如果任由政治认同和政治信仰弱化，无法守住意识形态安全，丢掉了对马克思主义的信仰，必会导致严重后果。

生活实例

“双面人”李亨利

李亨利，原名李沪祥，1955 年生于上海。改革开放初期，他通过与境外人员合作，利用改革开放的机遇，赚取了第一桶金，然后公司逐步发展到亿级的规模。

但生意上的成功并没有让李亨利对国家怀有感恩之心，为了生意上避税，李亨利早年入伯利兹（北美洲国家）籍。他逐步受西方思想的影响，崇尚西方的生活方式，思想观念完全西化。他在与中国政府官员接触时，极力表现出自己是爱国商人，而背地里，用他自己的话说，只要是对中国不利的事情，他都会不遗余力地支持。

虽然在国内经商，但李亨利频繁到境外参加各种反华活动，对任何可以搞乱中国的机会都不放过。在2001年，李亨利去往香港参加反中活动，并对这些活动进行捐赠。2009 年，李亨利遇到了他仰慕已久的反华分子杨某某，向其捐助了数十万美元。2019 年 6 月，李亨利私刻印章骗取了银行 510 万元贷款用以支持香港

的暴力活动。

在李亨利的资助下，境外反华分子有了充裕的资金进行反中乱港。2019 年 11 月，李亨利因资助危害国家安全的行为被国家安全机关逮捕，后被判处有期徒刑 11 年。

资料来源：黄佐春，《焦点访谈：反中乱港分子的幕后“金主”》，央视网，2021-4-14

（三）国内“三股势力”残喘

我国是一个多民族国家，国家的政治安全需要各民族各地区的共同维护。而目前，民族分裂势力、宗教极端势力和暴力恐怖势力等“三股势力”也对我国政治安全构成重大威胁。这些极端恐怖势力打着民族、宗教旗号进行违法犯罪行为，制造了一系列爆炸、暗杀、纵火、投毒、袭击等血腥恐怖暴力事件及社会动乱，其本质是企图反对中国共产党的领导，反对中国社会主义制度，分裂祖国，破坏各族人民的大团结。

同“三股势力”的斗争是一场反对分裂、维护祖国统一的政治斗争。作为青年学生，我们应坚决反对一切分裂祖国、破坏民族团结和社会和谐稳定的行为，应增强自身公民意识，加强民族团结，把自己的命运和国家的命运联系起来。

（四）腐败现象

改革开放以来，在中国共产党的领导下，我国经济发展取得了翻天覆地的变化和举世瞩目的成就，但随之而来的是党内腐败问题的逐渐显现。一些党员干部丧失理想信念，崇尚形式主义、官僚主义、享乐主义和奢靡之风，逐渐从政治变质走向经济贪婪，进而道德堕落、生活腐化，甚至背离为人民服务的初心。如果任由腐败现象发展下去，不仅会严重影响党和政府在人民心中的形象，使党脱离群众，还会进一步造成党同人民的离心离德，降低党的战斗力，进而危及政治安全。

时事博览

哈尔滨李氏黑恶势力卷宗铺满 5 个篮球场

劳斯莱斯、宾利、悍马、限量版克莱斯勒、限量版老爷车……上百辆豪车总价值近亿元，这并不是车展，这些车都是哈尔滨市电业局原副局长李伟的私家资产。

清代蓝底蟒袍、清朝雍正年制黄地绿彩龙纹菱口盘、乾隆年制粉彩花卉大碗、石釉粉彩花瓶……这不是清宫藏品展览，而是哈尔滨电力实业集团公司原总经理李桐的个人藏品。

李伟和李桐是亲兄弟。除了豪车与古董，李氏兄弟在松花江还有一处豪华码头，更让人惊讶的是，李氏兄弟拥有的房产数量多达 69 套。作为国家电力系统的领导干部，他们的巨额财产从何而来？

在哈尔滨市，每当有房地产开发商申请供电，作为哈尔滨电业局副局长的李伟就会先将配套工程指定给下属企业哈尔滨电力实业集团公司，也就是由他的弟弟李桐接手，李桐从李伟手中拿到工程后大都交给了自己的三哥李建。大哥在电业局有权力，四弟在电力集团有工程，三哥李建在哈尔滨成立了多家电力安装企业，负责把权力和工程变现。

“在当时，企业想要用上电，就得先过他们这一关。如果不从，他们就会安排打手去工地打砸闹事，将施工方直接赶出哈尔滨。”一名受害人向中央扫黑除恶督导组透露。

后据警方查明，李氏兄弟分包的工程总价达 31.6 亿余元，他们通过非法手段共垄断了当地电力系统 77%的份额。李氏三兄弟犹如三头恶虎，常年盘踞在哈尔滨电力行业。经侦查，李氏兄弟涉嫌故意伤害、非法拘禁、寻衅滋事、强迫交易、聚众淫乱等 24 项刑事犯罪，共形成 3 285 本卷宗，可以铺满 5 个篮球场。

资料来源：《两亲兄弟官员：豪车上百辆价值近亿、高档房 69 套，全部现金购买》，《新京报》，2021-3-30

二、维护政治安全的途径与方法

从当前的国际国内形势看，我国政治安全面临着多方面的威胁和挑战，如何消除威胁，把挑战转换为机遇，改善我国政治安全面临的国际国内环境，是新形势下维护国家政治安全的重点。一般来说，这项系统工程可以通过以下途径来完成。

（一）加强党的建设

中国共产党作为我国的执政党，其执政能力直接关乎着政治稳定和国家命运。而提高党的执政能力，关键在于搞好党自身多方面的建设，不断增强党的创造力、凝聚力和战斗力。作为当代青年，我们要当好新时代党的助手和后备军。

1. 政治建设

政治建设是党的根本性建设。要把准政治方向，坚持党的政治领导，夯实政治根基，涵养政治生态，防范政治风险，永葆政治本色，提高政治能力，为我们党不断发展壮大、从胜利走向胜利提供重要保证。

2. 思想建设

思想建设是党的基础性建设。革命理想高于天。共产主义远大理想和中国特色社会主义共同理想，是中国共产党人的精神支柱和政治灵魂，也是保持党的团结统一的思想基础。在思想建设上，党需要坚定所有党员对马克思主义的信仰、对社会主义和共产主义的信念；要倡导共产党人价值观，即要引导党员干部坚定理想信念，坚守共产党人精神追求。当代青年应当从马克思主义理论中汲取营养，坚持追求真理的精神，树立科学的世界观，不断提高共产主义觉悟，牢固树立共产主义远大理想和中国特色社会主义共同理想。

互动空间

我国在反腐工作中，发现部分党员不信马列主义信“风水”。这样的党性动摇，可能造成什么样的后果？

3. 组织建设

在组织建设上，着力建设高素质的领导、干部和党员组成的队伍。青年学生作为中国未来发展的中坚力量，应该积极入党，坚定不移听党话、跟党走，为党源源不断输送新鲜血液。

4. 作风建设

党的作风是党的形象，是观察党群干群关系、人心向背的晴雨表。党的作风正，人民的心气顺，党和人民就能同甘共苦。实践证明，只要真管真严、敢管敢严，党风建设就没有什么解决不了的问题。作风建设永远在路上。作风建设的核心是保持党同人民群众的血肉联系，是以人民为中心价值取向对党自身提出的道德要求。加强作风建设，就要把作风建设融入党的制度建设，提高作风建设信息化水平。

5. 纪律建设

加强纪律建设是全面从严治党的治本之策。党要管党、全面从严治党，靠什么管，凭什么治？就是要靠严明纪律。就呈现形态而言，党的纪律主要指已经由党内法规和党内一般性制度文件明文规定的党的各级组织和党员必须遵守的行为准则。因此，党的纪律主要可以分为六类，即政治纪律、组织纪律、廉洁纪律、群众纪律、工作纪律、生活纪律。加强党的纪律建设，树立牢固的纪律意识，在实践中严格按纪律、按规矩行事，关键是要构建一整套行之有效的运行机制，通过教育、制度、执行、监督、评价等机制的良性运行，推动党的纪律建设不断取得新成效。

6. 制度建设

制度建设是全面从严治党的重要保障。制度治党，实质就是要用法治思维和法治方式管党治党。要扎牢制度笼子，在制度设计上需要通盘考虑、全局规划、科学设定，要同一系列改革的政策和措施有机结合起来，做到同步设计、同步制定、同步实施。建立和完善制度要于法周延、于事简便。制定一百条好的制度，不如将一条好的制度执行到位。制度治党关键在执行，并且要实现管党治党常态化、长效化。

7. 反腐倡廉

反腐倡廉建设是党的建设的基本任务。反腐败是一项政治性、思想性、理论性、学科性很强的系统工程。“反腐败永远在路上。”解决中国的腐败治理问题，夺取反腐败斗争压倒性胜利，无疑需要中国特色的科学理论作指导，需要中国气派的学科体系作支撑，需要中国风格的话语体系作阐释。

青春风采

新时代党的青年

“在漫漫历史长河中，人类社会青年英雄辈出，中华民族青年英雄辈出。”穿越百年风雨，一股青春的力量，始终在华夏大地激荡。

2020 年夏天，暴雨如注，洪水肆虐。从长江、淮河沿岸，到洞庭湖、鄱阳湖、巢湖、太湖，万里抗洪前线上，闪动着无数青春的脸庞。

年轻的四川省森林消防总队凉山支队西昌大队队员们，追随木里“3·30”森林火灾灭火勇士的足迹，在 2020 年再次扑灭了发生在西昌、木里的火灾。

海拔 5 231 米的唐古拉山口，是我国海拔最高的交警执勤点位。为守护青藏公路这条“生命线”，西藏自治区安多县公安局交警大队秩序中队中队长达瓦云旦在这里驻扎了 9 年。

2013 年，大学毕业的王萌萌放弃城市生活，来到农村挥洒汗水。她在泥泞的田埂上实地考察、和村民围坐在小桌前交流致富经验、建设扶贫就业驿站……在她的带动下，西孔村从曾经的“落后村”变为产业兴旺的“明星村”。

……

资料来源：《他们，用行动告慰先辈——新时代中国青年共产党员素描》，新华网，2021-5-3

（二）抵制意识形态渗透

一个政权的瓦解往往是从思想领域开始的，政治动荡、政权更迭可能在一夜之间发生，但思想演化是一个长期的过程。近年来，各种反华敌对势力加紧通过互联网等各种渠道对我国进行渗透分化。作为当代青年学生，我们应该抵制西方意识形态的渗透。

首先，我们要坚定自己的信仰与信念。保持清醒的头脑、增强忧患意识，坚决拥护中国共产党，毫不动摇地支持改革开放，支持走中国特色社会主义道路。其次，我们要增强对自身民族文化的认同与自信。深入学习家国历史，增强民族自信心与自豪感，培养家国情怀，并积极地弘扬民族传统文化。最后，我们要增强安全意识，不相信、不传播各种错误思潮与言论。

（三）坚决抵御“颜色革命”

什么是“颜色革命”

“颜色革命”是外部势力人为制造政治动荡进而实现政权更迭的一项政治战术，其主要手法是策动民众上街抗议并以此恫吓政府。“颜色革命”作为一种政治战术，在推动国家政变方面颇有效果。2003 年的格鲁吉亚“玫瑰革命”，2004 年的乌克兰“橙色革命”（又

叫“栗子花革命”)，2005 年的吉尔吉斯斯坦“郁金香革命”，2010 年的突尼斯“茉莉花革命”等“颜色革命”都推翻了国家政权，造成国家乱象。

“栗子花革命”给乌克兰带来了什么？

乌克兰土地肥沃，资源富饶，气候宜人，素有“欧洲粮仓”的美誉。但是，命运一再捉弄这个国家。在当今世界，经济发展不如 30 年前水平的国家已屈指可数，而乌克兰即为其中之一。

2004 年的乌克兰总统竞选中，亲西方的尤先科输给了时任总理亚努科维奇。然而在西方的鼓动下，尤先科宣称选举不公正，号召支持者上街示威游行，掀起颜色革命。在西方施加强大的政治压力和暗中支持反对派的情况下，乌克兰政府不得不妥协，尤先科如愿当选总统。

秋天的乌克兰，遍地金黄，被乌克兰人民视为富足象征的栗子树硕果累累。而以“栗子花”命名的颜色革命却没能给乌克兰人民带来富足，乌克兰人民的日子越来越苦，水电费上涨，退休金缩水，货币贬值，国家经济陷入严重困难。之后，尤先科下台。

2013 年 11 月底，乌克兰新一轮“革命”再次爆发。街头示威持续三个月之久，首都基辅独立广场演变成流血冲突现场，包括警察在内总计超过 100 人死亡，数百人受伤。时任总统亚努科维奇出逃，反对派上台搭建新政府，随后，乌南部克里米亚经全民公投宣布独立，乌克兰东部则爆发政府军与民间武装冲突。

根据 2018 年 10 月乌克兰国防部的统计，乌东冲突中乌军阵亡人数已过万。而截至 2019 年 8 月，乌东冲突已造成至少 3 339 名平民死亡。同时，政治危机又引发经济断崖式下滑。根据估算，乌克兰在 2013 年至 2018 年 5 年中损失了 5%～7%的领土，流失了 15%～20%的人口。乌克兰民众生活水平下降，货币贬值严重，全国超过一半的人口处于贫困线以下。西方承诺的“民主、自由、和平、繁荣”的美好迷梦淹没在抗议声浪和隆隆炮火声中。

资料来源：刘洁妍、贾文婷，《“栗子花”下的梦魇——颜色革命给乌克兰带来了什么》，人民网，2019-10-11

当前，一些境外敌对势力总是披着所谓“民主、人权、平等”的美丽外衣，借种种经不起历史检验、实践检验的“荒唐借口”，运用不合理、非道义的卑鄙手段和行径，来妄图干涉我国内政、颠覆我国政权。而青年学生正是这些敌对势力发动“颜色革命”的最主要对象。

相关链接

为什么参与“颜色革命”的主体都是青年人？

“颜色革命”的主体无非是两类人，一类是学生，另一类则是社会底层具有不满情绪的人。青年人易成为“颜色革命”主体的原因主要有以下四点：

第一，一些青年学生在大学学习的过程中，受西方影响比较大，接受西方的文化观念比较多。

第二，许多大学生与社会接触较少，对社会不了解，还无法形成正确的世界观和方法论，因此对很多事情缺乏正确的判断力。

第三，年轻人比较有激情，但如果这种激情不能被正确地引导，很容易就会被居心叵测之人利用，极易走向极端。

第四，一些年轻人遭遇较大的人生压力后难以自我排解，心中诸多的问题、难题、困惑不能得到解决，很容易被利用。

资料来源：王喆，《专家告诉你，什么叫“明显的‘颜色革命’特征”》，人民网，2019-8-13

作为青年学生，我们应坚定理想信念，牢固树立正确的人生观、价值观和世界观，树立为共产主义远大理想和中国特色社会主义共同理想而奋斗的信念和信心。同时，我们应该增强政治敏锐性和鉴别力，对攻击党的领导和社会主义制度的言行要坚决抵制、敢于斗争，对危害政治安全的违法行为要勇于举报，以实际行动维护我国的政治安全。

实践活动　“腐败低龄化”探讨会

近年来，年轻干部违纪违法案例并不少见，一些“80 后”甚至“90 后”干部贪污腐化，动辄侵吞、骗取巨额公款的报道屡见不鲜。请以 4～6 人为一组，以“腐败低龄化”为主题，开展探讨交流活动。具体内容与要求如下：

（1）各小组成员自行查找资料，搜集较具代表性的“腐败低龄化”案例。

（2）小组内进行交流讨论，总结腐败低龄化现象出现的主要原因。

（3）根据小组讨论结果中总结的原因，相应提出防止腐败低龄化的建议。

（4）各小组派一名代表在全班同学面前分享自己小组的探讨结果。

教师可参考表 2-1 对活动进行评价。

表 2-1　实践活动评价表

评价标准	分值	分数小计	教师评价
小组各成员是否针对主题任务进行独立的探索性学习	30 分		
每个小组是否积极协作，是否有组织地讨论探究、解决问题	40 分		
讨论成果的展示是否体现了理论知识的吸收内化	30 分		

专题三 03

国土安全

内容导读

国家安全是立国之本，是国家发展与人民生存的基础。我国拥有漫长的海岸线和广袤的国土，邻国众多，仍存在一定的领土争议问题，国土安全面临复杂严峻的考验，维护国土安全是维护国家安全重大而紧迫的任务。

学习目标

知识目标

- 了解国土安全的主要内容
- 理解国土安全对国家发展、人民生活的重要性
- 了解国家维护国土安全的措施

能力目标

- 能够识别国土安全面临的威胁与挑战
- 积极参与国土安全宣传教育
- 增强自身维护国土安全的意识

素质目标

- 积极参与国土安全宣传教育，与不利于我国国家安全的不实舆论作斗争
- 遵守国土安全相关法律法规，保守国家秘密
- 传承以爱国主义为核心的民族精神，增强国防观念

国家安全聚焦

祖国完全统一的历史任务一定要实现，也一定能够实现

今天的中华民族，正以不可阻挡的步伐迈向伟大复兴。今天的中国，实现国家统一的前景前所未有的明晰

“台湾问题纯属中国内政，不容任何外来干涉。任何人都不要低估中国人民捍卫国家主权和领土完整的坚强决心、坚定意志、强大能力！祖国完全统一的历史任务一定要实现，也一定能够实现！”在纪念辛亥革命110周年大会上，习近平总书记的重要讲话振聋发聩、掷地有声。

台湾问题因民族弱乱而产生，必将随着民族复兴而解决。这是中华民族历史演进大势所决定的，更是全体中华儿女的共同意志。近代以来，实现国家统一与实现民族复兴的伟大梦想紧密相连。孙中山先生曾说过：“‘统一’是中国全体国民的希望。能够统一，全国人民便享福；不能统一，便要受害。”1840年鸦片战争以后，西方列强在中华大地上恣意妄为，封建统治者孱弱无能，中国逐步成为半殖民地半封建社会，国家蒙辱、人民蒙难、文明蒙尘，中国人民和中华民族遭受了前所未有的劫难。1911年，以辛亥革命为起点，无数仁人志士团结在振兴中华旗帜之下，开始了实现中华民族伟大复兴的道路探索。1921年，中国共产党成立这一开天辟地的大事变，深刻改变了中国人民和中华民族的前途和命运。今天的中华民族，正以不可阻挡的步伐迈向伟大复兴。今天的中国，实现国家统一的前景前所未有的明晰。历史充分证明，中国共产党人是孙中山先生革命事业最坚定的支持者、最忠诚的合作者、最忠实的继承者。

以和平方式实现祖国统一，最符合包括台湾同胞在内的中华民族整体利益。我们坚持“和平统一、一国两制”的基本方针，坚持一个中国原则和“九二共识”，推动两岸关系和平发展。两岸同胞都要站在历史正确的一边，共同创造祖国完全统一、民族伟大复兴的光荣伟业。中华民族具有反对分裂、维护统一的光荣传统。“台独”分裂是祖国统一的最大障碍，是民族复兴的严重隐患。凡是数典忘祖、背叛祖国、分裂国家的人，从来没有好下场，必将遭到人民的唾弃和历史的审判！一段时间以来，台湾民进党当局出于“台独”本性，置中华民族根本利益和台湾民众福祉于不顾，甘当外部势力的棋子，不断玩弄谋“独”花招、挑衅生事，严重损害台海和平稳定。统一是历史大势，是正道。“台独”是历史逆流，是绝路。在祖国统一的历史大势面前，任何谋“独”企图都注定不会得逞。

世界上只有一个中国，中华人民共和国是代表全中国的唯一合法政府，台湾是中国领土不可分割的一部分，这是公认的国际关系准则和国际社会普遍共识。个别国家为了

实现其“以台制华”的阴险图谋，近来屡屡在台湾问题上制造事端。这种危险做法，完全误判了形势。中国人民历经苦难辉煌，拼来了山河无恙、家国安宁，创造了令世界刮目相看的伟大成就，正意气风发向着全面建成社会主义现代化强国的第二个百年奋斗目标迈进。新的征程上，在中国共产党的领导下，中国人民将继续团结一心，奋勇向前，以敢于斗争、善于斗争的意志品质，坚决战胜任何有可能阻碍中华民族复兴进程的重大风险挑战，坚决维护国家主权、安全、发展利益。任何外部势力企图阻碍中华民族伟大复兴进程，过去没有实现，现在不可能实现，将来更不可能实现。

“世界潮流，浩浩荡荡，顺之则昌，逆之则亡”。解决台湾问题，实现祖国完全统一，是中国共产党矢志不渝的历史任务，是全体中华儿女的共同愿望。海内外全体中华儿女要更加紧密地团结起来，发扬孙中山先生等辛亥革命先驱的伟大精神，携手向着中华民族伟大复兴的目标继续奋勇前进！

资料来源：钟声，《祖国完全统一的历史任务一定要实现，也一定能够实现》，《人民日报》，2021-10-10

想一想

中国历来是一个不可分割的整体。祖国必须统一，也必然统一。这是中华民族历史演进大势所决定的，是新时代中华民族伟大复兴的必然要求，更是全体中华儿女的共同愿望。

请试着讲一讲你对祖国统一的畅想。

第一讲　国土安全——国家安全的核心

一、国土安全的主要内容

国土安全涵盖领土、自然资源、基础设施等要素，核心是指领土完整，国家统一，边疆边境、海洋权益等不受侵犯或处于免受威胁的状态，以及持续保持这种状态的能力。领土、领海、领空是国土范畴中最为重要的几个概念。

（一）领土

领土是构成国家的基本要素之一，一个国家必须拥有一定的领土，领土是国家主权赖以生存的物质空间，每个国家对其领土都拥有绝对的管辖权。

领土由领陆、领水和领空三部分组成。领土不是平面的，而是一个立体化的三维空间，上至高空，下达地底。一般来说，领水依附于领陆，领空又依附于领陆和领水。

（二）领海

领海是邻接陆地领土和内水的一定宽度的海域，是国家领土的组成部分。一国领海的上空、海床和底土，均属该国主权管辖。我国的领海宽度为 12 海里。

（三）领空

领空是一个主权国家领陆和领水之上的空域，是一个国家领土不可分割的组成部分。主权国家对其具有完全的、排他的主权，可实行完全的管辖和管制，如划分禁飞区，甚至禁止任何他国飞机进入领空。根据国际法规定，领空范围为国家领陆和领海垂直向太空 100 千米之内的空间。

二、国土安全的重要性

国土安全是立国之基，是国家生存和发展的基本条件，是国家安全的核心。要维护国土安全，首先必须厘清国土安全涵盖的范围，明确其重要性。

（一）国土安全是国家生存和发展的基本条件

固定的领土是主权国家生存和发展的外部条件之一，是主权国家国民赖以生存和发展的物质基础，为国家行使主权提供空间。在安全的领土范围内，国家能够有效开发丰富且多样化的战略资源，将其投入国家的基础设施建设中，不断提升国家整体发展水平。相反，领土一旦遭遇外来侵略，国家将迅速陷入世界“弱肉强食”之中，易产生分裂风险。

（二）国土安全与其他领域的安全息息相关

国土安全作为国家安全最敏感的要素，具有很强的联动性。如果国土安全能够得到切实有效的维护，国家政治、经济、文化等多领域的发展也就相对有了保障；而如果国土安全遭受破坏，则可能引发其他领域的危机，如政权动荡、经济发展停滞、文化遭受入侵等。

同时，其他领域安全也影响着国土安全，任何一个领域的安全出现问题，都会直接或间接地对国土安全造成威胁。

（三）国土安全是人民幸福生活的基础

安全、和谐、富饶和可持续发展的美丽国土，为人民建设美好家园、享受幸福生活提供了适宜环境，能够让人民有更舒适的居住条件，通过稳定的工作获取满意的收入、可靠的社会保障和高水平的医疗卫生服务，提升人民幸福指数，实现每个人自由而全面的发展。

尽管当今世界和平与发展是时代的主题，但各国之间仍长期围绕领土所有权而产生矛盾。两国领土主权之争容易演变为民族利益对抗，处理不当就会激化矛盾，甚至引发武装冲突，给人民的生命和财产造成重大损失，给一代甚至几代人民造成阴影，阻碍人们迈向幸福生活的脚步。

2011年，叙利亚危机爆发。10年动乱，叙利亚经受了非法入侵、外部占领之害，恐怖主义、单边制裁之痛，国家发展进程几乎陷于停滞，人民生活处于水深火热之中。数百万叙利亚人背井离乡，逃离家国。可见，国土安全是人民幸福生活的基础。

第二讲　坚持平衡发展　维护国土安全

自新中国成立以来，我国通过和平谈判等方式，解决了部分与他国的领土争端，划清了领土边界。但我国边境线较长，加上国内外势力的影响，我国领土、领海主权依旧面临着诸多的问题与挑战，需要国家采取积极措施，维护国土安全。

一、国土安全面临的威胁与挑战

随着我国经济发展和综合国力进一步增强，我国国土安全面临的威胁与挑战也日趋复杂，部分邻国长期在我国国土边境、海洋边界试探我国底线，国内分裂势力始终不放弃分裂主张，国际不实舆论也都极大影响着我国国土安全。

（一）国土边境、海洋安全面临问题与挑战

近年来，我国相对和平稳定的陆地安全环境不断得到巩固和发展，但仍然存在一些不安全因素和潜在的威胁。例如，当前我国仍与印度存在陆地边界争端，为此双方一直进行着艰苦的政治、外交纠缠；我国与不丹持续几十年的边界谈判也仍未有结果。

我国海上安全形势也同样面临着诸多挑战，中国与周边邻国存在较大的领海争议。周边国家国土面积狭小，经济发展迟缓，极度觊觎与中国“争议”海域的一系列具备经济价值与战略意义的海洋资源。例如，日本长期以来妄图侵占钓鱼岛，无理扣留中国渔民。

浩气长存

宁肯高原埋忠骨，绝不丢失一寸土

加勒万河谷，位于中印边界西段新疆阿克赛钦西部，属于新疆和田地区。加勒万河谷地区的主权一直都属于中国，多年来，中国边防部队一直在此巡逻执勤。2020年4月，印度边防部队严重违反两国协定协议，在该地区抵边、越线修建道路、桥梁等设施，蓄意挑起事端，中国多次就此提出交涉和抗议，尽最大诚意维护两国关系大局和边境地区和平安宁。6月6日，两国边防部队举行首次军长级会晤，双方达成共识，承诺不再越线。

中印边境冲突现场录像

但令人震惊的是，6 月 15 日晚，印度一线边防部队公然违背双方达成的共识，出尔反尔，再次越过实控线向中方蓄意挑衅。我军边防部队某团团长祁发宝，仅带领几名官兵，蹚过湍急的河水，诚心进行交涉。对方却试图以多欺少，用钢管、棍棒、石块发起攻击，暴力袭击了我军战士。

面对数倍于己的外军，战士们作出了英雄的壮举。祁发宝站在河水里，赤手空拳，张开双臂，他以血肉之躯阻挡外军，守护着祖国的山河，并大声呵斥外军："不想打仗就滚！"战斗中，祁发宝头部受到重创，左前额骨破裂，面部鲜血淋漓。营长陈红军立刻带人突入重围，营救团长，盾牌手陈祥榕冲在最前面，摄像取证的肖思远也投入战斗。但由于以寡敌众，陈红军、陈祥榕、肖思远壮烈牺牲。还有战士王焯冉，拼力救助被冲散的战友，自己却淹没在冰冷的激流中。

18 岁的陈祥榕曾写下"清澈的爱，只为中国"；王焯冉曾说，"不去当兵，会后悔一辈子。"；陈红军当时还有 4 个多月就要当爸爸了；肖思远憧憬着未来娶上心爱的姑娘。但为了祖国山河，他们都把生命和青春永远地留在了高原。我们将永远铭记他们，祖国不会忘记，人民也不会忘记。

（二）反分裂斗争形势依然严峻

我国国家稳定发展的局面日益巩固，但反分裂斗争形势依然严峻。台湾民进党自上台以来就顽固坚持"台独"分裂立场，拒不承认体现一个中国原则的"九二共识"，对内推行"去中国化""渐进台独"，强化民众对祖国大陆的敌意，对外企图倚仗外国势力抬高自己，在分裂道路上越走越远。

此外，某些外部势力扶植"港独"势力，妄图进行分裂、颠覆、渗透、破坏活动。境外"藏独""东突"等分裂势力活动频繁，对我国国家安全和社会稳定也构成了严重威胁。

时事博览

"迅雷-2020"专项行动

遇到间谍怎么办

2020 年以来，台湾蔡英文当局与外部反华势力加紧勾连聚合，挟洋自重，频频制造事端，大肆鼓噪并加紧推动一系列谋"独"活动，不断挑战"一个中国"底线，严重破坏了台海和平稳定。台湾间谍情报机关加速"绿化"，甘于充当民进党当局推进"台独"路线的工具。

为打击"台独"分裂势力的嚣张气焰，2020 年 10 月，国家安全机关组织实施了"迅雷-2020"专项行动，破获了涉嫌资助"港独"、刺探情报、挑拨中国与其他国家外交关系等行为的数百起间谍窃密案件，抓获了一批台湾间谍及

运用人员，打掉了台湾间谍情报机关针对祖国大陆布建的间谍情报网络，有效维护了国家安全和利益。

“迅雷-2020”专项行动是继“2018-雷霆行动”之后，国家安全机关针对“台湾当局”及其间谍情报机关的又一次重拳出击。在破获的案件中，有的是“台独”势力为捞取政治资本插手香港事务，煽动蛊惑、刺探情报；有的是“台独”分子在海外造谣丑化祖国大陆形象，挑拨离间祖国大陆与其他国家外交关系，为台湾当局拓展所谓“国际空间”；有的是间谍以公开掩护秘密，以合法掩护非法，或潜入学术会议，或结交相关人员，堂而皇之替台湾间谍情报机构套取情报。

资料来源：刘洁妍、杨牧，《国家安全机关破获数百起台湾间谍情报机关窃密案件》，人民网，2020-10-12

法治在线

1959年出生的蔡金树，此前为“南台湾两岸关系协会联合会”会长、“鹰传媒”文创有限公司董事长。2013年，蔡金树结识郭佳瑛，此人自称是他学妹，实际上是所谓“台湾军情局”间谍。2016年，郭佳瑛与蔡金树成立了一家名为“鹰传媒”的电子媒体，面向大陆学者、记者约稿，借此搜集情报。几年间，蔡金树先后向郭佳瑛介绍大陆涉台工作部门人员、重要智库专家、知名媒体记者等50多人，先后收取间谍情报机关发放的经费约合人民币上百万元。

根据《中华人民共和国刑法》第一百一十条，为境外的机构、组织、人员窃取、刺探、收买、非法提供国家秘密或者情报的，处5年以上10年以下有期徒刑；情节特别严重的，处10年以上有期徒刑或者无期徒刑；情节较轻的，处5年以下有期徒刑、拘役、管制或者剥夺政治权利。2020年7月，蔡金树被判处有期徒刑4年。

资料来源：范凌志，《国安机关破获“两岸交流”谍案：台谍约大陆学者写稿转给军情局，混入研讨会刺探大陆内部信息》，环球时报，2020-10-13

（三）国际舆论环境严峻

国土安全与地区形势和大国博弈密切相关。随着苏联解体、冷战结束，世界格局发生了翻天覆地的变化。中国与西方国家政治意识形态有较大差异，又在较短的时间内取得了经济上的重大发展，所以被卷入国际舆论旋涡，成为一些政治极端势力和政客攻击的对象。一些国家不能公正看待我国维护国家安全所制定的政策、所采取的举措，不断介入我国与周边邻国的领土、海洋权益问题争议中，利用其在国际的话语权，频频制造不利于我国国家安全的不实舆论，破坏我国国土安全舆论环境稳定。

日趋严峻的国际舆论环境，要求我国在坚持和平友好外交政策，以和平谈判、协议的方式解决领土、海洋权益争端外，还要不断增信释疑，增进国际社会尤其是西方国家对我国主张和立场的理解，营造友善的国际舆论环境，保障国土安全。

二、维护国土安全的途径与方法

要解决我国与邻国在领土、海洋权益上的争议，避免分裂势力对我国内部安全稳定产生消极影响，改善我国所处的国际舆论环境，离不开完善的制度支撑，必须要扩大宣传教育力度，而归根结底是要提升我国的综合国力。

（一）完善国土安全法律和教育体系

1. 完善国土安全法律法规体系

法律法规是维护国土安全的有力武器。《国家安全法》明确了维护国土安全的任务；《反分裂国家法》有效捍卫了国家主权与领土完整，在遏制“台独”分裂图谋、推进祖国和平统一方面发挥了重要作用；《反恐怖主义法》为依法打击恐怖主义活动提供了法律依据；等等。与维护国土安全相关的法律法规明确了维护国土安全的任务、原则、方式和手段，能够确保各项工作有法可依、有规可循。

尽管我国在国土安全方面已经制定了一系列法律法规，包括《中华人民共和国领海及毗连区法》（以下简称《领海及毗连区法》）、《中华人民共和国专属经济区和大陆架法》（以下简称《专属经济区和大陆架法》）、《中华人民共和国陆地国界法》（以下简称《陆地国界法》）等。但是，我国国土安全方面的法律法规需要完善的空间仍然比较大。例如，针对太空空间安全的法律法规还不齐全；在中国特色社会主义法律体系中，海洋法尚未形成独立的部门法；等等。

2. 加强国土安全宣传教育

维护国家安全，人人有责，人人可为；涵养国家安全意识，需要宣传、需要教育。只有大力加强国土安全宣传教育，提升全社会的忧患意识，人人绷紧国土安全这根弦，才能促进全社会同心共筑国土安全的钢铁长城。

近几年来，国家在国土安全宣传教育方面做了大量有益的工作，也取得了较为明显的成效。但是，仍然存在着比较突出的问题，主要表现在以下几方面：

第一，国土安全教育工作没有引起各级政府和社会的广泛关注，影响范围较小；第二，国土安全教育内容单一性与受教育范围的广泛性不相适应，宣传手段较为单调；第三，当前国土安全教育未纳入制度范畴，没有约束力，只是作为一种义务而不是一种责任；第四，国土安全宣传相关的专业理论相对缺乏，部分宣传人员本身对国土安全的了解不够深入。

互动空间

在日常生活中，你是否参加过国土安全和国防安全相关的宣传教育活动？如果有，你从中学到了什么？

（二）坚持兴边富民

由于特殊的历史、自然、地理条件和复杂的周边环境等多方面因素影响，同其他地区相比，边境地区经济社会发展仍然相对滞后，对国土安全造成一定影响。实施兴边富民行动，对于推动边境地区经济社会快速发展，提高各族群众生活水平，加强民族团结，巩固祖国边防，保卫国土安全，维护国家统一，增进中外睦邻友好具有重要意义。坚持兴边富民，必须把握重点问题，从多方面入手。

1. 强基固边

大力强基固边，需要加快完善边境地区基础设施建设。第一，推动边境地区铁路通道、公路通道、航空航运建设，改善边境农村交通状况，如图 3-1 所示；第二，推进边境地区水利建设，不断提高边境地区水资源调蓄能力和供水保障能力，保障农村饮水安全；第三，加快能源基础设施建设，为边境地区经济社会发展提供能源保障；第四，加快完善边境政务信息网络平台，实现电子政务、电子商务、远程教育、远程医疗等；第五，因地制宜推进沿边城镇建设。

文马高速公路是滇东南片区经济建设的经济干线，全长约 31 千米，与多条公路互相通接。2020 年 9 月 24 日上午试通车，文山市到马关县的路程由 90 分钟缩短至 20 分钟。文马高速公路建成通车后，对云南省主动服务和融入“一带一路”倡议，打通“内引外联、沿边开放、转身向海”黄金通道，促进民族地区经济发展具有重要意义。

图 3-1 文马高速公路

2. 民生安边

落实民生安边，需要全力保障和改善边民生活。第一，实施边境地区就地就近脱贫专项行动，坚持精准扶贫与区域发展相结合，如图 3-2 所示；第二，科学规划边境村镇建设、村落分布、农田保护、生态涵养等空间布局，改善边民居住条件，鼓励和扶持边境地区常住居民抵边居住生产；第三，实施边境地区全民参保计划，加快完善覆盖城乡居民的社会保险体系和社会救助体系；第四，推动边境地区教育、医疗、文化事业全面发展。

西双版纳全力打造六大生态经济产业，即以生物农业、生物林业、生物医药、生物种业为重点，不断培育壮大特色生物产业，做强优势特色产业。计划五年生产总值年均增长保持在10%以上，城乡居民收入、一般公共预算收入增长要与经济增长速度相适应，实现脱贫攻坚、维护边境安宁。

图 3-2 西双版纳扶贫活动

3．产业兴边

推动产业兴边，需要大力发展边境地区特色优势产业。第一，转变边境地区发展方式，发展特色农业、特色优势加工业、特色服务业，打造一批国家级特色产业园区和基地；第二，发展边境旅游业，并全力推动边境旅游与文化、边贸、特色农业等融合发展，如图 3-3 所示；第三，培育壮大边境商贸物流业，构建跨境贸易服务体系。

广西壮族自治区崇左市的明仕田园处在中越边境地区，方圆 20 千米山环水绕，风光极美，极富南国田园气息。其中德天跨国瀑布是世界第三、亚洲第一跨国瀑布，以国为界，一瀑两景。左边是越南的板约瀑布，右边是我国的德天跨国大瀑布。游客可以坐竹筏游览，与越南人进行面对面交易。当地结合本地悠久文化、山水田园风光，打造明仕旅游品牌，吸引大量游客前来参观。

图 3-3 广西跨境旅游示范带风光

4．开放睦边

强化开放睦边，需要着力提升沿边开发开放水平。第一，完善边境地区地方政府对外合作机制，推进共建“一带一路”；第二，加快边境贸易转型升级，加大沿边口岸开放力度，提升沿边开放便利化水平。

5．生态护边

坚持生态护边，需要加强边境地区生态文明建设。第一，强化生态保护与修复，优先安排实施退耕还林、天然林保护、水生态治理、石漠化综合治理等重大生态工程，筑牢国家生态安全屏障，实现边境地区永续发展；第二，提升环境污染防治水平，推动美丽乡村和新农村的建设，如图 3-4 所示。

吉巴村位于西藏自治区昌都八宿县西北部怒江左岸。1994年以前，吉巴村85%以上村民处于贫困状态。后来，在上级的支持下，吉巴村党员干部号召村民兴修水渠、开垦荒地、集体修路、保护草场。1997年，吉巴村在八宿县率先实现了脱贫目标。如今，走在吉巴村，一栋栋具有门巴族特色的二层楼房整齐排列，基础设施配套齐全，呈现出边民安居乐业的动人景象。

图 3-4　西藏新农村建设

6. 团结稳边

推进团结稳边，需要切实维护民族团结和边防稳固。坚持守土有责、守土负责、守土尽责，推动党政军警民合力强边固防，加强和创新社会治理，深入开展民族团结进步创建活动。

时代楷模

卓嘎、央宗姐妹：扎根雪域边陲的格桑花

玉麦在哪里？在青藏高原的南边，喜马拉雅的另一面。这里是中国最难抵达的地方之一。如果从拉萨出发，开车走13个小时，翻越两座5 000多米的雪山，穿越一片沼泽遍地的原始森林，再走过一个陡峭的山谷，才可以看到飘扬在山上的五星红旗。五星红旗之下，就是玉麦乡，如图3-5所示。这里一年有半年时间大雪封山，与世隔绝。由于生活艰难，玉麦乡居民陆续迁走，最后只剩下了阿爸桑杰曲巴、姐姐卓嘎和妹妹央宗。玉麦乡成为中国人口最少的行政乡——三人乡。一栋房子，既是乡政府，也是他们的家。

图 3-5　玉麦乡山上的五星红旗

阿爸桑杰曲巴、姐姐卓嘎和妹妹央宗让这块广袤的土地以“家”的名义永远留在中国版图。在很小的时候，卓嘎和央宗就听爸爸说过：对面的山上，来了一群邻国军事人员，把他们国家的国旗插在了玉麦5 000多米的山头上。自从山上插了别国的国旗，牧民进出玉麦沟砍伐竹子，都要接受盘查。阿爸彻底被激怒了，他用了整整两天时间，爬上那座雪山，拔下他们的国旗。阿爸说：“我的爷爷曾在这里放牧，我的阿爸曾在这里放牧，我们也在这里放牧，这是我们祖祖辈辈生活的土地！”

在玉麦这片土地上，放牧就是巡山，巡山就是站岗。赶着牦牛巡山，一走就要七八天的时间，路上至少要翻过 13 座大山。姐姐卓嘎说："玉麦的每一片地方，阿爸都去过，我们也都去过。"为了留在玉麦，卓嘎 35 岁、央宗 27 岁才结婚成家，这在当时的边境牧区，几乎是不可思议的晚婚了。后来回忆起那段往事，央宗仍有些激动："家是玉麦，国是中国，这一点，无论面对多大的挫折或者诱惑，我们姐妹俩都从来没有动摇过。"而对于国人来说，这一家三口的几十年，为中国守住了上千平方千米的国土。

卓嘎、央宗姐妹的故事

2001 年底，玉麦乡通往山外的公路修通了，喜事变多了起来，有了 5 户人家共 25 人，有了边防派出所，有了小学和卫生院。这年冬天，77 岁的桑杰曲巴老人过世了。卓嘎、央宗姐妹清楚地记得，父亲临终叮嘱道："你们不能因为玉麦穷就离开这里。这是祖辈生活的地方，是我们中国的土地，一草一木都要守护好！"

卓嘎带上阿爸留下的糌粑袋子，央宗挎上阿爸的老柴刀，姐妹俩像阿爸当年一样，放牧巡山。出门前，姐妹俩在屋顶，升起了阿爸桑杰曲巴当年亲手一针一线缝制的五星红旗。当五星红旗升起的时候，姐妹俩明白了阿爸说的那句话，"在这里的，只能是我们中国人，不能是其他什么人"。

图 3-6　新玉麦乡

如今的玉麦乡道路畅通，生活用品和新鲜蔬菜都能方便买到，如图 3-6 所示；接入了国家电网，乡民再也不用发愁突然停电了；4G 信号覆盖全乡，家庭旅馆、小卖部都能使用移动支付。"现在的玉麦各个方面都发展得特别好。我们大家都过上了幸福的生活，我们也有决心继续守护好这片土地。"卓嘎说，她现在喜欢称自己是西藏山南市隆子县玉麦乡的一名牧民。

卓嘎、央宗姐妹数十年如一日以抵边放牧、巡逻的方式守护着这片神圣国土，谱写了爱国守边的时代赞歌。2021 年 6 月 29 日上午，习近平总书记向卓嘎颁授"七一勋章"，肯定了她们父女两代接力为国守边的行为，赞扬了他们爱国守边的精神。

资料来源：王丹蕾，《致敬！一家三代人，半个多世纪，守护着中国人口最少的乡，为了一个最神圣的承诺！》，央视网，2018-10-19；申琳、徐驭尧，《我愿像格桑花一样扎根在雪域边陲》，人民日报，2021-7-21

（三）坚持陆海统筹

21 世纪，人类进入了大规模开发利用海洋的时期。海洋在国家经济发展格局和对外开放中的作用更加重要，在维护国家主权、安全、发展利益中的地位更加突出，在国家生态文明建设中的角色更加显著，在国际政治、经济、军事、科技竞争中的战略地位明显上升。

中国要成为一个真正的世界强国，陆海必须皆通，要以“一带一路”建设为重点，坚持引进来和走出去并重，遵循共商共建共享原则，加强创新能力开放合作，形成陆海内外联动、东西双向互济的开放格局；要赋予自由贸易试验区更大改革自主权，探索建设自由贸易港；要加快水污染防治，实施流域环境和近岸海域综合治理；要加大生态系统保护力度，强化湿地保护和恢复；要统筹陆域与海洋能源勘探开发，转变对陆域地矿资源和近海油气资源“吃干榨净”的做法，坚持海洋油气资源“储近用远”；要发挥陆地的支撑和回旋作用，科学实施陆海发展战略，优化空间布局，在经济、军事、科技等领域加强陆海一体化建设，助推陆地大国向陆海强国迈进。

中国海军

鸦片战争时期，我国有海无防、被动挨打；洋务运动时期，北洋水师成军仅仅6年便全军覆没于黄海腹地；民国政府时期，我国重建海军初露端倪便在抗战初期沉船江阴……

近代以来，中国遭世界列强从海上入侵达400多次，其中规模较大的有84次，神州大地因此遍遭涂炭。“不能制海，必为海制”，这是铁的事实，也是血的教训，海军孱弱、国门洞开的心酸与屈辱，一时间成为横亘在中华民族面前必须要解决的问题。

海军形象宣传片《向海图强》

1949年4月23日，人民海军在江苏泰州白马庙乡正式诞生。这支刚刚成立的海军队伍其全部家当不过是“几艘基本丧失战斗力的铁壳船和木船”。

1950年3月17日，人民海军不到一岁，首任海军司令员萧劲光到刘公岛视察海防，随行人员向当地渔民租了一条小船。途中，当得知这是海军司令员时，渔民不解地问：“海军司令还要租我的渔船？”问者无意，却刺痛了萧劲光的心，他对身旁的随行人员说：“大家都要记住今天这个日子，海军司令员可是租老百姓渔船视察刘公岛的！”

1953年，毛泽东视察人民海军，他挥笔题词“为了反对帝国主义的侵略，我们一定要建立强大的海军”，并在五艘军舰上，将这一题词连写了五遍。

1980年，刘华清将军64岁，那时他任中国人民解放军副总参谋长，这是他人生中第一次登上航母。美方以保密为由不让碰仪器，为了能看得更清楚一些，刘华清将军踮起了脚、前倾着上身，投过去的眼神里是强烈的渴望和期盼。

2019年12月17日，山东舰在海南三亚某军港交付海军，这是我国真正意义上的第一艘国产航空母舰。国产航母的入列，标志着中国正式进入“双航母时代”，中国海军已经行驶在一条更加波澜壮阔的航路上。如今，海军护航编队、海军医疗队等也不断展现着新时代中国军队的大国担当。

“潜航大洋，他们是捍卫国家主权的撒手锏；翱翔海天，他们是维护祖国安宁的急先锋；蛟龙突击，他们是攻无不克的夺命刃。”2021 年 4 月 23 日，中国人民海军成立 72 周年。72 年来，中国人民海军从无到有，砺剑深蓝，驰骋万里海疆。

资料来源：《海军宣传片上线！结尾哭爆，网友：你们这样让战忽局怎么工作……》，微信公众号“共青团中央”，2021-4-23

（四）加强国防和外交能力建设

目前，我国仍有陆地边界争议尚未彻底解决，岛屿领土问题和海洋划界争端依然存在，个别域外国家舰机对我国频繁实施抵近侦察，多次非法闯入中国领海及有关岛礁邻近海空域，这要求我国不断加强国防和外交能力的建设，确保我国国土安全。

1. 国防建设

首先，实行积极防御，坚持“人不犯我、我不犯人，人若犯我、我必犯人”，强调遏制战争与打赢战争相统一，强调战略上防御与战役战斗上进攻相统一，走中国特色强军之路，遏制侵害我国国土安全的各种图谋和行为。

其次，要求我国不断增强国土安全的国家话语权。作为联合国创始成员国和安理会常任理事国，中国必须坚定维护联合国在国际事务中的核心作用，坚定维护以联合国宪章宗旨和原则为基础的国际法和国际关系基本准则，坚定维护多边主义，推动国际关系民主化，广泛参与全球安全治理，积极参与军控与裁军等领域事务，为重大问题解决和重要规则制定贡献中国方案。中国必须积极支持相互协作与信任措施会议机制建设，倡导树立共同、综合、合作、可持续的安全观，为构建地区安全合作架构发挥重要作用。

2. 外交能力建设

首先，要求我国必须秉持亲诚惠容的周边外交理念，坚持与邻为善、以邻为伴，在和平共处五项原则基础上发展同各国的友好合作，尊重各国人民自主选择发展道路的权利，塑造良好的外部环境，通过谈判、协商和平解决领土问题和海洋划界争端。

其次，要求我国加强涉外法治人才培养，增强国土安全对外法律斗争能力。各个国家有着不同的政治传统和政治制度，法律制度和法治发展水平差异较大。在推进各国基础设施“硬联通”的同时，应加强相互间政策、规则、标准和机制的“软联通”。这就急需培养一批具有国际视野、通晓国际规则，能够参与国际法律事务和维护国家利益的涉外法律人才，推进国际合作，维护国家安全。

最后，目前国际社会单边主义甚至霸权主义仍然横行，中国有必要增进自身参与全球治理的能力，在与现有国际治理架构对接、与主要国家共同探讨解决之道的同时，积极倡导新型国际关系，维护国际社会的公平正义。

实践活动　寻访抗战老战士

请以“不忘峥嵘岁月，我们砥砺前行”为主题，寻访抗战老战士，了解保家卫国的革命故事，重温民族记忆。具体内容与要求如下：

（1）将全班同学分成若干小组，每组6～7人。

（2）以小组为单位，探寻走访抗战老战士，记录、拍摄、留存老战士口述历史资料。

（3）各组整理好获得的材料，制作一份PPT，在全班同学面前进行展示。

（4）各组可借助网络阵地广泛开展宣传，弘扬革命精神。

教师可参考表3-1对各小组进行评价。

表3-1　实践活动评价表

评价标准	分值	分数小计	教师评价
提前做好活动准备，小组分工合理	20分		
达到采访目的	20分		
对采访内容进行有效记录	20分		
PPT制作精美，展现了老兵风采	20分		
宣传积极正向	20分		

专题四

军事安全

04

内容导读

军队是国家安全的坚强基石，军事安全与国家命运紧密相连。强军才能卫国，强国必须强军。军事手段始终是我国维护国家主权、安全、领土完整和发展利益的保底手段，军事安全则始终是我国建设巩固国防的重要前提。坚决维护军事安全，才能为国家长治久安和中华民族伟大复兴提供强有力支撑。

学习目标

知识目标

- 了解军事安全的重要性
- 了解军事安全的主要内容
- 了解强军目标与军事战略方针

能力目标

- 能够识别军事安全面临的威胁与挑战
- 掌握维护军事安全的途径与方法

素质目标

- 树立军事忧患意识和保密意识
- 培养艰苦奋斗、吃苦耐劳的作风
- 增强国防意识和国家责任感

国家安全聚焦

出卖绝密情报获死刑

黄宇，生于1974年7月28日，四川省自贡市人，曾在我国某涉密科研单位工作，进行相关密码研究。但因能力平平、工作态度不端正，5年内黄宇换了三个部门，最终被单位淘汰解职。

致命的密码
——身边的“暗战”

怀恨在心的黄宇主动勾结境外间谍机关，将手中私自留存的有关军用机密的电子文档拷贝给了对方。对方提出每月为其提供工资5 000美元，还当场支付了1万美元奖金。在金钱的诱惑下，黄宇成了一名为境外间谍机关效力的间谍。

在陆续将离职前窃取的国家秘密出卖完毕后，黄宇开始把目标转向周围的人。其妻子在另一家涉密单位工作，并且是资料管理员，黄宇就假意提醒妻子把资料备份，随后趁其不在家复制了资料光盘。黄宇还利用帮助其姐夫（与他在同一单位供职）维修电脑的机会，拷贝了电脑里的保密文档。此后，他又利用在原单位的关系，窃取同事电脑上的资料，打探单位科研动态，窃取内部刊物。而所有这些材料，最后都被黄宇卖给了境外间谍机关。

2011年，黄宇被国家安全机关抓获。经查，10年内他向国外间谍机关提供了15万余份资料，其中绝密级90项、机密级292项、秘密级1 674项，对我国党、政、军、金融等多个机构的密码安全造成了难以估量的损失。最终，黄宇因间谍罪被判处死刑，其妻子及姐夫因过失泄露国家秘密机密罪，被分别判处5年、3年有期徒刑，黄宇原来就职单位的29人也相应受到不同程度的处分。

资料来源：付若愚，《男子向境外间谍机关提供15万余份资料 绝密级90项》，央视网，2016-4-18

想一想 泄露军事相关秘密，可能会对国家军事国防产生什么影响？

第一讲　军事安全——国家安全的保障

军事安全被视为传统国家安全的核心内容，被置于头等重要的地位，它是总体国家安全观的重要组成部分，也是保证国家武装力量能够充分有效发挥保障国家安全作用的基本前提。

一、军事安全的主要内容

军事安全是指国家不受外部军事入侵和战争威胁的状态，以及保障这一持续安全状态的能力。军事安全既是国家安全体系的重要领域，也是其他安全领域的重要保障。

（一）国防

国防就是国家的防务，是指国家为防御和抵抗侵略，制止武装颠覆，保卫国家的主权、统一、领土完整和安全，而进行的军事及与军事有关的政治、经济、外交、科技、教育等方面的活动。而为了实现国防的目的，一切与军事有关的活动均可作为国防的手段。

相关链接

国防的类型

扩张型：奉行霸权主义政策的国家，以国家安全和防务为幌子，将其他国家和地区纳入自己的势力范围，对其进行侵略颠覆或渗透。

自卫型：以防止外敌侵略为目的，在国防建设上主要依靠本国的力量，广泛争取国际上的同情与支持，维护本国安全，维护周边地区的和平与稳定。

联盟型：为弥补自身力量的不足，以结盟的形式联合他国进行防卫。联盟型的国防又可分为一元体系联盟和多元体系联盟。

中立型：一些中小发达国家为保障本国的繁荣、发展和安全，奉行和平和中立政策。

（二）战争

战争是国家或政治集团之间为了一定的政治、经济等目的，使用武装力量进行的大规模激烈交战的军事斗争，是解决国家、政治集团、阶级、民族、宗教之间矛盾冲突的最高级形式。战争的形态是随着人类社会的不断发展而发展的，经历了徒手战争、冷兵器战争、热兵器战争和机械化战争，正向信息化战争形态转变，信息化、无人化、智能化逐渐成为未来战争的基本样式。

历史纵横

现代信息战——伊拉克战争

2003年3月20日，美、英等国不顾国际反战的呼声，对伊拉克发动了战争。美军以极其微小的代价获得了极大的军事和政治效益，这主要是得益于战场上的信息优势。

“放弃吧！起义并倒戈。到另一方来，否则美国人就开战了。”在战前的一个多月，数千名伊拉克人就收到了这封匿名邮件。美军还通过媒体发布一些虚假的消息，如总统萨达姆已被炸伤、萨达姆已初步被判定炸死、美英联军首日攻下巴士拉等。美军通过这些手段来削弱伊拉克军队的斗志，使伊拉克民心涣散，一开始就将战争的主动权牢牢掌握在美方手里。

战争一开始，美军便利用强电磁对伊军的战场识别系统与信息系统实施了瘫痪性打击，从而掌握了战场上的信息主动权。然后，美军将参战的陆、海、空三军指挥系统进行联网，在各型飞机上都安装上了“快速战术图像系统”，在每一个特种作战部队士兵的电脑上都安装了“漫游者”软件，使得美军士兵能够随时了解到战场信息的变化情况，并能很快地将战场信息和作战命令转化为精确打击的火力。

作战期间，美军每天执行轰炸任务的战斗机和轰炸机，大约有2/3是在升空之后才根据随时收到的战场信息和目标指令执行轰炸任务的。4月7日，美军指挥中心获得萨达姆出现在伊拉克首都巴格达曼苏尔地区的情报后，立即命令正在空中巡逻的B-1B轰炸机进行打击。B-1B迅即投下4枚“地堡终结者”炸弹，萨达姆现身的建筑物即刻被摧毁。从那时起，萨达姆一直生死不明，伊拉克高官也不见踪影，巴格达两天后被攻占。

（三）军事体制

1. 力量组成

中华人民共和国武装力量由中国人民解放军、中国人民武装警察部队、民兵组成，由中华人民共和国中央军事委员会领导并统一指挥。中国人民解放军是中国武装力量的主体，由现役部队和预备役部队组成。其中，现役部队是国家的常备军，包括陆军、海军、空军、火箭军和战略支援部队，主要担负防卫作战任务，必要时可以依照法律规定协助维护社会秩序。

2. 领导体制

人民军队是中国特色社会主义的坚强柱石，党对人民军队的绝对领导是人民军队的建军之本、强军之魂。《中华人民共和国国防法》规定：“中华人民共和国的武装力量受中国

共产党领导。”对人民军队来说，坚持党对军队的绝对领导，首要的是坚持其最高领导权和指挥权属于中国共产党中央委员会和中央军事委员会。做到这一条，就必须全面深入贯彻军委主席负责制，由军委主席对国防和军队建设的一切重大问题最后拍板、一锤定音。党的十九大把中央军事委员会实行主席负责制这一制度在党章中确立下来，强化了军委主席负责制的法律权威地位。

（四）军事科技与武器装备

在这个高科技发展日新月异的时代，军事技术也飞跃式发展，其主要可分为六大新技术群，即电子信息、新材料、新能源、生物技术、航天技术和海洋技术。每个高技术领域又都包含成千上万的高技术，如侦察监视技术、伪装与隐身技术、精确制导技术、信息战技术、高性能推进与动力技术、仿真技术等。

运用军事技术更新武器装备，是当代军事领域发展最快和最活跃的方面。目前的高技术武器装备主要包括七类，即高技术侦察与监视器材、电子对抗装备、精确制导武器、高技术作战平台、核化生武器系统、军队指挥自动化系统和新机理武器。

科技之光

中国积极研制歼-20隐身战机

进入新世纪后，国际局势波诡云谲。以隐身、超声速巡航、超视距空战、综合航电及自保障等诸多全新技术为典型特征的四代战斗机，成为掌握空中制胜的利器。要追上世界先进航空技术，研制中国四代机刻不容缓，歼-20项目随之立项。

因其隐身需求，歼-20在气动外形设计上比一般飞机复杂得多。项目团队百折不挠，突破了一系列关键技术，终使歼-20具备了非常出色的敏捷性和操控性。

作为一款单座、双发重型隐身战斗机，歼-20具备隐身能力、超机动能力，拥有极其优异的航电系统，还具备超声速巡航、超视距攻击等特点。歼-20在与敌机对抗当中可让敌方雷达无法探测到自己，能够率先对敌机发起攻击；装备了分布式光电孔径系统EODAS和电光瞄准系统EOTS，在空战当中不靠雷达就可以发现敌机；装备了有源相控雷达，能探测250千米以上的目标。

2011年1月11日，中国歼-20隐身战斗机在成都首飞成功，作为中国新一代隐身战机，歼-20开启了中国空军的“20”时代，也宣告了“隐身时代”的到来；2016年11月1日，歼-20在珠海航展首次公开亮相；2018年2月，歼-20开始列装空军作战部队，向全面形成作战能力迈出重要一步；2019年10月1日，歼-20亮相国庆70周年阅兵，参与阅兵的飞行员透露，“歼-20机动性特别强，一进入超音速就是它的天下”。

正如空军发言人申进科所言，空军正向全疆域作战的现代化战略性军种迈进，成为有效塑造态势、管控危机、遏制战争、打赢战争的重要力量。歼-20战机列装空军作战部队，将进一步提升空军综合作战能力，有助于空军更好地肩负起维护国家主权、安全和领土完整的神圣使命。

资料来源：李学勇、张玉清、于晓泉，《"国之重器"跨入"20"时代　中国空军战略转型开启"加速跑"》，新华网，2018-11-06

（五）军事秘密

1. 军事秘密的等级

军事秘密分为绝密、机密、秘密三个等级。"绝密"是最重要的军事秘密，泄露会使国防和军队的安全与利益遭受特别严重的损害。"机密"是重要的军事秘密，泄露会使国防和军队的安全与利益遭受严重的损害。"秘密"是一般的军事秘密，泄露会使国防和军队的安全与利益遭受损害。

2. 军事秘密的范围

军事秘密关系到战争的胜败、国家的安危，必须予以保护。具体来说，军事秘密涉及的范围包括以下内容：

（1）国防和武装力量建设规划及其实施情况。

（2）军事部署，作战和其他重要军事行动的计划及其实施情况。

（3）战备演习、军事训练计划及其实施情况。

（4）军事情报及其来源，通信、电子对抗和其他特种状态等基本情况，军以下部队及特殊单位的番号。

（5）武装力量的组织编制，部队的任务、实力、素质、状态等基本情况，军以下部队及特殊单位的番号。

（6）国防动员计划及其实施情况。

（7）武器装备的研制、生产、配备情况和补充、维修能力，特种军事装备的战术技术性能。

（8）军事学术、国防科学技术研究的重要项目、成果及其应用情况。

（9）军队政治工作中不宜公开的事项。

（10）国防费的分配和使用，军事物资的筹措、生产、供应和储备等情况。

（11）军事设施及军事设施保护情况。

（12）军援、军贸和其他对外军事交往活动中的有关情况。

（13）其他需要保密的事项。

互动空间

移动存储设备使用日益便捷的今天，祝福信息正由纸质贺卡送给单人等传统形式向文字、图片、视频结合的信息广泛传播的方式转变。新兵小林在新年前制

作了一个别具特色的拜年视频，视频里有自己的单位、职务、姓名，甚至还有自己训练和学习的地方。他的这一做法可能会泄露军事秘密的哪一项？

法治在线

王某工作空闲时间多，于是在网上发布求职信息。一位自称海军某装备杂志社工作人员的人，向王某提供环境走访类的工作，要求观测三亚军港船只的进出情况。2015 年 3 月 26 日，王某开始了“工作”，每周观测 4～7 次，至 5 月 20 日共报送 40 多次情报，内容涉及我军潜艇、护卫舰、导弹艇等舰艇停泊数量和出港动态。随着国家安全教育的加强，王某终于难以承受巨大的压力，向国家安全机关自首。王某主动投案自首后，彻底交代问题，认罪态度端正，真心悔过。

根据我国《反间谍法》第二十七条规定：“实施间谍行为，有自首或者立功表现的，可以从轻、减轻或者免除处罚；有重大立功表现的，给予奖励。”国家机关决定免于王某的刑事责任。

资料来源：邢东伟、翟小功，《境外间谍组织惯用 4 大伎俩窃取情报 泄密只在一瞬间》，《法治日报》，2017-4-17

（六）军事外交

军事外交是指国家在军事方面的对外交往活动，是国家外交活动的重要组成部分，也是军事工作的重要组成部分，大体上包括军事联盟活动、军事人员互访、军事谈判、军事贸易、军事情报合作、军工合作及维持和平活动等外交形式。

我是谁？我是中国蓝盔

新时代以来，中国军队坚持以习近平强军思想为指导，以更加开放、更加自信的姿态走向世界。从参与联合国维和行动，到维护国际海上通道；从参加国际灾难救援、提供人道主义援助，到开展安全交流合作，中国军事外交呈现出新气象，逐渐构建起全方位、宽领域、多层次的军事外交新格局。

大国风范

中国蓝盔抢修刚果（金）交通“生命线”

2021 年 5 月 22 日，刚果（金）东北部的北基伍省戈马市以北 18 千米处的尼拉贡戈火山喷发，造成民众伤亡，超过 5 000 栋房屋损毁，40 万民众被迫逃离家园，部分人员向中国维和工兵分队驻地南基武省布卡武市转移。

图 4-1　我国维和官兵操作工程机械对损毁路段进行抢修

5 月 27 日，接到联合国刚果（金）稳定特派团（以下简称“联刚稳定团”）命令，我国维和工兵分队对刚果（金）交通要道 N2 公路塌陷路段实施紧急抢修，如图 4-1 所示。该路段是受灾民众由北向南转移的唯一交通要道，如果不能快速打通，会导致受灾民众不能按时到达安置点，造成二次受困。

险情就是命令！受领任务后，中国维和工兵分队立即成立应急小组，携带工程装备和救援物资，连续机动 5 个小时赶赴现场。由于长时间受雨水冲刷，该路段形成了长 45 米、深 3 米、宽 2.5 米的冲沟，交通完全中断，作业难度非常大。此时，距离受灾民众预计经过的时间已经不到 6 个小时！

施工期间，地表温度很高，作业地域不时还有地震发生。为了完成任务，我国维和官兵忘记了高温的炙烤和身体的疲惫，连续战斗，按时打通交通“生命线”。当车辆顺利通行时，许多当地民众都向中国维和官兵竖起了大拇指。

完成救援任务后，官兵们并没有撤回营区，而是搭设帐篷驻扎在作业区附近，保障联刚稳定团工作人员和灾民陆续撤离。维和官兵还建起爱心取水点，为过往人员分发热食，并对受伤民众进行救治。

截至 6 月 6 日，中国维和官兵先后保障 10 波次 700 余台车辆通行，为过往民众发放饮用水和食物，救治受伤民众 10 余人。此外，分队还派出人员对 N2 公路进行全线勘察，采取开挖引流渠、构筑沉沙池、铺设钢质涵管、回填垫高路基等办法，对沿途 5 处难行路段和 3 处损毁涵洞进行修复，保证道路畅通。

资料来源：张宗发、席海春，《险情就是命令！中国蓝盔抢修刚果（金）交通“生命线”》，《解放军报》，2021-6-6

二、军事安全的重要性

军事安全始终是维护国家安全的保底手段和建设巩固国防的重要前提，关系到国家的生死存亡和长治久安。一个强大的国家必须有与之匹配的军事力量，来维护国家的安全。

（一）军事手段始终是维护国家安全的保底手段

冷战结束后，世界各国的竞争从军事竞争转向了综合国力的竞争，但在新的国际形势下，军事手段仍然是维护国家安全最重要的手段。今天，虽然我国经济社会发展取得了重大成就，维护国家安全的手段和选择增多了，但国际政治的重塑、大国利益的博弈及地区局势的动荡，都要求我国将军事手段作为维护国家主权和领土完整、有效遏制和抵御外来侵略的保底手段。

（二）军事安全是建设巩固国防的重要前提

国防伴随国家的产生而产生，服务于国家的利益、民族的尊严和社会的发展。在对国家利益的各种形式的侵犯中，威胁和危害最大的即为武装侵犯，包括军事威胁、恐吓、军事干预、发动侵略战争等。这样的武装侵犯，不仅会使国家主权和人民生命财产遭受损失，还直接危及国家民族的发展前途和生死存亡。而要对付武装侵犯，最根本的和最有效的莫过于军事手段。

中国为何要有强大的军事力量

目前，全球化使国际力量对比出现重大变化，国际战略竞争加剧，国际安全风险和变数增大，我国周边安全环境不稳定、不确定因素也随之增加。为建设巩固国防，我们必须把军事安全作为重要前提，推进中国特色军事变革。

第二讲　坚持强军领航　维护军事安全

全球化形势下，各国之间的联系越来越紧密，这也使得一国的军事安全不仅受到国家内部环境的影响，还会受到周边国家的安全环境影响。面对复杂多样的安全威胁和挑战，用传统的理念方法和手段越来越难以有效维护国家安全。因此，新时代，抵御军事威胁、维护国家的军事安全，就是要在总体国家安全观的指导下，更新战略思维、综合统筹，不断提高国家安全保障能力，不断推进国防和军队的现代化建设。

一、军事安全面临的威胁与挑战

（一）世界新军事革命深入发展带来新挑战

当今时代，新一轮科技革命和产业革命孕育兴起，新军事革命加速推进，越来越多的国家卷入了新军事革命的浪潮，国际军事竞争格局发生了深刻变化。世界主要军事强国根据对冷战后国际安全形势的分析和判断，纷纷制定了新的军事战略和防务政策，加快了军事建设的步伐，以图抢占未来军事竞争的制高点。发展中国家如果不能抓住时机，将进一步扩大与军事强国之间的差距。

当前，信息化战争已成为战争的主要形态，信息主导成为制胜关键，这将使得国家在军事战略、作战思想和军事力量建设方面都面临新的压力与挑战。

（二）军事秘密泄露

近年来，随着我国综合国力不断提升，境外间谍情报机关对我国的情报渗透活动也更加活跃。他们以我国党政军机关、军工企业、国防科研院所及涉军民企等单位的核心涉密岗位人员为目标，千方百计进行拉拢策反，搜集我国国防军事、武器装备等军事核心机密情报。在金钱收买、威逼胁迫等手段下，一些人被拉拢策反，成为境外间谍情报机关的“棋子”。

当前，随着信息技术的发展，境外人员的窃密方式也逐渐开始转向网络，各类政府背景黑客组织通过网络对我国政府、军队等重点单位和部门展开极力攻击，其势头猛烈，威胁巨大，对我国国防军事安全利益造成严重危害。

生活实例

照片不能任性拍

2014年4月，23岁的小张在微信上添加了一个自称“记者”的人。此人以需要新闻报道材料为由，请小张为其提供离他居住地不远处的军港、军舰照片。小张一开始有些犹豫，但被对方给出的优厚条件吸引。再加上“只是拍几张照片而已，不会被发现”的侥幸心理，他开始按对方的要求进行拍摄，来换取报酬。其实这名“记者”实为境外某间谍机构情报人员，在其指使下，小张之后又设法进入了一家军工企业，为其拍摄敏感照片。

2014年8月，小张被采取强制措施，此时他已向对方提供了“辽宁舰”等目标照片500余张，其他敏感照片200余张。2015年2月12日，小张因“为境外刺探、非法提供国家秘密罪”被判处有期徒刑6年、剥夺政治权利3年。

资料来源：王兴利、刘德，《是谁在危害我们的国家安全？这些案例触目惊心》，《参考消息》，2020-4-15

（三）缺乏忧患意识

1. 军队存在和平积弊

“大凡初时聚精会神，没有一事不用心，没有一人不卖力，也许那时艰难困苦，只有从万死中觅取一生。既而环境渐渐好转了，精神也就渐渐放下了。”教育家黄炎培的话，点出了历史上王朝兴衰转换的要害。一个国家、一个政党是这样，一支军队亦是如此。

打仗和备战是军队的根本职能，然而长期的和平环境使有些官兵不同程度地患上了“和平病”，认为战争还很遥远，或多或少产生了懈怠，主要表现在以下几个方面：当“和平兵”“和平官”的想法还有一定市场；生活味渐浓、硝烟味日淡的现象不同程度存在；“骄娇”二气较重、战斗精神弱化的问题比较突出；等等。

近年来，中国特色军事变革成就显著，强军兴军迈出新步伐，虽然发生大规模外敌入侵战争的可能性不大，但是我国军事安全面临的现实威胁仍然存在，局部武装冲突的可能性也不容低估。如果放任军队的和平积弊，当战争真正来临时，英雄的人民军队就可能威名不在，只能是望敌兴叹，乃至付出无法挽回的血的代价。

“十放九准”的北洋水师

北洋水师，是清朝后期花费数百万两白银建立的实力最强、规模最大的一支近代化海军舰队。北洋水师组建初期，效仿英、德海军制度，军容严整、训练严格，然而受晚清腐朽社会风气影响，将领自我要求松散，治军逐步放松，造成管理混乱、军纪涣散，最终在战场一败涂地。

甲午战争前，北洋水师舰队日常打靶训练时，总是预设浮标、遵标行驶，甚至提前设置方位角度，使大炮十放九准。然而，这样一支“十放九准”的水师却不堪一击，在甲午海战中全军覆没！是北洋水师官兵没有训练，训练时没流汗吗？显然不是。归根结底，还是北洋水师得了“和平病”，致其“忘战不思战、怠战不练战”，训练徒求“演得整齐”，这种“练为看”的训练就算一刻不停，官兵付出再多的汗水，也无法促进战斗力的提高。

2. 国民战争忧患意识淡薄

“天下兴亡，匹夫有责。”关于战争的忧患意识不仅仅是政府和军队应该具备的，每一个热爱祖国的国民都应该具备。国民身处和平年代，时常会忘记越是追逐和平的梦想，越是要有强烈的危机感。然而，我们是生活在一个没有战争的国家，但并非生活在一个没有战争的时代。未来的可靠安全保障，要靠每个人的危机意识、忧患意识来构建。

二、维护军事安全的途径与方法

（一）贯彻习近平强军思想

维护军事安全，必须保证党的军事理论体系和指导思想的与时俱进。党的十九大精辟概括习近平主席领航强军兴军的伟大成就和理论创造，鲜明提出习近平强军思想，为实现党在新时代的强军目标，把人民军队全面建成世界一流军队提供了根本引领和科学指南。党的二十大也提出，要开展“学习强军思想、建功强军事业”教育实践活动。牢固确立习近平强军思想在国防和军队建设中的指导地位，对于坚定不移走好中国特色强军之路、全面推进国防和军队现代化具有重大现实意义和深远历史意义。

（二）加强领导指挥体制与力量建设

为适应世界新军事革命发展趋势和国家安全需求，我国将全面深化国防和军队改革纳入了全面深化改革的总体布局中，推进国防和军队现代化建设，迈出了强军兴军的历史性步伐。

党的十九大报告提出，要推进领导掌握部队和高效指挥部队有机统一，形成军委管总、战区主战、军种主建的格局。

“军委管总”即指由中央军委进行集中统一领导和战略指挥、战略管理。这需要调整军委总部体制，实行军委多部门制，把相近的部门进行整合，然后更细地划分领域，最终构建“中央军委—军种—部队”的领导管理体系，如图 4-2 所示。

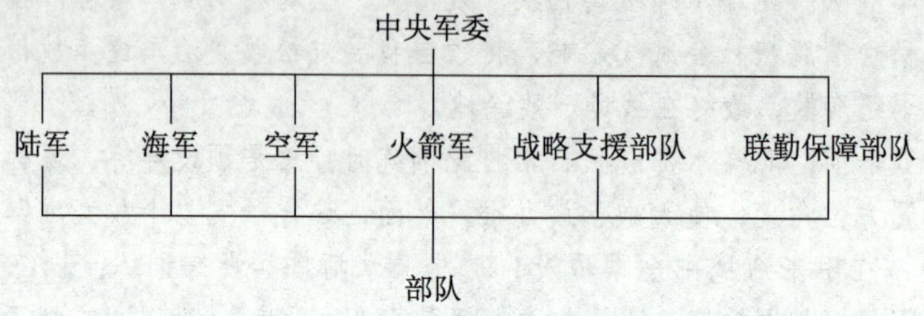

图 4-2　军队领导管理体系架构图

“战区主战”即指战区真正实现专思主营作战。这需要重新调整划设战区、组建战区联合作战指挥机构，构建起“中央军委—战区—部队”的作战指挥体系，如图 4-3 所示。在战区联合作战指挥体制下，由战区直接指挥一线部队，能够大大减少作战环节，使部队的联合作战水平和效率得到有效提升。

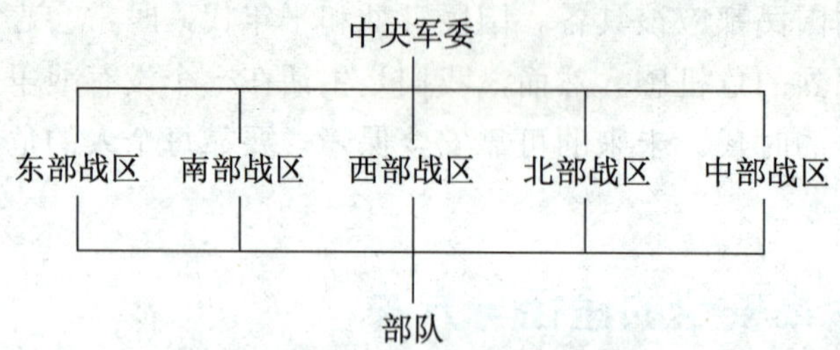

图 4-3　军队作战指挥体系架构图

军种自诞生起，就被赋予各自专长、承担不同任务，具有特定功能，强调“专”。“军种主建”要求提高军队的专业化水平，突出军种专业特长优势，坚持为战而建，按联合作战的要求来建，以打造高精尖新的军事人才方阵。需要注意的是，军种主建不是“各自建”，而是在中央军委的集中统一领导下，与战区、其他军种和职能领域相联结，最大限度地发挥分工协同作用。

（三）加强军事保密教育

军事保密工作是国家保密工作的重要部分，是军事安全的重要保证。长期以来，敌对势力一直在有计划地、挖空心思地拉拢、腐蚀我军人员，手段多变，窃密活动猖獗。并且，随着社会经济日益繁荣、信息技术迅猛发展，军事保密工作面临更

扫一扫

渔民立功——打渔捞获境外间谍窃密装置

加严峻、更加艰巨的新问题、新挑战。

对此，军队内部及军事相关企业、单位，都必须认清新形势下军事保密的重要性，积极宣传和普及军事保密法律法规，使相关人员了解军事秘密所涉及的范围和秘密泄密的严重后果；提升自身的政治素质，拒绝成为间谍机关窃取我国军事秘密的工具；培养自身的警觉意识，敏锐辨别可能会造成泄密的行为，自觉避免泄密事件的发生。

对青年学生来说，应当意识到军事秘密也可能通过普通民众泄露，如有些“军迷”偷拍军舰照片上传论坛进行讨论、玩航模飞机拍摄到军事管理区等。我们青年学生应该增强军事保密意识和防范意识，提高军事保密防护技能，全力维护国家军事安全。

（四）拓展军事外交

党的十八大以来，我国全方位推进中国特色大国外交，超越社会制度、意识形态、经济发展水平和地理位置的限制，逐步发展同以合作共赢为核心的新型国际关系相适应的新型军事关系。

而为了拓展我国军事外交，维护军事安全，我国主动打造安全合作平台，主动承担国际安全义务，以传统友谊为基础，以共同利益为纽带，挖掘合作潜力，拓展合作范围，深化与有关国家的军事关系。同时，我国主动设置外交斗争议题，增强前瞻性、积极性和创造性，将交流合作内容向联合作战、反恐、反导、海上安全、维和合作等新领域拓展，使军事外交内涵不断丰富，如图 4-4、图 4-5 所示。与各国防务安全合作的巩固和深化，将为营造我国发展的良好外部环境发挥独特作用，有力地配合我国政治外交大局。

图 4-4　中俄海军联合演习

图 4-5　中国军事外交的闪亮名片——维和

实践活动　中国军队国际军事合作回顾视频制作

21 世纪以来，我国军队坚定履行新时代军队使命任务，大力推进国际军事合作，为推动构建人类命运共同体作出大贡献，如实施中俄联合空中战略巡航、参加“海洋卫士-2020”中巴海上联演实兵演练、2020 年向他国军队提供防疫物资援助等。请以 3～4 人为一组，以“中国军队国际军事合作回顾”为主题，进行微视频制作。具体内容与要求如下：

（1）各小组成员自行查找资料，搜集我国军队曾经开展过的军事合作活动的图片或视频。

（2）小组内进行交流讨论，选出最具有代表性的国际军事合作内容。

（3）将小组选取出来的图片和视频进行剪辑制作。

（4）各小组在全班同学面前展示制作的微视频，并派一名代表进行相应的解说介绍。

教师可参考表 4-1 对各小组进行评价。

表 4-1　实践活动评价表

评价标准	分值	分数小计	教师评价
小组分工合理，各成员积极参与	10 分		
微视频内容符合主题，展现了我军风采	40 分		
视频剪辑合适，转场效果自然，特效使用合理	20 分		
解说精彩，与视频相得益彰	30 分		

专题五

经济安全

05

内容导读

经济基础决定上层建筑，特别是在经济全球化的背景下，经济主权已经成为国家主权的重要组成部分，保障经济安全也就是维护国家安全的基础。并且，经济安全不仅关系国家的经济发展和风险防范，也与其他领域的国家安全息息相关。

学习目标

知识目标

- 了解经济安全与国家安全体系的关系
- 了解基本经济制度安全、经济秩序安全、经济主权安全及经济发展安全的内容

能力目标

- 能够正确识别经济安全面临的威胁与挑战
- 能说出维护经济安全的途径与方法

素质目标

- 增强经济安全意识
- 从小事做起，自觉维护经济秩序安全

国家安全聚焦

力拓间谍门事件

2003年，中国钢铁业蓬勃发展。为解决铁矿石的大量需求，中国钢铁企业与世界三大矿山（澳大利亚必和必拓、力拓和巴西淡水河谷）积极接洽。

国家安全——经济安全宣传片

而自从中国钢铁企业参与谈判以来，谈判就与“成功”无缘。每一年谈判的结果一公布都会引来层层质疑。2004年至2007年，铁矿石长协价（合同当事人双方签署的长期协议价格）水涨船高。中国钢铁企业每次谈判都节节败退，不仅每次都以铁矿石供应商提出的价格成交，而且几乎都是在国际市场上铁矿石价格的最高点上完成的谈判。

问题出在哪里？

2009年7月9日，上海市国安局对外证实，澳大利亚力拓公司驻华代表的4名员工因涉嫌窃取中国国家机密在上海被拘捕，其中包括该办事处总经理、力拓铁矿石部门中国业务负责人胡士泰。

原来，从2002年开始，胡士泰等人就通过拉拢收买我国钢铁企业内部人员窃取商业机密，包括企业详细采购计划、企业生产安排、原料库存的周转天数、进口矿的平均成本、吨钢单位毛利、生铁的单位消耗等数据，以及大型钢厂每月的钢铁产量、销售情况等。其对我国钢铁业的“了解”使得我国作为全球最大的铁矿石购买国家，在谈判中却没有任何的议价权。

6年下来，三大铁矿石巨头卖给中国的铁矿石价格增长了400%，仅2009年，中国20余家企业就多支出预付款10.18亿元，下半年的利息损失就高达人民币1 170.3万余元。

资料来源：孙春艳，《力拓间谍门：中外商战上演潜伏》，《中国新闻周刊》，2009-7-15

想一想

上述案例给你什么启示？你还知道哪些破坏我国经济安全的大事件？

第一讲 经济安全——国家安全的基础

一、经济安全的主要内容

经济安全复杂多变，具有丰富的内涵。一般来说，包括基本经济制度安全、经济秩序安全、经济主权安全及经济发展安全等。

（一）基本经济制度安全

基本经济制度是国家依据社会性质及基本国情，通过法律对社会经济秩序中生产资料的归属作出明确规定的经济制度，是社会经济在生产关系中最基本的规定。

党的十九届四中全会对社会主义基本经济制度作出新概括，明确提出“公有制为主体、多种所有制经济共同发展，按劳分配为主体、多种分配方式并存，社会主义市场经济体制等社会主义基本经济制度”。所有制和分配方式这两项基本经济制度，是社会主义市场经济体制建立健全的前提和基础，要通过社会主义市场经济体制的不断完善来实现。三项基本经济制度紧密结合，相互联系、相互支持、相互促进。

维护基本经济制度安全，实质上就是从社会制度上确保我国经济安全。我国的社会主义基本经济制度，是我们党领导人民在革命、建设、改革实践中，经过长期艰辛探索逐渐形成和发展起来的。它不仅同我国现阶段的社会生产力发展水平相适应，具有不断解放和发展社会生产力的显著优势，而且深刻体现社会主义本质要求，在消除两极分化、最终达到共同富裕方面不断彰显社会主义制度优越性。

历史纵横

小岗村大包干：中国农民的伟大创造

“当年的小岗村，是出了名的‘三靠村’——吃粮靠返销，生产靠贷款，生活靠救济。泥巴房，泥巴床，泥巴锅里没有粮……”这是大包干纪念馆讲解员的一段讲述。

小岗村的贫困，是当时中国的缩影。1958 年下半年农村开始开展“人民公社化”运动，口粮由公社、生产队掌管，当时的农民在一个生产队里一起干活，大家都不用对生产负责，分配上搞平均主义，干多干少都一样，吃大锅饭。这极大地影响了人们生产积极性的发挥，使得粮食产量急剧降低。

小岗村当时在最好的年景里是每人每天 9 两粮食，收入 0.11 元，最差的一年每人每天只有 2.8 两粮食，收入 0.04 元。小岗村当时共有 20 户人家，115 人，除了1户外，其他户每年都要外出讨饭。

1978 年年末，小岗村 18 户农民冒着风险在“大包干协议”上按下了手印。“大包干”说得通俗一点就是单干，生产队的土地、耕牛、农具，都按人头分到了各家各户。再往后，每天天不亮，家家户户就下地干活了。

生产关系一经理顺，极大地解放了生产力。实行大包干后的第一年，小岗村迎来大丰收，整个生产队粮食总产量达 13.3 万斤，相当于小岗村 1955 年至 1970 年粮食产量的总和，一举结束 20 多年吃国家救济粮的历史，并首次归还国家贷款 800 元，如图 5-1 所示。

图 5-1　1979 年，小岗村生产队迎来了第一次大丰收

小岗村的大包干，在当时一石激起千层浪。亿万农民的积极性被充分调动起来后，迅速扭转了农业生产长期徘徊不前的局面。

（二）经济秩序安全

经济秩序是指通过法律、经济伦理和行政手段建立起来的经济发展的基本规则，包括经济运行规则、市场规则和国家在不同经济发展时期所制定的宏观经济政策等。

维护经济秩序安全关乎我国经济社会发展全局：对外，在经济全球化的浪潮中，我国在多边经贸体系框架下，以构建人类命运共同体为发展理念，以“一带一路”建设为实践基础，积极维护世界经济的稳定运行，并通过国际贸易和金融体系改革推动国际经济秩序向合作共赢升级。对内，国家充分发挥市场在资源配置中的决定性作用，并综合运用经济、法律、行政、道德等手段加强宏观调控；同时，大力建立健全社会信用体系，尤其是信用监督和失信惩戒制度，以此实现我国生产领域、流通领域及其他重点经济领域的秩序安全。

相关链接

什么是破坏社会主义市场经济秩序罪

破坏社会主义市场经济秩序罪，是指违反国家经济管理法规，破坏国家经济管理活动，严重扰乱社会主义市场经济秩序的行为。

刑法规定的破坏社会主义经济秩序罪包括：走私罪，投机倒把罪，伪造、倒卖计划供应票证罪，偷税罪，抗税罪，伪造国家货币罪，贩运伪造国家货币罪，伪造有价证券罪，伪造有价票证罪，破坏集体生产罪，挪用国家特定款物罪。假冒商标罪，假冒专利罪，盗伐林木罪，滥伐林木罪，非法捕捞水产品罪，非法狩猎罪，逃汇套汇罪，挪用公款罪，非法捕杀国家重点保护的珍贵、濒危野生动物罪等。

（三）经济主权安全

国家经济主权是指每个国家对本国的全部财富、自然资源及全部经济活动都享有完全、充分的永久主权，不容任何外来干涉。

经济主权包括五个方面：一是各国对本国内部及本国涉外的一切经济事务，享有完全、充分的独立自主权，不受任何外来干涉；二是各国对境内的自然资源享有永久主权；三是各国对境内的外国投资及跨国公司的活动享有管理监督权；四是各国对境内的外国资产有权收归国有或征用；五是各国对世界性经济事务享有平等的参与权和决策权。

经济全球化给发展中国家提供了前所未有的发展机遇，如弥补国内资金和技术的不足、促进国内经济体制的改革和创新、调整国内经济结构等，但与此同时，与发达国家相比，发展中国家的经济安全有其自身的脆弱性，这使得其经济主权面临更严峻的挑战。中国作为经济总量全世界第二的发展中国家，必须始终把坚持国家经济主权作为融入世界经济中的前提，采取更加积极有效的应对策略来面对全球化所带来的挑战。

历史纵横

阿根廷如何从“世界奶源之都”变成了牛奶进口国？

阿根廷，位于南美洲的潘帕斯平原，地理位置优越，自然资源丰富。阿根廷主要种植大豆、玉米、小麦、高粱、葵花子等，其中部和东部的潘帕斯大草原是著名的农牧区，也是全世界牛肉及牛奶的重要产地，阿根廷因此被称为“世界奶源之都”。

1996 年，在“巧妙”获得阿根廷政府授权后，大量的美国转基因大豆种子进入阿根廷，代理商拿着丰厚的佣金，把大量近乎免费又高产的美国大豆种子送给了阿根廷农民进行种植。美国公司宣布种子不用交专利费，并成立大豆加工企业高价收购大豆，同时推动国际大豆价格上涨，这让阿根廷农民纷纷放弃种玉米、小麦等作物，纷纷改种美国大豆。

在 1971 年，阿根廷当地仅有 3.7 万公顷土地种植美国大豆，到 2001 年疯狂飙升到了 980 万公顷。到了 2020 年则超过了 1 800 万公顷，占阿根廷耕地面积的 69%以上。

2001 年，阿根廷爆发了经济危机，急需外汇，大量大豆出口于是便成了阿根廷对抗经济危机的救命稻草，赚回了阿根廷外汇的 30%。然而，好景不长，2005 年，美国公司收回承诺，要求阿根廷所有出口的种子及大豆要向其缴纳专利费，而此时的阿根廷大豆产业已被美国公司垄断，本土种子与农业化学品企业早已倒闭，根本没有反抗的余地，只能屈服。

自 1996 年以来，阿根廷大豆的大规模种植及其对其他作物的替代导致了当地民众饮食的单一，食物的种类和数量不断减少，当地的粮食供应紧张，肉制品、奶类和蔬菜这些食物都开始依赖进口。无人能想象曾经水草丰美、盛产农产品、1970 年时贫困线以下人口仅占 5%的阿根廷，到 2002 年贫困线以下人口上升至 51%，儿童的营养不良率也在增加。

对阿根廷而言，尽管大豆的出口给阿根廷带来了外汇，但其出口的 7 000 万吨大豆中，仅有 2%是作为深加工的产品进行开发，无法出口高附加值的大豆制品。因此，经济依附的模式就这样产生了。发达国家的首都和跨国企业的总部成为决策的发源地，发展中国家无法自主发展，出口带来的利益也不能供全社会所享用。

阿根廷曾是一个素有“世界粮仓和肉库”美誉的国家，也曾是被誉为“经济改革典范”的国家。然而，在大豆成为其最主要的作物后，不仅带来了深刻的环境影响，诸如土质下降、土壤结构退化和生物多样性减少，而且造成了人口的迁移、土地的集中、大公司的垄断和粮食主权的丧失。这不得不引起我们的深思。

资料来源：［美］威廉·恩道尔著，赵刚等译，

《转基因作物摧毁阿根廷传统农业》，青年参考，2008-10-10

（四）经济发展安全

任何国家在发展经济的过程中，都可能面临发生经济危机的风险。一旦发生经济危机，可能导致生产（主要是工业生产）急剧下降，大量工人失业，大批企业倒闭，生产力和产品都遭到严重的破坏和损失，社会经济陷入瘫痪、混乱甚至倒退状态。当前，我国发展面临的风险挑战前所未有。无论是保住就业民生、实现乡村振兴，还是防范化解风险，都要有经济增长支撑，稳定经济运行事关全局。因此，国家必须使经济安全、平稳发展，增强防范化解经济危机风险的能力。

二、经济安全的重要性

（一）经济安全是国家安全的重要组成部分和基础

国家安全是经济发展的前提，经济发展是国家安全的保障，国家政治、军事、环境政策很大程度上都以经济建设为中心。

经济安全是个人实现就业、保证收入和提高生活水平的物质前提，国家只有经济蓬勃发展，才能有资源和力量改善人民生活；经济安全是捍卫国家主权和领土完整，实现中华民族伟大复兴中国梦的物质保障；经济安全是保障国防工业、军事装备生产和供给，重要战略资源供应的物质基础，在建设强大国防和一流军队的过程中发挥着重要作用。因此，维护经济安全是国家的最重要职责之一。

历史纵横

“经济杀手”珀金斯

1967 年，22 岁的约翰·珀金斯被美国国家安全部门的一位高官选中作为发展对象培养。1971 年，珀金斯成为一名“经济杀手”，但其公开身份是公司的经济学家。

所谓的“经济杀手”，是指那些披着经济学家、银行家、国际金融顾问之类的合法外衣，却肩负着建立美国全球霸权战略任务的专业人士。他们通过贿赂、色情、威胁、敲诈甚至暗杀等手段，拉拢、控制别国的政治精英，蓄意向他们提出错误的宏观经济分析和产业投资建议，诱使发展中国家落入预设的经济陷阱，从而控制这些国家的经济命脉和自然资源。

作为一名“经济杀手”，珀金斯的足迹遍布世界各地。美国“9·11”事件后，珀金斯写下了《一个经济杀手的自白》一书，披露了自己作为经济杀手期间所见证的一切，包括沙特阿拉伯洗钱风波、伊朗国王的倒台、巴拿马总统之死、美国入侵巴拿马及伊拉克战争等。

资料来源：毛婷，《美国“经济杀手”揭秘》，央视国际，2007-5-8

（二）经济安全是实现国际安全的重要基础

历史告诉我们，经济兴则国力盛。对于发展中国家来说，落后就要挨打，不发展就是一种不安全，而贫困则是最大的不安全。而对于国际社会来说，只要存在贫困和发展不平衡的情况，就可能会滋生矛盾与冲突。为减少因经济导致战争的可能，联合国自 20 世纪 60 年代起，就陆续实施四个十年发展计划，通过了一系列决议，倡导建立国际经济新秩序。

在以和平与发展为主题的当今时代，经济竞争更是成为国际竞争的焦点，经济实力在国家综合国力中的占比越来越高。而一些国家更是利用自己的经济实力，动辄对其他国家进行所谓制裁、经济封锁，甚至以货币结算作为武器，无非是想通过经济和金融手段迫使别国就范甚至摧毁其政权。

例如，2018 年，美国政府宣布对俄罗斯实施新一轮的制裁，这使得俄罗斯资本市场大幅震荡。随后，瑞士最大的银行之一瑞士信贷担心可能被美国惩罚，冻结了 50 亿瑞士法郎（约 50 亿美元）与俄罗斯有关的资金，这进一步加大了俄罗斯的压力，导致俄美关系持续紧张。

第二讲　防范化解风险　维护经济安全

进入 21 世纪，经济全球化已经成为当今世界发展不可逆转的趋势。经济全球化不仅给我国社会主义事业的建设和发展带来了历史性的机遇，也提出了严峻的挑战。如何抓住机遇，促进经济持续高质量发展，同时能够防范化解风险，维护经济安全，是我国需要高度重视的问题。

一、经济安全面临的威胁与挑战

（一）国际经济金融动荡

随着经济全球化程度的加深，世界各国都加入国际分工与国际经济合作之中，结成了你中有我、我中有你、一荣俱荣、一损俱损的关系。然而经济全球化虽然带来了机遇和繁荣，但是对发展中国家来说，带来的挑战和麻烦也不少。

当前，世界经济复苏势头仍然脆弱，全球贸易和投资低迷，大宗商品价格持续波动，引发国际金融危机的深层次矛盾远未解决，国际金融危机的影响仍在持续。20 世纪 90 年代末发生的亚洲金融危机、21 世纪初发生的互联网泡沫破灭及 2008 年国际金融危机，都通过贸易、金融等方式对我国经济产生了较大冲击。

但是，在经济全球化日新月异的同时，一些国家保护主义抬头，“逆全球化”思潮暗流涌动。在国际分工格局中，部分发达国家凭借先发地位和科技创新优势，在全球价值链中位居高端，依靠核心技术、知识产权在全球进行技术霸凌和贸易霸凌，以获取高额利润，遏制他国发展。作为全球最大的新兴经济体，中国受到世界贸易战的影响较大，成为“逆全球化”的最大受害者。

时事博览

中美贸易摩擦

2018 年，美国以判断中国有关技术转让、知识产权和创新的法律或政策是否对美国企业造成歧视为由，对中国启动调查。在调查报告中，美国指责中国实行“经济侵略”“不公平贸易”“盗窃知识产权”“国家资本主义”。

2018 年 3 月 23 日，美国总统特朗普以 2017 年中美贸易美方逆差 3 700 亿美元为由，宣布将对从中国进口的钢、铝产品征收 25%的关税，由此正式掀开了中美贸易战序幕。2018 年 7 月 6 日，美国政府开始对 340 亿美元中国商品加征关税，并在此后不断升级关税措施；9 月 24 日起，美国又对 2 000 亿美元的中国输美产品征收 10%的关税。

美方的一意孤行，导致中美贸易摩擦不断升级。为捍卫自由贸易和多边体制，捍卫自身合法权益，中国决定对原产于美国的5 207个税目、约600亿美元商品，加征10%或5%的关税。在美国加征关税生效的9月24日，中国在反击的同时，还发布了约3.6万字的《关于中美经贸摩擦的事实与中方立场》白皮书，揭露了美国的恶劣行径，澄清了中美经贸关系事实，阐明了中国对中美经贸摩擦的政策立场。

美国单方面修改国际贸易规则，对中国产品加征关税，发动迄今为止经济史上规模最大的贸易战，这是典型的贸易霸凌主义行为，不仅对中国经济造成了负面影响，也对全球经济稳定造成了较大冲击。

资料来源：曲哲涵，《捍卫多边贸易体制和自身合法权益》，《人民日报》，2019-8-24

（二）国际经济秩序面临变革

国际经济秩序是指在世界范围内建立起来的国际经济关系及各种国际经济体系与制度的总和。第二次世界大战后，大批殖民地、半殖民地国家相继在政治上获得独立，但世界经济仍被以美国为首的少数发达国家控制。它们推行新殖民主义，通过跨国公司向发展中国家渗透，实行贸易保护主义，使南北经济差距不断扩大，发展中国家陷于债务危机、资金倒流和贸易条件恶化的困难境地。以此为特征的国际经济旧秩序迄今仍在世界经济中占支配地位，严重阻碍着发展中国家经济的发展，以及人类社会的共同进步。

了解中国倡议的“一带一路”

为维护主权和独立，反对国际剥削、掠夺和控制，促进各国在平等互利基础上的经济合作与发展，发展中国家要求变革国际经济旧秩序的呼声不断高涨，建立国际经济新秩序成为不可阻挡的历史潮流。中国是发展中国家，一贯支持发展中国家为建立国际经济新秩序所进行的努力。2013年，我国提出共建“一带一路”，为全球经济治理拓展了新实践，对现行国际经济秩序进行了改革与完善。

中国智慧

“一带一路”，风景这边独好

2013年，在哈萨克斯坦首都阿斯塔纳，国家主席习近平首次提出“丝绸之路经济带”重大倡议。同年10月，在印度尼西亚首都雅加达，习近平主席又深刻阐述了“21世纪海上丝绸之路”的构想。

“一带一路”倡议由此而生。一条绵亘万里、延续千年的古丝绸之路焕发出新的色彩。

截至2021年1月，中国已同171个国家和国际组织签署205份共建合作协议，共同开展了 2 000 多个项目。8 年来，中国与“一带一路”合作伙伴贸易额累计超过 9.2 万亿美元，中国企业在沿线国家直接投资累计超过 1 300 亿美元。世界银行报告认为，“一带一路”倡议全面实施将使全球贸易额和全球收入分别增长 6.2%和 2.9%，并有力促进全球经济的增速。

白俄罗斯第一次有了自己的轿车制造业，马尔代夫有了第一座连通岛屿的跨海大桥，黑山共和国有了第一条穿越群山的高速公路，哈萨克斯坦拥有出海口的梦想正变为现实……如今，“一带一路”建设项目在沿线国家遍地开花。

“一带一路”倡议提出至今，获得了沿线国家和众多国际组织的认可。这是因为：

一是为世界经济发展带来全新动力。“一带一路”建设并非着眼于短期获利，而是着眼于长期投资，通过基础设施建设实现中国与沿线国家的互联互通，通过提供长期贷款为当地经济建设提供新的资金来源，从供给侧推动沿线国家长期可持续经济发展。

二是为发展中国家提供全新发展范式。“一带一路”倡议着眼于打破沿线国家经济社会发展瓶颈，达成中国与沿线国家经济发展战略对接。

三是带来新型合作模式。“一带一路”倡议是共商共建共享的联动发展倡议，追求的是更加平等的新型国际关系，与西方国家借对外援助、提供贷款等方式对其他国家“发号施令”、强加于人的政治行为截然不同。作为全球发展的建设者，中国通过“一带一路”国际合作为沿线国家的发展作出切实贡献。

资料来源：高乔，《“一带一路”，风景这边独好》，
《人民日报》海外版，2021-6-26

（三）金融安全面临风险

金融是现代经济的核心，在很大程度上影响甚至决定着经济的健康发展。金融安全是经济安全最敏感的部分之一，目前在国内外综合因素的影响下，我国金融安全面临着多样化的威胁与挑战。

从外部环境看，一些国家实施超常规的货币政策与财政政策，对国际金融稳定造成了一定威胁，在经济全球化潮流中，不可避免地也会对我国金融安全造成不良影响。从国内情况看，我国经济正处于转型的关键期，金融行业必然会面对经济转型带来的阵痛。此外，近年来，随着我国经济进入增速换挡期，金融机构自身带来的风险也在不断累积。例如，银行业存在银行不良贷款风险、影子银行风险；资产管理行业存在发展不规范、多层嵌套、刚性兑付、规避金融监管和宏观调控等问题；部分互联网企业以普惠金融为名，行庞氏骗局之实等。

相关链接

相关金融术语

影子银行

影子银行指的是常规银行体系之外的各种金融中介业务，通常由非银行金融机构为载体，对金融资产的信用、流动性、期限等风险因素进行转换，扮演着“类银行”的角色。影子银行的界定标准包括四项：① 金融信用中介活动处于银行监管体系之外，信贷发放标准显著低于银行授信；② 业务结构复杂、层层嵌套和杠杆过高；③ 信息披露不完整，透明度低；④ 集中兑付压力大，金融体系关联性和风险传染性高。

根据这些标准，包括委托贷款、资金信托、银行理财、非股票公募基金、证券业资管、保险资管、资产证券化、网络借贷 P2P 机构、融资租赁公司、小额贷款公司提供的贷款，非持牌机构发放的消费贷款、地方交易所提供的债权融资计划和结构化融资产品等，都属于广义的影子银行范畴。其中同业理财、委托贷款、信托贷款、网络借贷 P2P 贷款等的影子银行特征更为明显，风险程度更突出，属于高风险的狭义影子银行范畴。

多层嵌套

“嵌套”顾名思义，指的是两个以上的理财产品相互投资的情况。例如，银行将募集来的钱拿去购买信托产品，这是第一层嵌套；信托公司将资金拿去投资资管计划，这是第二层嵌套；资管公司将资金拿去投资保险，或者再去购买银行理财，这是第三层嵌套。

多层嵌套有如下风险：① 资金空转带来的投资风险。如果资金不能有效流入实体经济促进经济发展，那么资本利得也就变成了无源之水、无根之木，资金链断裂就变成了迟早的事。② 多层嵌套通过长链条绕过监管，导致风险隐患逐步积聚。③ 客户资产配置失效，风险无法隔离。④ 间接增加投资成本。

庞氏骗局

在中国，庞氏骗局又称“拆东墙补西墙”或“空手套白狼”。简而言之，就是利用新投资人的钱来向老投资者支付利息和回报，以制造赚钱的假象，进而骗取更多的投资。很多非法的传销集团就是用这一招术聚敛钱财的。

（四）粮食安全风险上升

画说大国粮仓

仓廪实，天下安。粮食事关国运民生，我国一直把粮食安全作为治国理政的头等大事。近年来，我国粮食生产连年丰收，库存充实、储备充足，市场供应充裕，价格基本稳定，粮食安全形势总体较好。

然而，尽管我国的粮食安全总体形势是好的，粮食安全是有保障的，但从中长期看，我国粮食安全仍处于一种紧平衡态势，尤其是在国际形势日益复杂、国内粮食需求持续增长、地缺水少人多、种粮效益低、粮食容易遇到一些自然灾害、粮食产需结构性矛盾比较突出等潜在风险隐患的影响下，我国粮食安全风险上升，持续发展的形势严峻。

历史纵横

粮食背后的博弈

在科技发达、能源开发运用形式越发丰富的今天，或许人们关于竞争的关注点都聚焦在了石油、科研方面。其实不然，粮食作为民生根本，拥有着比其他资源与武器更强大的杀伤力。20 世纪 70 年代，美国前国务卿基辛格就说过：“如果你控制了石油，你就控制了所有的国家；如果你控制了粮食，你就控制了所有的人。”

1994 年，中美签署了《中美农业合作协议》，美国农产品能够进入中国。1994 年以前，中国大豆基本自足，还少量出口。到了 2000 年，中国就变成了世界上最大的大豆进口国家。到 2011 年，中国 75%的大豆需要进口。

国际粮食贸易基本上被四大国际粮商（美国 ADM、美国邦吉、美国嘉吉、法国路易达孚）垄断，既然中国 75%的大豆需要进口，那么他们当然不甘心卖低价，同时他们希望控制中国的大豆压榨市场，把整个供应链都掌握在他们手中。于是 20 世纪初，国际粮商开始行动了。2001—2004 年，他们炒作中国需求，大豆价格飙升，导致东北豆农大量扩种，国内压榨能力也大幅增加。然而在 2004 年，在国际粮商的操纵下，国内外大豆价格暴跌至 2001 年水平。许多豆农损失惨重，压榨企业也大量倒闭，外资乘机低价收购布局，基本上控制中国的压榨行业。2004 年后，国际大豆市场被四大粮商瓜分完毕，这些公司就开始疯狂拉升大豆价格，从 2004 年到 2008 年，大豆期货价格被拉升了 3 倍。

经过与国际粮商的斗争，中国深刻认识到储备粮食及经济作物的重要性。2008 年，由于金融危机的影响，国际粮商资金短缺，纷纷低价抛售粮食以快速回笼资金。与先哄抬大豆价格再腰斩的手段不同，四大粮商为了激起大规模的粮食价格哄抬采取了极其卑劣的手段。他们以仅仅几千万的粮食供应缺口要挟各个国家参与哄抬粮食价格的乱潮中。国际粮食的价格以火箭般的速度上涨。2005 年 12 月—2008 年 7 月，国际小麦价格涨了 4 倍，而同期中国的小麦价格涨了 30%左右。

为何国际粮食暴涨，而国内粮价如此平静？其实并不平静，在 2008 年，针对中国粮食价格的疯狂攻击频繁发生。

为了压制国内粮食价格的上涨，中国开启了抛储策略。中储粮仅在2007年下半年就向市场投放了500多万吨中央储备稻谷、玉米以及食用油。刚开始，那些国际粮食投机客们也曾妄想通过不断地吃进中国的抛储完成对粮食市场的绝对掌控。可是随着中国政府粮食市场越来越频繁，且看似根本没有尽头的抛储后，他们的心态彻底崩溃了，许多西方的投行陷入倒闭破产的困局里。

2008年之后，中国强化了大豆、豆油、菜籽油、棉花、白糖等经济作物的贮备；有计划地提高农产品收购保护价；扶持国企进入终端市场进行竞争。多年来，中国始终把解决好十几亿人口吃饭问题作为治国安邦的头等大事，制定了确保谷物基本自给、口粮绝对安全的粮食安全方针，建立并不断完善符合中国国情的粮食安全保障体系，已成功应对国际金融危机、重大自然灾害等各类突发事件对粮食安全的严峻挑战。截至2020年，中国粮食生产实现16年连丰，水稻、小麦等口粮连续7年产大于需，目前库存充裕、对外依存度低，可以说，当前中国粮食安全形势处于史上最好时期。

（五）产业安全问题日益突出

在新一轮科技革命和产业变革的重要交汇期，我国仍面临着一些产业安全问题。

（1）产业结构仍需调整优化。目前我国第一产业面临着耕地、水等资源相对短缺和劳动力严重过剩的问题，而第二产业供给能力大、需求相对不足，第三产业比重仍然过低。

（2）创新尚未成为驱动我国产业发展的主动力。当前，我国多类产业的创新体系尚不完善，自主创新能力偏弱。包括装备制造、互联网信息等在内的多种产业，核心技术、核心专利、关键设备、基础软件和零部件等对外依存度仍然较高。

（3）发达国家针对我国的贸易保护主义日益加强。发达国家为实现振兴制造业的目标，保护本国就业、维护本国企业利益，对我国的国际贸易壁垒和技术封锁影响加深。

除上述领域外，我国经济安全还面临着一些其他风险：首先，国际经济环境的变化较为复杂，全球经济有放缓迹象，如果这种放缓程度超过预期，经济发展将会出现滑坡风险；其次，网络在经济生活中的作用日益加重，日趋频繁的网络攻击可能造成重要经济信息泄露、企业在线服务中断、对企业敲诈勒索等问题；最后，走私活动的猖獗也会扰乱市场秩序，偷逃税款冲击守法经营的企业，破坏进出口管理政策，影响我国社会主义市场经济体制安全。

法治在线

2018年，绍兴市嵊州市人民检察院对一起在校大学生向他人出售攻击软件的案件提起公诉。1995年出生的陈某搭建网站出售攻击软件，并依据攻击时间长短设计了10元到1 600元不等的套餐。买家使用攻击软件可以检测自身网站的防攻击能力，也能攻击他人网站或者 IP，导致他人网站无法打开或者出现网络断开等问题。在得知买家购买套餐是用于攻击他人之后，陈某依旧选择与其进行交易，并在买家使用出现问题时进行指导。

经审查，陈某一共向买家出售攻击软件、在线攻击服务账号 537 个，出售攻击服务 1 379 次，违法所得累计近 25 万元。根据《中华人民共和国刑法》第二百八十五条第三款：提供专门用于侵入、非法控制计算机信息系统的程序、工具，或者明知他人实施侵入、非法控制计算机信息系统的违法犯罪行为而为其提供程序、工具，情节严重的，处 3 年以下有期徒刑或者拘役，并处或者单处罚金；情节特别严重的，处 3 年以上 7 年以下有期徒刑，并处罚金。

最终，陈某因犯提供侵入、非法控制计算机信息系统程序、工具罪，被判处有期徒刑 3 年，缓刑 4 年，并处罚金 10 万元。

资料来源：袁维霞，《在校大学生当网络“黑客”获利 25 万　被判刑三年》，嵊州新闻网，2018-4-24

二、维护经济安全的途径与方法

维护经济安全，核心是要坚持社会主义基本经济制度不动摇，坚持发展是硬道理，不断完善社会主义市场经济体制，不断提高国家的经济整体实力、竞争力和抵御内外各种冲击与威胁的能力，重点防控好各种重大风险挑战，保护国家根本利益不受伤害。

（一）实现基本经济制度安全的途径与方法

社会主义基本经济制度是中国特色社会主义制度的根基，对国家治理体系和治理能力现代化有着重要影响。为了更好地实现基本经济制度安全，必须坚持毫不动摇巩固和发展公有制经济，毫不动摇鼓励、支持、引导非公有制经济发展。

巩固和发展公有制经济要求坚持公有制主体地位和国有经济主导地位，同时推进国有经济布局优化和结构调整，发展混合所有制经济，实现各种所有制资本取长补短、相互促进、共同发展。国家还需要形成以管资本为主的国有资产监管体制，加大对企业授权放权力度，赋予企业更多自主权，进一步强化国有企业市场主体地位。

鼓励、支持、引导非公有制经济发展必须大力调整所有制结构，支持个体经济、私营经济、外资经济等健康发展，激发各类市场主体活力和创造力。推动非公有制经济走向更加广阔的舞台，需要为其发展营造更好环境：一是需要健全支持民营经济、外商投资企业发展的法治环境；二是营造各种所有制主体依法平等使用资源要素、公开公平公正参与竞争、同等受到法律保护的市场环境。

（二）实现经济秩序安全的途径与方法

建立规范的市场经济秩序，既是保证当前经济正常运行的迫切需要，又是完善社会主义市场经济体制的重要举措。

为实现经济秩序安全，必须根据整顿和规范市场经济秩序的需要，清理不符合市场经济要求的法律法规，按照立法的法定程序适时提出制定、修订有关法律的建议，制定、修订行政法规；必须加强现有法律法规的宣传教育，在全社会树立政府部门必须依法行政、企业和公民必须守法经营的观念。

同时，必须加大打击力度，严惩破坏市场经济秩序的违法犯罪活动。行政主管部门与执法部门要加强协调配合，始终保持严打的高压态势，依法查处及处罚破坏市场经济秩序的违法犯罪活动，如严厉打击传销和各种类型的商业欺诈等。此外，还需建立健全举报奖励制度，各地区、各部门建立通畅的渠道，认真受理群众和企业的举报、投诉等。

（三）实现经济主权安全的途径与方法

经济主权为国家主权的重要部分，与政治主权密不可分。政治主权是经济主权的前提，经济主权是政治主权的保障。因此，国家必须采取各种措施以维护自己的经济主权不被侵犯。具体来说，可以从以下几方面着手。

1. 维护经济方针政策自主制定的权利

在经济全球化加速发展的条件下，各国经济主权的“攻防战”，不但从未停止，有时甚至还相当激烈。主权国家必须自主选择自己的经济制度，自主决定自己的经济发展战略，以及自主立法建立本国国内的市场经济运行规则。面对霸权国家的经济介入及压制，发展中国家、弱小民族必须凝聚集体的力量，保护自己的应有权益。

2. 掌握本国重要资源和战略产业

各国境内的自然资源是该国生存和发展的物质基础。每一个国家对本国的自然资源都拥有完整的、永久的主权。为了保护这些资源，各国必须采取适合本国情况的各种措施，对本国的资源及其开发事宜加以有效的控制管理，包括实行国有化或把所有权转移给本国国民等。任何国家都应抵制经济、政治或其他任何形式的胁迫，有效掌握本国重要资源。

同时，国家必须从全局考虑，从实际出发，根据国家各类产业当前的实际状况，确定本国的战略企业，即国家主导产业、支柱产业、先导产业和基础产业的界定。中国作为一个巨大的后发经济体，可以有选择地优先发展某些要害性的战略技术，以及以这些战略技术为支撑的战略产业，以此提升国家的经济实力，如发展半导体产业、装备产业等，如图 5-2 所示。

图 5-2　半导体产业生产车间

3. 积极参与重要国际经济组织

一国经济要进一步发展，必须更深刻地融入世界经济，积极参与经济全球化。而国际经济组织对世界经济的发展具有不可替代的作用，国家通过国际经济组织参与世界经济是一条必要的途径。

随着中国对世界的影响日益明显，越发迫切需要我国参与全球经济治理，提供国际公共产品，提高我国的制度性话语权。我们应主动做好参与国际经济组织的顶层设计，从国际社会的积极融入者转变为主动塑造者。

时事博览

带头抵制新疆棉花的 BCI，究竟是个什么组织？

2021 年 3 月，HM 集团在其官网发布的一份声明引发关注，该品牌以所谓“强迫劳动”的谣言为借口，声称将“抵制新疆棉花和纺织工厂”。HM 的声明，提到“BCI 已决定暂停在新疆发放 BCI 棉花许可证，因此 HM 产品所需要的棉花将不再从那里获得”。这个名为“瑞士良好棉花发展协会（Better Cotton Initiative，BCI）”的组织，同样引发广泛关注。那么，BCI 究竟是个什么组织？

BCI 自诩是世界上最大的棉花可持续发展非营利组织。它制定了相关标准，要求会员必须使用它们认为符合标准的棉花，才能使用 BCI 标识。这些所谓的良好标准包括：将对作物保护措施有害的影响降至最低、高效用水与保护水资源、重视土壤健康、保护自然栖息地、提倡体面劳动、运行有效的管理系统等。截至 2019 年底的数据显示，经过 BCI 认证的“良好棉花”占到了全世界棉花产量的 1/5。但是，令人费解的是，和 QS/ISO 等生产质量认证体系不同，BCI 的良好标准并不包括质量良好。

BCI 高举环保大旗，收钱的对象从上游棉花商、中游纺织厂，到下游零售店全产业链一网打尽。那么，为什么 BCI 这个一不控制产能、二不掌握技术、三不接触市场的 NGO 能在棉花界大行其道？BCI 脱胎于 2005 年世界棉花基金会一次圆桌会议的倡议。BCI 初期坚决高举环保和可持续发展的大旗，获得不少响应。随后，BCI 取得了美国国际开发署的背后支持。

由于BCI的规定，良好棉花联盟的成员在产业链所有环节都必须使用其认证过的良好棉花，而现在新疆棉花被BCI取消了认证，考虑到BCI联盟内有诸多全球性消费品企业，也就是说BCI以一个非营利性组织的身份实质上切断了新疆棉花用于生产出口外贸服装的渠道。

除了BCI外，类似的由跨国“非政府非营利性”组织实施的纺织品相关认证还有全球有机纺织品标准认证（GOTS）、有机含量标准认证（OCS）、全球回收标准认证（GRS）、环保纺织品认证（Oeko-Tex100标准）等数十个。这些让人眼花缭乱的认证涵盖了全部纺织品，包括穿戴及床上用品产业的方方面面，不论是棉花还是化纤，不论是羽绒还是皮革，从原材料的种植、养殖、合成，到最后的成品分销和回收利用，从头到尾把整个产业的每一个角落、每一个细节都巨细无遗安排得明明白白，反正你横竖是跳不出这个圈。

中国目前是世界上最大的贸易国，也是最大的出口国，每年中国企业海外出口都要向这些看似人畜无害的“非营利性非政府”组织上缴大笔的保护费，形成了事实上的出口越多，交得越多。

要应对国外技术性贸易壁垒，我们除了通过法律和经济手段惩戒这些收保护费的“绿色黑帮”，形成有效威慑外，还应该在社会公众中加强宣传，完善对此类贸易壁垒的预警和通报机制，最大限度降低我国出口商品因为被收取保护费或遭受禁运而受到的损失。

同时，我们还应设法构建国际性的通用技术标准体系，加强自主创新，改善工艺和技术水平，努力参与到全球贸易规则的制定工作中，特别是要积极参与到国际产业标准的制定工作中，从而优化全球经济运行的环境，进而服务于我国国民经济的发展。

总之，缘于西方政治抹黑的新疆棉花事件，向中国民众展示了全球纺织产业链标准制定霸权的冰山一角，也让中国广大民众意识到关税之外，还有众多贸易壁垒的存在。因此，不论是短期来看，还是长期考虑，深嵌于全球化之中的各个行业都应尽早敲响话语权的警钟。

资料来源：戴晓宇、姜洁，《带头抵制新疆棉花的BCI，究竟是个什么组织？》，人民日报客户端，2021-3-26

4. 自由地利用国际市场

从长远看，经济全球化仍是历史潮流，各国分工合作、互利共赢是长期趋势。国家要实现本国经济发展、维护国家经济主权，必须积极推进国际经济交往，促进国际合作，同时要有效防范外部的冲击。

以开放促改革、促发展是我国经济持续快速发展的重要法宝，新形势下，必须推进更高水平的对外开放，更自由地利用国际市场，促进国际要素之间的流动，重塑我国国际合作和竞争新优势，实现经济主权安全。

（四）实现经济发展安全的途径与方法

解决我国发展面临的风险挑战，破解经济发展的难题，实现经济发展安全，一般有以下途径与方法。

1. 坚持以新发展理念引领高质量发展

发展理念是发展行动的先导。发展理念是否正确，从根本上决定着发展成效乃至成败。当前，我国经济发展正处在从“量的扩张”转向“质的提高”的重要关口，处在转变发展方式、优化经济结构、转换增长动力的攻关期。

党的二十大报告指出“必须完整、准确、全面贯彻新发展理念”。这就要求我们将创新、协调、绿色、开放、共享的新发展理念作为推动高质量发展的行动指南，努力实现创新成为第一动力、协调成为内生特点、绿色成为普遍形态、开放成为必由之路、共享成为根本目的的发展。

创新强国

从中国制造到中国智造

世界知识产权组织发布的《2020全球创新指数报告》显示，在全球131个经济体中，中国全球创新指数榜单排第14名，是前30名中唯一的中等收入经济体。该组织指出，中国在专利、实用新型、商标、工业品外观设计申请量和创意产品出口等重要指标上名列前茅。此外，中国有17个科技集群进入全球科技集群百强，数量仅次于美国，排在世界第2位。

法国《回声报》刊文称，中国现在远不止是“世界工厂”，还成为创新冠军，在许多领域有能力领先于美国、日本及欧洲国家的公司。英国《经济学人》周刊指出，短短十几年，中国摇身一变，已成为全球创新的领跑者。

从物资匮乏到“世界工厂”——改革开放成就第一制造业大国

“20世纪70年代，结婚都要‘三转一响’。‘三转’是指手表、自行车和缝纫机，‘一响’是收音机，是当时的家庭‘奢侈品’。”从小在河南省林州市临淇镇杨村长大的徐成喜回忆道。

1980年，徐成喜家里买了第一台收音机，新鲜劲还没过，他就因工作调动去了外地，住进了集体宿舍。

“当时最大的愿望，是买台电视机，但就连电视机票都要排队等。”然而，单位300多人，每次只能分到几个名额。同村的谭成伏在1986年买到一台14英寸长城牌黑白电视机，让周围人羡慕不已。

“现在，家家户户电脑、空调、洗衣机都是标配，连电视也经常以旧换新。”徐成喜回忆，自己分别买过18英寸和29英寸彩电。家里现在用的，则是去年新换的55英寸TCL牌液晶平板电视。

从买不起、买不到，到随时更新换代，小小家电背后，折射的是改革开放以来中国制造业的巨大变化和人民生活水平的显著提升。

80年代中期，以“温州模式”为代表的民营企业轻工产品异军突起。东莞的电子、晋江的体育用品、绍兴的纺织、义乌的小商品……中国制造逐渐在服装、电子、家电等领域形成了全球最大的生产规模。

如今，从总量规模看，我国已经成为世界制造业第一大国。从产业体系看，我国制造业已经覆盖了国际标准行业中制造业大类所涉及的24个行业组、71个行业和137个子行业，成为全球制造业体系最为完整的国家。

从价廉到物美——品牌质量持续升级

1985年12月，青岛电冰箱总厂收到一封用户来信，投诉冰箱质量问题。在凭票购买的年代，有瑕疵的冰箱也是抢手货，厂里一些人并没有把投诉当回事。但时任厂长的张瑞敏突击检查了仓库，从400多台冰箱中查出了76台有缺陷的冰箱。

如何处理？有人提议，质量不好的冰箱可以当成内部福利低价卖给员工。张瑞敏却做出了惊人的决定：开一个全体员工参加的现场会，将76台冰箱当众砸成废铁，而且是由生产这些冰箱的员工自己来砸。

当时，一台冰箱的价格是800多元，相当于普通工人好几年的工资。“砸冰箱”很快成了热点新闻，进而成为中国制造业的一次质量观念启蒙。

青岛电冰箱总厂正是当今全球白色家电第一品牌——海尔集团的前身。1989年，国内冰箱市场首次出现供大于求，在冰箱厂家纷纷降价促销的情况下，海尔冰箱逆势提价12%，依然受到消费者的争抢。

从追求数量到注重品质，中国制造紧紧抓住质量这条生命线，将“品质革命”进行到底。工信部数据显示，近年来我国制造业产品质量合格率逐年上升，2017年达到93.7%，产品满意度明显提高。

随着改革开放不断深化，2001年中国加入世界贸易组织后，大批国产品牌在全球市场竞争中锻炼成长。海尔家电、联想电脑、华为通信设备、小米手机、大疆无人机……近年来，中国品牌的竞争力、美誉度与日俱增。

从模仿到创新——技术引领转型“中国智造”

2000年起长达7年的DVD专利费之争，是我国制造业发展历程中一道难以抹掉的伤痕。其时，持有DVD技术专利的外国公司组成联盟，向中国DVD播放器生产企业收取每台16至19美元的高额专利费。

“国内企业出口一台售价32美元的DVD播放器只能赚取1美元利润，所交的专利费却高达售价的60%。”知识产权专家刘延淮表示，大而不强、附加值低的中国制造业现状不时引发各界反思。

经历了2008年国际金融危机的洗礼，制造业再一次进入腾飞期。有了DVD专利费之争的前车之鉴，中国制造由劳动密集型产业为主向资本、技术密集型产业为主转变。

2018年8月，2018世界机器人大会的展区内，16只形态各异的机械臂在现场用6种乐器演奏《歌唱祖国》，吸引观众驻足欣赏。

这支“乐队”来自格力，“成员”均为格力研发的多用途工业机器人。其定位精度高达0.05毫米，可广泛用于装配、焊接、搬运、上下料等领域，“秀”出了格力在智能制造领域的优势。

近十年来，格力家用空调产销量一直领跑全球。而在20世纪90年代初，格力的前身珠海海利空调器厂的经营效益一度堪忧。

“电机要买、压缩机要买，没有几样不是买的。最后把部件组装成一个机器，打上牌子销售出去。”珠海格力电器股份有限公司董事长兼总裁董明珠回首往事，感慨不已。

2001年，格力向日本企业购买技术，经多番努力仍遭拒绝，这让董明珠下决心自主研发出包括电机和压缩机在内的多项核心技术。2010年，格力喊出了“掌握核心科技”的宣传语，并持续加大研发投入至今。“让世界爱上中国造”，格力的努力是中国制造业技术创新的缩影。

改革开放40多年来，中国创新投入不断增加。1978年，我国研发经费支出为52.89亿元；2017年上升为1.75万亿元，居世界第二位，占GDP比重达2.12%，研发经费投入强度达到中等发达国家水平。

创新为制造业发展提供了“源头活水”，我国的船舶、机床、汽车、飞机等重型机械和高端产品逐渐在世界范围产生巨大影响。从改革开放初期发挥劳动力、土地等成本优势承接全球制造业转移，到提升产品品质、优化产业结构，再到自主研发创新、深化供给侧结构性改革，中国制造正逐步摆脱“世界工厂”低附加值的符号，转型“中国智造”，加速迈向全球价值链中高端。

资料来源：姜永斌，《从“中国制造”到“中国智造”》，《中国纪检监察报》，2018-12-3

2. 深化供给侧结构性改革

推动经济高质量发展迈出更大步伐，需要进一步深化供给侧结构性改革，落实、巩固“三去一降一补”任务，防范、化解经济领域安全风险。

所谓“去”，就是要尊重市场规律，大力处置“僵尸企业”、压缩过剩产能、淘汰落后产能，为优质产能释放腾出环境容量和生产要素，寻求更高质量的发展空间。

所谓“降”，就是要畅通减税降费的传导机制，全方位、无死角地落实涉及增值税、

社保缴费等方面的减轻企业税费负担政策，减轻企业经营成本压力。

所谓“补”，就是要持续加大事关民生福祉的补短板力度，形成优质均衡的基本公共服务供给体系。

3．创新和完善宏观调控

创新和完善宏观调控，是完善社会主义市场经济体制、建设现代化经济体系、实现社会主义现代化的必然要求。在我国经济发展进程中，宏观调控工作必须紧紧围绕统筹推进“五位一体”总体布局、协调推进“四个全面”战略布局，妥善应对重大风险挑战，着力深化改革开放来开展，不断创新、持续完善，以推动我国经济持续健康发展。

4．加强经济领域的保密管理

经济全球化以来，国与国之间的经济领域竞争愈演愈烈，许多国家把收集和窃取他国的经济、贸易信息当成重要的经济任务。近年来，我国发生了数起经济数据泄露事件，给我国经济造成了较大的损失。这要求我们在集中精力搞经济建设的同时，必须重视保密工作，加强涉密经济数据保密管理，主要内容包括加强制度建设，实行重点督察、专项检查，对有关工作人员和涉密人员进行教育培训等。

5．坚持打击走私活动

走私活动破坏市场经济秩序，若其泛滥则会造成国家巨额税金流失，增加企业深化改革的困难。当前，我国少数地区的走私活动情况严重，屡禁不止，形势还很严峻。为严厉打击走私犯罪活动，各部门应认清形势，进一步提高对反走私斗争重要性的认识，加强配合，依法严查严办。同时，要加强综合治理，进一步巩固和发展反走私斗争已取得的成果。

实践活动　走上辩论台

自 2013 年起，中国银行每年都根据对全球境内外工商企业和境外金融机构客户的调研结果，编制发布《人民币国际化白皮书》（以下简称《白皮书》）。历年的《白皮书》反映了近年来在跨境交易中人民币使用比例的逐年提升。请以“人民币国际化利大于弊还是弊大于利”为主题，开展一次辩论活动。具体内容与要求如下：

（1）全班同学自由分组，每组 6～8 人，要求小组数最终为偶数。

（2）分组抽签，决定进行对赛的小组及所持论点，“人民币国际化利大于弊”为正方，“人民币国际化弊大于利”为反方。

（3）各小组成员自行查找资料，之后在教师的主持下进行初赛。通过小组在辩论中的表现，选出两组进行复赛。

（4）通过复赛选出最终胜利的队伍。

教师可参考表 5-1 对活动进行评价。

表 5-1　实践活动评价表

评价标准		分值	分数小计	教师评价
语言表达	普通话标准，语速适中	20 分		
	语调平仄合理			
	修辞得当，表达流畅			
逻辑思维	逻辑推理过程清晰	30 分		
	论证结果合理、有力			
辩驳能力	提问简明扼要	30 分		
	反驳合理，论证有力			
临场反应	反应敏捷，技巧多元、得当	10 分		
整体意识	小组分工合理，协调一致	10 分		

专题六

文化安全

06

内容导读

在国家安全总体布局中，文化安全具有不可替代的重要地位。当今世界各国的激烈竞争，不仅包括经济实力、科技实力、国防实力等方面的竞争，也包括文化方面的竞争，而且文化还广泛渗透于上述各种力量之中，成为与经济、政治相互交融、相互影响、相互促进的重要因素。因此，维护文化安全不可忽视。

学习目标

知识目标

- 了解文化安全的重要性
- 理解文化安全的具体内涵

能力目标

- 能够识别文化安全面临的内外威胁与挑战
- 熟悉维护文化安全的途径与方法

素质目标

- 增强文化自信与文化认同感
- 积极践行社会主义核心价值观
- 能够从身边的小事做起，积极维护文化安全

国家安全聚焦

莫让“洋节热”冲淡“中国风”

近年来，随着全球化步伐的加快，各种“洋节日”逐渐被国人熟知且越来越受到年轻人的喜爱，有些洋节的隆重程度甚至超过了中国的传统节日。就拿圣诞节这个典型的“洋节日”来说，它在国内的热度曾在某一时期超过了中秋节、端午节等中国传统节日的热度。

与此同时，中国的很多传统节日都被很多人过出了“洋节日”的味道。就以传统的七夕节为例，它起源于汉朝，为每年农历七月初七，人们常在这天摆上时令瓜果，朝天祭拜，祈求智慧、巧艺和美满姻缘。同时，七夕节还有逛巧市的风俗，人们从七月初一就开始置办乞巧物品，其盛况不亚于春节，且内涵相当丰富。作为中国传统节日的七夕节，本应该过出“中国节”的味道，然而很多年轻人却把七夕节过成了西方国家的情人节，鲜花、巧克力成为节日的主打礼品，西餐成为订餐首选，甚至看一部爱情片也成为这一天的必定节目……这些现象的存在，冲淡了传统节日的氛围，也让我们与传统节日的文化内涵渐行渐远。

总之，“洋节日”成了部分民众的新宠，主动融入了人们生活的方方面面。不可否认，各种“洋节日”带来的商机无限，在拉动经济方面起到了重要作用，过“洋节日”成为部分民众追捧的生活模式。但是，从文化角度来看，我们却需要警惕和警醒。

“我们的自信”文化篇
——中华之魂

文化的淡漠、传统的流失、“中国味”的日益淡化，必然导致中国的千年文化趋于毁灭。要想保护好中国传统文化，首先就应过好具有“中国味”的传统节日。

为了改变“洋节热”冲淡“中国风”的现状，中共中央办公厅、国务院办公厅于2017年印发了《关于实施中华优秀传统文化传承发展工程的意见》，力图实现中华优秀传统文化的传承发展，建设社会主义文化强国，增强国家文化软实力，实现中华民族伟大复兴的中国梦。

资料来源：安雪，《莫让“洋节热”冲淡“中国风”》，央广网，2017-8-29

想一想

近年盛行“洋节热”的原因是什么？是否源于我国民众对传统文化的不自信？“洋节热”可能对我国文化安全造成什么影响？

第一讲　文化安全——国家安全的灵魂

文化是民族的血脉，是人民的精神家园。文化安全是指一国文化相对处于没有危险和不受内外威胁的状态，以及保障持续安全状态的能力。它关乎国家稳定、民族团结、精神传承，是国家安全的重要保障。

一、文化安全的主要内容

总体国家安全观中的文化安全实际上属于国家文化安全，是指整个国家的文化建设、文化发展、文化生活及文化活动能够不断巩固和发展中国特色社会主义制度，不断巩固和完善中国共产党的执政地位。

（一）国家文化主权安全

文化主权是以文化为主体的权力，属于国家整体主权的一部分。国家文化主权安全所包含的内容十分丰富，一般来说包括以下三个方面：国家有权独立自主选择本国的文化制度、文化发展道路及政策；有权确立意识形态，保障文化权益；有权实施文化行动、推动文化发展，他者不能包办代替，亦不得加以干涉。

1840 年鸦片战争后，我国一步步沦为半殖民地半封建国家，国家文化主权也随同政治主权与经济主权饱受摧残，其直接后果是文物流失海外、国际文化话语权丧失。如今，随着我国改革开放力度不断加大，综合实力不断增强，社会主义文化事业建设不断向前推进，国家控制住了自身文化的主权。然而，如同我国的政治主权、经济主权无时无刻不受到国内外敌对势力的挑衅一样，我国的文化主权也一直受到西方文化霸权主义、“文化台独”、极端民族宗教分裂主义等的挑战。

因此，在文化多元化浪潮席卷全球时，我们需要坚决捍卫固有的意识形态，坚持自己的价值观与审美观，继承与固守中华民族灿烂的文化遗产，发展符合国家利益的主流文化，严防“和平演变”战略，防止文化“全盘西化”。

历史纵横

中国流失文物回家了

晚清以降，列强东顾，国力衰微，大量珍贵文物或被列强掠夺倒卖，或因商人走私而流散他乡，中华文化遗产蒙受巨大损失，成为时代之痛、民族之殇。近年来，我国通过国际公约追讨、政府间外交谈判等多种方式开展海外文物追索行动，挽回了大量流失的文化遗产，捍卫了我国国家文化主权安全。

2007年，意大利文物宪兵在本国文物市场查获一批疑似非法流失的中国文物艺术品，随即启动国内司法审判程序。中国国家文物局得知相关信息后，立即对接意大利文化遗产主管部门，开展流失文物的追索返还工作。历经10余年漫长追索，2019年初，意大利法院最终作出向中方返还796件套文物艺术品（包括汉代彩绘茧形壶、汉代陶马、汉代陶俑、唐代彩绘陶骆驼等，如图6-1所示）的判决。2019年4月10日，装运着意大利返还的796件套中国流失文物的航班抵达北京，在海外漂泊多年的中国文物终于到家了。

图6-1　部分返还文物

除了这796件套艺术品外，此前还有许多海外流失文物被成功追索，最终回到祖国怀抱。

在中美两国2009年签署了相关备忘录后，美国就曾三次向中国返还流失文物。2011年3月，美国政府在华盛顿举行仪式，向中国归还了包括北齐石灰岩佛像、清代瓷瓶、宋代观音头部雕像等在内的10余件珍贵文物。2015年12月，美国政府向中国政府移交了22件流失文物和1件古生物化石。2019年2月28日，中美双方代表在美国互换证书，美方向中方返还了361件套流失文物艺术品，其中年代最久的文物可以追溯到新石器时代。

此外，2013年6月，于1860年第二次鸦片战争时被英法联军劫掠的鼠首和兔首成功回家。2015年，56件出自甘肃礼县大堡子山遗址的春秋时期秦国金饰片，由法国返还中国。2018年12月，圆明园文物、西周晚期青铜“虎鎣”回到中国国家博物馆，结束了近160年的海外漂泊。

中国流失海外文物是中国文化遗产不可分割的重要组成部分，寄托着中国人民质朴深沉的历史情感和文化记忆。随着中国国力的增强、国际交流经验的不断成熟，“一带一路”和人类命运共同体的倡议得到越来越多国家和地区的响应，中国在文物追索和保护方面的声音更加受到国际社会重视，未来将会有越来越多的流失文物回到祖国。

（二）文化价值观安全

中华优秀传统文化传承不息

核心价值观是文化最深层的内核，决定着文化的性质和方向，体现着一个国家、一个民族的文化理想和精神高度。任何一种文化要立起来、强起来，从根本上说，取决于凝结和贯穿其中的核心价值观的生命力、引领力。任何一种价值观在全社会的牢固确立，都离不开人民对文化的自信与认同。

当代中国的文化自信，不仅是对中华民族 5 000 多年文明历史所孕育的中华优秀传统文化的自信，还是对党领导人民在革命、建设、改革中创造的革命文化和社会主义先进文化的自信。

历史实践表明，对于中国这样一个具有深厚历史文化底蕴、正在崛起的社会主义大国来说，建设社会主义文化强国必须确保文化价值观安全，以从容自信、开放宽容、温和理性的心态看待自己的文化与世界的文化，不断巩固社会主义主流意识形态在社会思潮和价值观念上的指导地位，增强民众的文化归属感和认同感。

生活实例

“汉服热”折射文化自信

齐腰襦裙、琵琶飞袖、点绛红唇……近年来，汉服文化在中国城市年轻人中形成一种新的风潮。

“岂曰无衣？与子同袍。”汉服爱好者喜欢互称“同袍”，21 岁的小徐便是“同袍”之一。小徐是某传媒大学汉语言文学专业的学生，也是该校子衿汉服社的社长。从小喜欢看古装剧的她，初中开始接触汉服，高中就加入了汉服社。“从单纯觉得好看，到产生好奇心理，最后拜倒在汉服的文化内涵里。”小徐这样形容自己“入圈”的心路历程。

子衿汉服社是高校中成立较早的汉服学生社团，已经有 14 年历史，每年的新社员上百人。小徐介绍说，社团除了固定的农历三月初三汉服踏青活动，还常设科普讲座，开设汉唐舞教学、古琴学习等课程。

子衿汉服社只是大量汉服社团的一个缩影，也是年轻人对汉服越发认可和喜爱的一个实例。年轻人开始关注和选择中国传统服饰，并以之为美和新潮。这不仅缘于汉服本身的古风古韵，背后更多的是国人文化自信的回归，是年轻人对中华优秀传统文化的热爱。

资料来源：赖睿，《汉服风潮正当时（新国潮）》，人民网，2020-8-26

（三）“三种文化”安全

“三种文化”是指在中华民族 5 000 多年文明发展中孕育的中华优秀传统文化、在党和人民伟大斗争中孕育的革命文化和社会主义先进文化。“三种文化”积淀着中华民族最深层的精神追求，代表着中华民族独特的精神标识，其安全主要包括以下几方面。

1. “三种文化”创新发展

人类漫长的文明史证明，文化是长期积淀的结果，同时也是持续不断流动和创新的结果。文化只有积淀下来，才能更好地传承、续接和弘扬，否则就成为无源之水、无本之木。而文化的生命力又在于不断地创新，只有在实践中不断创新，传统文化才能焕发生机、历久弥新，民族文化才能充满活力、日益丰富。

回望新中国成立以来的 70 余年，为防止中华优秀传统文化、革命文化、社会主义先进文化的固化、僵化，我们在坚守中华民族文明血脉的同时，又创造性地把中华文明推向时代发展的康庄大道，以守正创新促进社会主义文化繁荣发展，将全民族文化创新创造活力充分激发出来，为社会主义现代化建设提供强大的精神动力和智力支持。例如，从“为万世开太平”到“革命理想高于天”，从“威武不能屈”到“大无畏的革命英雄主义”，从“民惟邦本”到“全心全意为人民服务”，从“格物致知”到“实事求是”，从“自强不息”到“自力更生、艰苦奋斗”等，都生动反映了中华优秀传统文化在革命斗争中的传承、创新和发展，并赋予民族志向、民族品格、民族精神新的时代光芒。

互动空间

近几年，《我在故宫修文物》《国家宝藏》《如果国宝会说话》等一系列节目的持续热播，引发了人们对国宝文物的关注。“活起来”的文物让保护文物的理念深入人心，文物所承载的文化内涵也以更加亲和的方式融入了人们的日常生活之中。这体现了人们对“三种文化”中哪种文化的创新？

2. 文化遗产保护

文化遗产是历史留给人类的财富，包括物质文化遗产和非物质文化遗产。物质文化遗产是指具有历史、艺术和科学价值的文物，如历史文物、历史建筑、人类文化遗址等；非物质文化遗产是指各种以非物质形态存在的与群众生活密切相关、世代相承的传统文化表现形式，如传统技艺、风俗习惯等。

“十四五”看家乡
——文化遗产保护

文化遗产是人类智慧的结晶，蕴含着民族特有的精神价值、思维方式及想象力。无论它们最初是精神的还是物质的，是先进的还是反动的，都直观地反映了人类社会发展的历程，具有历史的、社会的、科技的、经济的和审美的价值，是社会发展不可或缺的物证。因此，保护文化遗产就是保护人类文化的传承，是连接民族情感纽带的重要方式，是建设先进文化、促进社会和谐的必然要求。

中国是文明古国，历史悠久，民族传统文化源远流长，文化遗产久远丰厚，但由于人们长久以来对文化遗产的重要性认识不够，保护意识欠缺，我国文化遗产面临着留存延续的危机，特别是有些非物质文化遗产，因传承人的缺失而处于自然消亡的状态。因此，文化遗产保护迫在眉睫。

时事博览

韩国申遗抢下“拔河”

2015 年 12 月 3 日，据韩国《中央日报》报道，在 12 月 2 日于纳米比亚首都温得和克举行的第十届非物质文化遗产政府间委员会上，韩国的申遗项目——拔河，得到了超过半数的成员国的支持，被联合国列为世界人类非物质文化遗产。由此，拔河成为韩国第十八项人类非物质文化遗产。

韩国网民对拔河成为本国世界文化遗产欢呼雀跃，并纷纷表示“这是韩国固有文化得到世界承认的好消息，必须要好好保护韩国文化”“要将此视作韩国文化向世界传播的好契机”“原来小时候玩的游戏是韩国的世界文化遗产啊”等。

与此同时，韩国将“拔河”申遗的消息引起了中国人的不满。不少中国媒体和网民认为中国的非物质文化遗产再次被韩国抢先申遗。有中国网民表示，早在中国春秋战国时期，拔河就在中国民间广泛流传，《唐语林》中记载道，拔河这项带有娱乐性的运动在宫廷内流行起来后，唐玄宗曾多次举行拔河比赛，参与者多达千人。还有一些中国网民历数被韩国抢先申遗的项目，并吐槽未来汉字也可能被韩国抢先申遗，“从现在开始，对斗鸡、斗蛐蛐、踢毽子开始感到深深的担忧”，“想想都心塞，下一个会是麻将、滚铁环还是丢手绢？”“赶快把广场舞申遗，趁还来得及”。

其实，中国文化遗产屡屡被他国抢先申遗，其中一个重要原因就是我们长期以来的文化遗产保护意识淡薄，对文化遗产的保护力度不够。这种现状已向国人发出警示：全方位加强文化遗产保护已刻不容缓。

资料来源：王伟，《韩国“拔河”申遗成功，四国游说首创联合申请》，新华网，2015-12-4

法治在线

2013年11月至2016年6月，张小建等11人组建盗掘古墓葬团伙，先后多次在山西省临汾市襄汾县陶寺乡陶寺村北等地盗掘古墓葬14座，所出土文物包括青铜鼎、青铜簋、青铜编钟、青铜鬲、青铜匜、青铜鱼片、青铜方盘等，他们通过倒卖上述文物共获利834余万元。经鉴定，上述被盗墓葬是东周时期墓葬，均属具有历史、艺术、科学价值的古墓葬。

根据《中华人民共和国刑法》第三百二十八条第一款的规定，盗掘具有历史、艺术、科学价值的古文化遗址、古墓葬的，处3年以上10年以下有期徒刑，并处罚金；情节较轻的，处3年以下有期徒刑、拘役或者管制，并处罚金；有下列情形之一的，处10年以上有期徒刑或者无期徒刑，并处罚金或者没收财产：

（1）盗掘确定为全国重点文物保护单位和省级文物保护单位的古文化遗址、古墓葬的。

（2）盗掘古文化遗址、古墓葬集团的首要分子。

（3）多次盗掘古文化遗址、古墓葬的。

（4）盗掘古文化遗址、古墓葬，并盗窃珍贵文物或者造成珍贵文物严重破坏的。

根据《中华人民共和国文物保护法》第六十四条的规定，有下列行为之一，构成犯罪的，依法追究刑事责任：

（1）盗掘古文化遗址、古墓葬的。

（2）故意或者过失损毁国家保护的珍贵文物的。

（3）擅自将国有馆藏文物出售或者私自送给非国有单位或者个人的。

（4）将国家禁止出境的珍贵文物私自出售或者送给外国人的。

（5）以牟利为目的倒卖国家禁止经营的文物的。

（6）走私文物的。

（7）盗窃、哄抢、私分或者非法侵占国有文物的。

（8）应当追究刑事责任的其他妨害文物管理行为。

根据法律规定，山西省临汾市中级人民法院一审判决被告人张小建等 11 人有期徒刑 15 年至 1 年 6 个月不等，并处罚金 15 万元至 1 万元不等。山西省高级人民法院二审维持原判。

资料来源：林平，《11 人盗掘古墓葬 14 座，最高法：严惩重处，慎用缓刑》，澎湃网，2021-6-5

3．文化生态保护

在一定历史条件和地域条件下形成的文化空间，以及人们在长期发展中逐渐形成的生产生活方式、风俗习惯和艺术表现形式，共同构成了丰富多彩和充满活力的文化形态。文化生态是一定文化赖以存在和发展的环境。文化的自然发展形成文化生态。良好的文化生态是文化自信、文化繁荣的充分体现，对于文化复兴和民族复兴具有重要意义。

生态兴则文明兴，生态衰则文明衰。文化生态保护是建设社会主义现代化强国和推动经济社会持续健康发展的必由之路。良好的文化生态，既是文化软实力，也能转化为发展“硬实力”。保护文化生态就是保护生产力。要不断赋予文化生态新的时代内涵和现代表达方式，更好地服务“以文化人”的时代任务，使之成为涵养社会主义核心价值观、培养文明乡风、坚定文化自信的重要源泉。

近年来，我国先后设立、建设了多个文化生态保护区，将非物质文化遗产以及与之相关的人文、自然环境协同保护，取得了显著成效。然而，当下文化生态保护区建设的实践中，还存在着诸如重视程度不高、支持力度不够、工作导向不清、格局视野不宽等短板。要想更好地适应新时代，推动文化生态高质量保护，不仅要夯实文化生态保护的“基础性工程”，制订工作规划，鼓励社会参与，还必须通过多种方式探索新时代的文化生态保护之路。

保护以非物质文化遗产为核心的文化生态，是推动社会主义文化繁荣兴盛的重要战略任务，只有不断增强共建共享文化生态保护区的思想自觉和行动自觉，守护好非物质文化

遗产的“绿水青山”，文化自信才会在亿万中华儿女心中不断升腾，实现中华民族伟大复兴的伟业才能行稳致远。

二、文化安全的重要性

在经济全球化和世界多元化发展的今天，各国之间的文化交流随之增多，文化侵略的现象也层出不穷，文化安全问题逐渐显现。我国要全面建设社会主义现代化强国，维护国家安全，就必须重视文化安全。

（一）文化安全是国家安全的重要保障

国家文化安全是我国进行国家安全建设的一个重要方面。文化保障着我国内外形象，同时也保障着我国国民生活方式是否健康、积极向上，更重要的是保障我们整个社会的价值取向，最终影响着人心的归属和向背。

任何一个现代国家，只要其国民具备了强烈并相互重合的民族认同和政治认同，国家安全就有了最根本的保证。不论是面临外敌还是内患，都能举国上下同仇敌忾，克服挑战，保持国家的安全与稳定。反之，如果民族认同和政治认同脆弱，或两者之间出现裂痕，国家安全便危机四伏甚至倾塌。

从苏联的解体到今天世界各地延绵不绝的“颜色革命”，文化理念和意识形态上的混乱以至崩溃，是其根本的原因之一。从这个意义上看，如何确保文化安全，为中国的国家政治稳定和经济持续健康发展奠定牢靠的文化和价值认同基础，是确保国家总体安全的当务之急。

（二）文化安全是建设社会主义文化强国的重要基础

文明，特别是思想文化，是一个国家、一个民族的灵魂。无论哪一个国家、哪一个民族，如果不珍惜自己的思想文化，丢掉了思想文化这个灵魂，这个国家、这个民族是立不起来的。

当今世界，各种思想文化的交流、交融、交锋更加频繁，文化成为国际博弈的重要领域。我国要实现全面建设社会主义现代化强国，实现中华民族伟大复兴，就必须推动社会主义文化大发展大繁荣，提高国家文化软实力，建设社会主义文化强国。

文化强国的“强”不仅表现为国家文化软实力大幅提高、全社会的文化创新活力充分激活、文化产业的规模大幅提升，还表现为民族共有精神家园不受破坏、广大人民群众的文化权益不受伤害。而这种“强”是以文化安全为前提的，没有文化安全，文化强国就难以建成。因此，我国要建设社会主义文化强国，就必须坚守文化底线，减少和消除威胁我国文化安全的内外因素，坚持中国特色社会主义文化发展道路，激发全民族文化创新创造的活力。

第二讲 坚持自信开放 维护文化安全

经济全球化的快速发展和对外开放的进一步扩大，导致本土文化和外来文化、社会主义文化和资本主义文化相互激荡，这一过程有吸纳又有排斥，有融合又有斗争，有渗透又有抵御，使得意识形态领域的斗争更加复杂。新时代，维护国家文化安全依然任重道远，丝毫不能松懈。

一、文化安全面临的威胁与挑战

文化安全的内涵丰富、外延广泛，其所面临的威胁与挑战主要包括以下六个方面。

（一）西方文化和意识形态侵蚀

西方实施文化及意识形态的措施主要包括以下几种：不断向国际社会发出“中国崩溃”的预言和“中国威胁”的警报，竭力将中国形象“妖魔化”；针对中国共产党和新中国的历史，掀起一股历史虚无主义思潮，以学术面孔“重写”历史，以创作为名“恶搞”历史，以披露“秘闻”抹黑历史；极力鼓吹西方资本主义价值观，诋毁社会主义核心价值观，腐蚀人们心灵，动摇理想信念，如渗透拜金主义、享乐主义和极端个人主义等腐朽思想。

现如今，西方文化的渗透方式比从前更加多样化、隐蔽化。例如，美国好莱坞电影用各种英雄传奇来宣传美国所推崇的个人英雄主义、自由民主精神；NBA 赛事各种体育赛事，西餐馆、咖啡厅等西方餐饮，圣诞节、万圣节等西方节日也不断向我国渗透。这些事物或多或少都隐含着西方文化的影子，在潜移默化中改变着我们的文化价值观念。

（二）消极娱乐、享乐和消费文化盛行

21 世纪以来，随着经济社会的不断发展，人们的物质生活水平逐渐提高，精神需求与日俱增，消极娱乐、享乐和消费文化也随之盛行。

畸形消费价值观——超前消费享乐主义摧毁年轻人

随着互联网技术的发展，大众传媒的娱乐功能愈发得到加强，人们能通过各种手机应用程序（App）在第一时间了解娱乐消息，也被各种各样的娱乐信息侵袭。在文化商业化浪潮的助推下，娱乐节目逐渐带有非理性主观色彩，“男神”“女神”“网红”“偶像”成为青少年模仿和崇拜的对象；众多严肃的新闻、正统的历史、经典的叙事以“娱乐”包装的形式呈现。由于娱乐元素尤其是互联网娱乐元素缺乏约束性的道德准则，部分民众特别是青年群体在“现实的道德约束框架”和“虚拟的无

道德视野”中左右摇摆，主流价值观无法有效地发挥引领作用。一些青年还会借助娱乐麻痹自己，用娱乐代替奋斗，逐渐脱离现实生活轨道，最后脱离社会群体。

与此同时，部分民众受“活在当下”和“即时享乐”理念的影响，陷入享乐主义的泥潭，将追求感官享乐作为人生的唯一价值目标。在文化上，享乐主义者则将满足感官快乐视为文化的唯一功能，开始追求能够引起兴奋、冲动、震惊、恐怖等反应，从而让人得到麻醉、宣泄或黄粱梦式的替代性满足的文化产品。此外，与享乐主义相关联的消费文化同样存在，非理性消费现象广泛存在，如人们疯狂追求对物品的绝对占有，为了消费而消费等。这给社会良好风气的形成和优良品德的传承带来了阻碍。

在这些文化的影响下，一些青年学生盲目追求商品背后的符号价值，失去了思考与批判的能力，逐渐异化为物品的奴隶；逐渐抛弃了以勤劳、奋斗获得美好生活的传统美德，沉迷于用享乐代替奋斗、用消费疏解心情、用金钱麻醉感官的消极思想中。

为消除消极文化带来的影响，国家和学校需要共同努力，净化文化市场风气，在全社会营造积极、健康、向上的文化氛围，为青年群体的成长创建风清气正的文化环境。

生活实例

挣扎在消费主义里的年轻人

近年来，商品经济飞速发展，人民生活水平提高，生活质量改善。此时，消费主义作为一种新的文化倾向崛起，宣扬“享乐也是道德的”，对青年群体的价值观和消费观产生了较大影响。

如今，购物消费已经“入侵”生活的方方面面，朋友圈中有微商大军、社交拼购，直播平台里有“网红”带货，内容社区里更是“种草”泛滥……在这种崇尚消费的氛围中，越来越多的年轻人希望通过消费品背后附带的符号价值获得心理认同，逐渐热衷于从消费中获得满足感和愉悦感。当年轻人无法通过自身财富满足消费需要时，透支消费就成了他们发泄的窗口和触及“美好生活”的一根“救命稻草”。

透支消费最常见的方式就是消费贷。慢慢地，一些年轻人习惯了消费时去贷款，人们仿佛也习惯了年轻人贷款消费。当贷款成为一种生活方式，消费升级也如约而至。习惯了这种生活方式的年轻人，通常会陷入生活的泥潭，甚至会落入不法分子设置的陷阱。例如，有一个男孩，他辛苦上班，缩衣节食，却为了给自己喜欢的主播打赏而欠了近百万元的消费贷款；另一个男孩，还未参加工作，在校期间为了谈恋爱贷款 10 万元，结果落入“套路贷”（即不法分子以非法侵占为目的，假借民间贷款的名义，诱使或迫使被害人签订“借贷”或变相“借贷”协议，通过虚增借贷金额，恶意制造违约等方式形成虚假债权债务，并借助诉讼或采用暴力、威胁及其他手段非法占有被害人财物的违法犯罪活动）的陷阱，贷款金额不久就变成了 40 万元；等等。

肆意消费的快感只在一瞬间，短暂的快感后，个体将会产生巨大的亏空感和人生的凋落感，需要通过更多的消费来消除这些不良感受。如此恶性循环，那些习惯了透支消费的年轻人必然会一步步陷入困境，甚至自毁人生。新时代的年轻人应当牢固树立正确的消费观，自觉抵制不良消费文化的侵蚀，为净化文化风气、传承优良文化贡献自己的一分力量。

资料来源：杨童童，《惯于透支的年轻人成消费贷“大客户”，国家出手为消费贷套上“紧箍咒”》，大众网，2021-3-19

（三）文化传统与文化符号被恶意解构

近些年来，随着人们价值取向、思想观念和社会风尚的日益多元化，一些人在舞台上、互联网上肆无忌惮地“恶搞”我国的传统文化，对我国文化传统及文化符号进行恶意解构。大众媒体的加入与推动，更使得“恶搞”迅猛发展，带来了色情、暴力等低俗丑陋的文化垃圾，严重污染了我们的文化生态。

“恶搞”者们肆无忌惮地消解经典、颠覆传统的做法，尤其是对红色经典和革命英雄人物的亵渎，严重伤害了国人的审美情感和历史记忆。从《林海雪原》到《红色娘子军》，从《闪闪的红星》到《铁道游击队》，经典演绎成了笑点，低俗取代了通俗，感官娱乐取代了思想感悟。这些纯粹游戏、反讽一切、只有解构没有建构的“恶搞”，将逐渐形成虚无主义的价值观和文化的病态。

（四）文化自信和文化向心力缺失

文化自信是一个国家、一个民族、一个政党对自身文化价值的充分肯定和积极践行，以及对其文化生命力持有的坚定信心。在当前全球文化交融的背景下，文化传播渠道逐渐增多，各种思想观念不断涌现，文化激流使得文化自信和文化向心力缺失的现象时有发生。

文化自信和文化向心力的缺失易导致文化乱象。当前，部分民众由于缺乏文化自信，在社会生活中常有以下行为表现：对传承千年的民族文化和道德规范不屑一顾；过度贬低中国传统文化作品，如以低俗的流行元素颠覆原作的艺术精神等；对我国的传统礼仪、节日、技术等缺乏自信，自身的交往方式日益西化；形成一种“被国外肯定，我们才自我肯定；被国外承认，才自我承认”的思维定式，否定国家及民族的文化创新；等等。

一些青年学生也存在文化自觉不足、文化自信缺失的问题，其主要表现包括：主流意识形态领域受到冲击，对中国特色社会主义先进文化等主流文化不认同，如在网络上肆意污蔑、抹黑民族英雄；生活方式和学习方式崇洋媚外，对传统文化缺乏理性认识，对传统精神缺乏传承与发扬；缺乏文化审视的能力，盲目推崇西方文化，漠视精神文明，陷入文

化自卑，如可以说一口流利的英语、读懂外语文章，却很难读懂、看懂中国的文言文及古诗词；等等。

相关链接

部分中国建筑缺少文化自信

中华民族有着 5 000 多年的文明史、2 500 多年的建城史，每个城市都有自己的记忆和名片。可惜的是，由于不重视、不珍惜自家的传统文化、地方文化和民族文化，片面理解国际化、现代化和都市化，一些城市渐渐丧失了自己的风格，使得城中建筑出现“千楼一面”的景象，还有许多大厦都有着欧式风格的建筑元素，如尖顶钟楼、希腊廊柱等。

中国工程院院士、华南理工大学建筑设计研究院院长何镜堂曾表示，眼下的中国建筑在面对西方建筑思潮时缺少文化自信，这导致本土建筑文化话语权的弱势，在全球化过程中面临被边缘化的危险。

其实，建筑并不是越高越好、越洋越好。何镜堂院士在多个场合都呼吁人们重视新型城镇化过程中传统建筑文化的传承与创新。

资料来源：辛苏，《千城一面、千楼一面是缺少文化自信的一种表现》，河南日报网，2016-7-21

（五）文化民粹主义膨胀

文化民粹主义是一种站在极端平民主义的立场上，反对精英文化，反抗主流文化垄断的文化情感表达。一些文化民粹主义人士以底层民众价值理想的代表自居，反对精英文化与主流文化，以“人民”的旗号标榜自身的文化地位，带有强烈的反体制与反智性色彩。

文化民粹主义的反智性与反权威性使其不可避免地走向肤浅与低俗，与主流文化和社会主义核心价值观背道而驰。例如，“城市套路深，俺要回农村”的网络叙事恶意“唱衰”“卖惨”，敌视城市与现代文明，刻意营造城乡对立与贫富对立；嘲讽主流媒体，讽刺专家权威，反感政府官员，建构官民对立；以戏谑手法对抗知识权威，抨击精英文化，讽刺现实社会；等等。

文化民粹主义一味追求受众的最大公约数，迎合低俗文化，营造虚假繁荣，不仅是在挑战主流文化与价值认同，而且挑战着文化的底线与尊严。

（六）不良网络文化威胁

由于信息技术的快速发展，尤其是国际互联网的出现，信息化浪潮席卷全球，互联网用虚拟手段为人类开启了一方全新的文化空间，文化与互联网的融合逐渐形成了一种网络文化，它对广大网民日常生活和工作的顺利开展发挥着重要作用。与此同时，网民素质参差不齐、自律意识淡薄、价值观多元等因素导致不良网络文化流行的现象日趋严重，色情、低俗、暴力和迷信等信息在网上泛滥成灾，部分网民的网络道德逐渐沦丧。这些现象成为威胁文化安全的新公害，给人们的生活带来较大的负面影响，并危害青年学生的身心健康。

近年来，不良网络文化和低俗有害信息依然存在，对其“零容忍”“严管理”，不仅是为青少年营造身心健康成长空间的必然需要，而且是文化治理的重中之重。只有加强网络文明建设，消除不良网络文化的威胁，才能为优良文化的传承与发展提供更加清朗的空间。

二、维护文化安全的途径与方法

文化安全是国家安全的深层次内容。当今时代，随着国际文化交流交融向纵深发展，文化的交锋冲突愈演愈烈，国家文化安全问题日渐凸显。党的十八届三中全会提出，要“提高文化开放水平”，“切实维护国家文化安全”。要实现这一要求，就必须坚持党对文化事业的领导，创新保持中华文化的先进性，加强对青少年的文化教育，增进国际文化合作，使中华文化在互联网时代拥有话语权。

（一）加强文化认同教育

文化认同是文化自信的根基和源泉。随着互联网时代的到来，青少年也面临着从思想到行为上的新的洗礼，他们对于文化认同的方式、特点、途径等都逐渐发生着变化，且思想文化上的独立性和差异性愈加明显。因此，单凭加强文化灌输的方式已经无法满足，甚至难于帮助青少年实现对传统文化的认同。这就要求国家在新时代充分把握当前文化认同教育的规律和特点，立足中国传统文化，凸显时代特征，注重对青少年的内在引导，完善文化认同的机制建设，增强青少年文化认同的内在动力，从而帮助青少年实现对中国特色社会主义文化的认同。

与此同时，广大青年学生应该学会科学权衡传统文化与现代文化，辩证地看待中国文化与西方及其他国家、地区文化，正确地分析文化的民族性与文化全球化的发展趋势，不断提升自身的文化归属感，逐步实现对中国特色社会主义文化的认同与自信。

互动空间

2014 年 10 月 15 日，中共中央总书记、国家主席、中央军委主席习近平在北京主持召开文艺工作座谈会时指出：“当高楼大厦在我国大地上遍地林立时，中华民族精神的大厦也应该巍然耸立。”你如何理解这句话？

（二）坚持党对文化的领导

社会主义文化的繁荣和发展，必须坚持党的领导，这是新中国成立 70 多年来文化发展经验的总结，是推进文化改革发展、实现建设社会主义文化强国的根本保证。

坚持和加强党对文化工作的领导，要求党站在战略和全局的高度，把握文化发展规律，健全领导体制机制，改善工作方式方法，提高领导文化工作的本领。具体来说，应该尊重文化的多样性和差异性，在意识形态方面坚持马克思主义的一元化指导思想，但对不同属性的文化采取不同的方针政策，如发展先进文化、支持健康文化、改造落后文化和抵制腐朽文化等；始终坚持社会主义先进文化的前进方向，培育和践行社会主义核心价值观，深入开展社会主义核心价值观主题实践活动，加强社会主义精神文明建设，把社会主义核心价值观教育融入国民教育全过程，体现在文化产品创作、生产和传播的各个环节中；等等。

青年学生则应紧紧跟随党的脚步，积极响应党的号召，发挥自身优势，投身于身边的文化实践活动，为建设社会主义文化强国奉献青春力量。

（三）加强文化遗产保护与利用

我国是历史悠久的文明古国。在漫长的岁月中，中华民族创造了丰富多彩、弥足珍贵的文化遗产。随着经济全球化的发展和现代化进程的加快，我国的文化生态正在发生巨大变化，文化遗产及其生存环境受到严重威胁。由于文化遗产是不可再生的珍贵资源，加强文化遗产保护刻不容缓。

首先，各级政府及相关部门要明确自身责任，切实加强对文化遗产保护工作的领导，物质文化遗产保护要贯彻“保护为主、抢救第一、合理利用、加强管理”的方针，而非物质文化遗产保护则要贯彻“保护为主、抢救第一、合理利用、传承发展”的方针。

其次，要着力解决物质文化遗产保护面临的突出问题，切实做好文物调查研究和不可移动文物保护规划的制定与实施工作，改进和完善重大建设工程中的文物保护工作，加强历史文化名城（街区、村镇）保护，提高馆藏文物保护和展示水平，清理整顿文物流通市场。

最后，要积极推进非物质文化遗产保护，各地区开展非物质文化遗产普查工作，制订非物质文化遗产保护规划，抢救珍贵非物质文化遗产，建立非物质文化遗产名录体系，加强少数民族文化遗产和文化生态区的保护，推进文化遗产地可持续旅游发展。

青年学生则应积极领略中华文化的深厚底蕴，提高对文化遗产保护重要性的认识，增强文化遗产保护意识，自觉地向身边的人宣传正确的文化遗产保护理念和相关知识，主动保护身边的文化遗产，监督和曝光破坏文化遗产的违法行为及事件。

根脉传承

保护敦煌文化

敦煌，地处河西走廊西端，西邻西域，是河西诸绿洲中为戈壁环绕的最小绿洲。敦煌适宜的自然环境和文化生态环境，不仅使这里成为1 000余年各朝开窟不辍、历代造像迭新的特殊佛教圣地，而且使这里遗存的大量中古文书与其他各类文物成为人类珍贵的文化遗产。

16世纪中叶，嘉峪关封关，莫高窟长期无人管理，任人破坏偷盗，神圣的佛教艺术殿堂几乎成了废墟。敦煌藏经洞文物的浩劫，被中国学者称为我国学术界一大伤心事。为了改变“敦煌在中国，敦煌学在国外”的局面，我国几代学者顽强奋斗，为保护和传承敦煌文化，增强国人的文化自信，作出了巨大努力。

中华人民共和国成立后，党和国家高度重视敦煌文化，成立了敦煌文物研究所，对敦煌莫高窟开展了抢救性保护。20世纪80年代，敦煌文物研究所扩建为敦煌研究院，扩大编制，增加部门，汇聚人才，莫高窟事业迈入了国际合作、科学保护、弘扬传播的崭新阶段，迎来了生机勃勃的春天。

2003年，《甘肃敦煌莫高窟保护条例》经甘肃省人大常委会制定并颁布实施。该条例为莫高窟的保护、利用与管理提供了强有力的法律支撑和保障。由于莫高窟的保护是一项艰巨而复杂的系统工程，敦煌研究院于2006年与国内外科研机构合作制定了《敦煌莫高窟保护总体规划（2006—2025）》。该规划为保护、利用和管理莫高窟提供了专业性、权威性、指导性的依据。

在保护和传承敦煌文化过程中，敦煌研究院遵照《保护世界文化和自然遗产公约》及其操作指南确定的真实、完整、可延续地保护世界文化遗产的最高理念，不仅保护莫高窟本体各个时代的所有洞窟、壁画和彩塑，而且还保护历史留存的所有的人文和自然环境，因为历史的人文和自然环境是文化遗产不可或缺的组成部分。

多年来，敦煌研究院始终遵循“不改变原状”的文物保护要义，采取多种保护技术措施，实施莫高窟崖体和洞窟加固，抢救了许多洞窟精美的壁画和彩塑，如图6-2所示；采用数字化技术，将莫高窟壁画和彩塑等文物进行数字化储存，如图6-3所示；建立莫高窟安全技术防范系统等，防患于未然。这些措施都体现了文物本体及其环境“不改变原状”的保护精髓，真正让莫高窟得到真实、完整的有效保护，让莫高窟“延年益寿”。

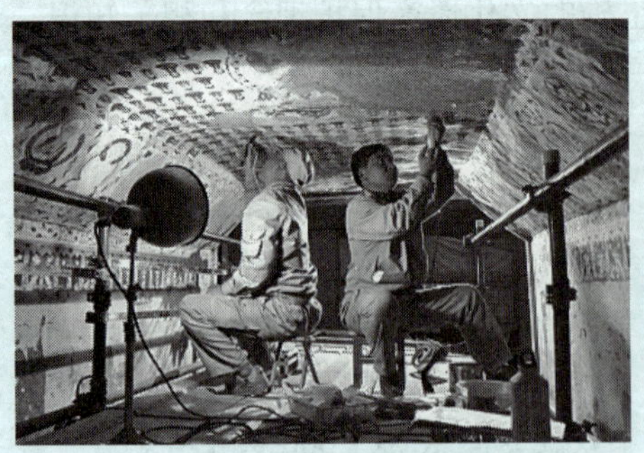

图6-2　莫高窟第八十五窟壁画修复工作现场

图6-3　莫高窟数字展示中心球幕电影《梦幻佛宫》

（四）推进文化创新体系与安全防线建设

当前，要维护文化安全，首先应满足文化创新发展的需求。为此，必须健全文化产业体系，优化文化产业结构，促进文化与科技、旅游等相关产业进行融合，推动文化产业成为国家战略性支柱产业，把社会效益放在首位；必须健全现代文化市场体系，完善文化市场准入和退出机制，鼓励各类市场主体公平竞争、优胜劣汰，促进文化资源在全国范围内流动；必须完善公共文化服务体系，引导文化资源向城乡基层倾斜，创新公共文化服务方式，保障人民基本文化权益。

其次，应构筑维护文化安全阵地防线，抵御不良文化的影响，依法加强文化阵地规范管理，制定维护国家文化主权方面的法律法规，确保文化遗产、文化产品、文化技术、文化权益等的安全。

再次，应积极构建国家文化安全预警系统，深入分析和把握国家文化安全整体状况，加强文化安全国门把关和防控，对触及国家文化安全底线的不良动向，及时作出预先警示。

最后，应建立完善国家文化安全快速反应机制，制定科学的方案预案，及时有效地消除可能影响国家文化安全的危险和威胁。

（五）营造文化安全国际环境

落后就要挨打，贫穷就要挨饿，失语就要挨骂。提高文化软实力、争取国际话语权是维护文化安全的重要途径。

提高国家文化软实力，要努力夯实国家文化软实力的根基，坚持走中国特色社会主义文化发展道路，深化文化体制改革，紧抓社会思想道德风气；要加强提炼和阐释中国特色社会主义价值观念，拓展对外传播平台和载体，把当代中国价值观念贯穿于国际交流和传播的方方面面；要努力展示中华文化独特魅力，塑造我国文明大国、东方大国、负责任大国及社会主义大国的形象。

文化因交流而繁荣，文明因互鉴而兴盛。文化只有在开放中才能发展自己，文化安全只有在文化发展中才能实现。提高中华文化的影响力，增强国际话语权，需要我国努力构建多渠道、多层次、宽领域的对外交流格局，积极主动地参与文化领域的国际对话与合作，精心构建对外话语体系，发挥好新兴媒体作用，增强对外话语的创造力、感召力、公信力，讲好中国故事，传播好中国声音，阐释好中国特色，在吸收借鉴有益文化成果的同时，推动中华文化走向世界。

实践活动 “记忆非遗”——弘扬中华优秀传统文化主题摄影展

我国非物质文化遗产内容丰富，种类多样，包括传统口头文学及作为其载体的语言，传统美术、书法、音乐、舞蹈、戏剧、曲艺和杂技，传统技艺、医药和历法，传统礼仪、节庆等民俗，传统体育和游艺，以及其他非物质文化遗产等。请每 4～6 人一组，以“记忆非遗”为主题，开展摄影展。具体内容与要求如下：

（1）各小组走访大街小巷，寻找周边的非物质文化遗产。

（2）用手机或相机记录最能体现中华优秀传统文化特色的非物质文化遗产。

（3）根据所拍摄的非物质文化遗产查阅相关资料，为每张照片写一段简短的说明。

（4）将所有拍摄的照片进行汇总，举办一场摄影展。

教师可参考表 6-1 对活动进行评价。

表 6-1　实践活动评价表

评价标准	分值	分数小计	教师评价
照片内容符合主题	30 分		
拍摄的照片清晰，拍摄角度巧妙，构图合理	30 分		
所写的说明能够将照片内容介绍清楚	30 分		
各小组成员积极参与实践	10 分		

专题七 07

社会安全

内容导读

社会安全是国家安全的重要内容，也是国家安全的保障。化解社会矛盾，促进社会和谐，是实现人民美好生活需要、维护国家安全的重要工作。

学习目标

知识目标

- 了解社会安全对国家安全及人民幸福生活的重要性
- 了解社会治安、社会安全事件及社会舆情的具体内容

能力目标

- 能够识别社会安全面临的各种威胁与挑战
- 能够说出维护社会安全的途径与方法，增强社会安全意识，并提升应对社会安全危害行为的能力

素质目标

- 坚定中国特色社会主义理想信念，自觉树立和践行社会主义核心价值观
- 自觉加强思想道德修养，在社会生活中遵纪守法，敢于与违法犯罪行为作斗争

国家安全聚焦

全国特大网络“套路贷”案告破

2020 年 1 月，在公安部统一部署指挥下，北京、河北、河南、广西、四川、广东 6 省区市公安机关破获一起特大网络“套路贷”案，抓获犯罪嫌疑人 410 名，追回、冻结涉案资金达 9.2 亿元。该案实现了主要犯罪嫌疑人全部被抓捕到案、涉案放贷催收窝点全部被端掉、涉案 App 借贷平台全部被关停、涉案资金全部被冻结的打击“套路贷”犯罪“四个全部”目标。

2019 年 6 月，公安部扫黑办向河南省公安机关下发“玉米花”等 10 款贷款 App 涉嫌“套路贷”犯罪线索，并就侦办工作做出部署。河南省公安厅迅速抽调精干警力组成专案组，全面开展案件侦办。经工作，专案组初步查明了以贾某、刘某等人为首的“套路贷”犯罪团伙的组织架构、人员等情况。

经查，自 2018 年 1 月份以来，以贾某、刘某等人为首的网络“套路贷”犯罪团伙，依托北京百乘金蛋科技有限公司，利用自主研发的“玉米花”“蛋花花”等 77 个贷款 App 从事“套路贷”犯罪活动；通过设立在河北廊坊、广西北海、四川泸州三地的催收公司，使用电话短信轰炸、发送侮辱话语等手段对受害人及亲友进行滋扰，受害人达 100 余万人。

据了解，该“套路贷”犯罪团伙通过虚假广告，以“无抵押、放款快、利息低”等为诱饵，诱使借款人借款。借款人在贷款 App 上注册时，该团伙利用技术手段，非法窃取借款人个人信息，以筛选潜在客户，并为讨账催收做准备。在此基础上，该团伙在放款时随意、强行扣除高额“手续费”“服务费”“保险费”等所谓“规定费用”，并处心积虑地增加延期、复贷的次数，进而达到非法占有借款人财产的目的。在借款人不能偿还虚高“借款”时，该团伙通过电话短信轰炸、发送侮辱话语等“软暴力”手段进行威胁、要挟、恐吓和滋扰，对非法债务进行“暴力”催收。许多受害人陷入“套路贷”陷阱后，个人生活、工作、家庭均受到重大影响，严重者倾家荡产，甚至自残自杀。

“套路贷”犯罪严重侵害当事人合法权益，扰乱正常金融秩序，其中衍生的暴力、威胁等催收手段又极易诱发敲诈勒索、寻衅滋事等违法犯罪，影响社会稳定。

资料来源：蔡长春，《公安机关破获特大网络“套路贷”案，抓获犯罪嫌疑人 410 名》，《法治日报》，2020-1-21

想一想

“套路贷”犯罪活动会给社会安全带来哪些危害？会对总体国家安全产生什么影响？

第一讲　社会安全——国家安全的保障

社会安全是指通过防范、消除、控制直接威胁社会公共秩序和人民群众生命财产安全的治安、刑事、暴力恐怖事件及规模较大的群体性事件等，实现人民安居乐业、社会安定有序的状态。

一、社会安全的主要内容

社会安全涉及社会治安、社会安全事件、社会舆情等各个方面，与人民群众的切身利益息息相关。

（一）社会治安

社会治安是指社会的安定秩序，包括公共秩序（如车站、商场、运动场等公共场所的秩序），国家机关办公秩序和公民生活秩序，公共安全及国家、集体、个人的财产安全，公民人身安全等。社会治安一直是各级政府和广大人民群众重视、关心的问题。

当前，我国正处于经济转轨、社会转型的特殊历史时期，社会治安形势日趋复杂，出现了许多新情况、新问题。其中，比较突出的问题有以下几种：敲诈勒索、盗窃、抢劫等暴力性、侵财性犯罪屡禁不止，其涉及面广、社会危害大，严重威胁人民群众的生命财产安全，影响社会稳定；网络犯罪日益猖獗，犯罪形式变化多端，犯罪行为及其影响打破了传统的地区边界和国家界限，给经济社会的发展带来巨大威胁；毒品犯罪现象日益普遍，犯罪形式更加隐蔽，社会危害极大，且由毒品引发的杀人、抢劫、盗窃等刑事犯罪案件逐年增多；有组织犯罪形势严峻，带有黑社会性质的犯罪组织在全国各地实施黑恶犯罪，如“套路贷”“村霸”“黄赌毒”等，严重干扰社会治安，威胁社会和谐稳定。

严厉打击走私犯罪活动，创建平安和谐海域环境

上述治安问题的出现，影响着公民生活的方方面面，严重降低了公民的安全感与幸福感。要想人民安居乐业，就必须维护良好的社会治安。维护良好的社会治安是推动社会主义现代化建设的必然要求，是构建社会主义和谐社会的重要保证。

生活实例

因吸毒致幻杀害亲属

1973 年 3 月 4 日出生的沈某，是一名高校教师。2018 年以来，沈某因吸食大麻而出现精神障碍，由妻子赵某照顾。其间，沈某仍没有停止吸食大麻。

2019年12月13日傍晚，沈某在其住处因吸食大麻而产生了幻觉，他拿起羊角锤等工具大力击打赵某的头部，使其颅脑严重损伤进而死亡。沉浸在幻觉中的沈某随后又将赵某的尸体毁坏。意识清醒后，沈某以割腕、跳楼等方式自杀未果。直到2019年12月16日11时左右，沈某在其住处让他人帮忙报警，处警的公安人员立即赶往现场将其控制。

资料来源：席小丹，《四川男子将新型毒品伪装成饮料售卖，获利1 158万被判15年》，界面新闻，2021-6-25

（二）社会安全事件

社会安全事件是指严重威胁社会治安秩序和公民生命财产安全，需要采取特别措施进行处置的突发事件。这类事件通常具有社会性、紧急性、危害性和采取特别措施予以应对的必要性（用常态行政管理措施不足以维持正常秩序）等特征，主要包括重大自然灾害、重大事故灾害、重特大火灾事件、重大公共卫生事件、暴力恐怖活动、社会群体性事件（如民族宗教突发群体事件、学校安全事件）等。

随着我国经济社会的进一步发展，各类深层次矛盾凸显，受国际国内错综复杂形势的影响，群体性事件易发、多发，恐怖袭击事件增多，个人极端暴力犯罪层出不穷，社会安全面临严重威胁，国家治理能力受到极大挑战，国家安全受到重大影响。因此，社会安全事件的预防和处置成为一个亟待解决的重大现实问题。

时事博览

响水爆炸案宣判再敲安全生产警钟

2020年11月30日，江苏省盐城市中级人民法院和所辖响水、射阳、滨海等7个基层人民法院，对江苏响水天嘉宜化工有限公司“3·21”特大爆炸事故所涉22起刑事案件进行一审公开宣判，对7个被告单位和53名被告人依法判处刑罚。

法槌落下，回音沉重。江苏省多地法院在同一天对响水“3·21”特大爆炸事故所涉22起刑事案件进行集中宣判，是对事故原因和问题的全面回溯，是对事故责任的梳理和定性，是对责任单位和人员的惩戒，以及其他安全生产责任主体的震慑，是对死伤者的告慰，也是对法律底线和安全生产底线的重申。

响水“3·21”案宣判不可避免地勾起人们对事故的沉痛回忆：78人死亡，76人重伤，640人住院治疗，直接经济损失19.86亿元。这不是冷冰冰的数字，而是一条条鲜活生命的逝去，是很多家庭的破碎，是受害者身体和精神的双重痛苦，是不可逆的负面影响。这些都由人祸引起，都是事故相关犯罪的危害后果。案件的宣判再次敲响了安全生产的警钟，值得全社会反思。

判决表明，在响水“3·21”特大爆炸事故中，各个责任环节均出现了“掉链子”的问题。涉事企业作为直接责任主体和主要责任主体，其各级责任人层层失守；环境监测中心等中介机构弄虚作假，掩盖了企业的重大风险和事故隐患；环保、应急管理等部门及相关工作人员执法不力，监管疏失，把关不严，玩忽职守。这些责任链条本应环环相扣，相互制约，相互监督，却全线失守。

响水“3·21”特大爆炸事故暴露出相关责任主体法律意识、安全生产责任意识的淡薄，以及规则敬畏心的缺失，这是事故的最大教训。安全生产事故猛于虎，各相关方只有保持对事故隐患和风险的高度敏感和警惕，重视每一次轻微事故、每一起未遂先兆、每一起事故隐患，始终保持高压态势，以严格的标准及时预警问题、整改问题、堵塞漏洞、化解风险，才能防微杜渐，防患于未然，筑牢安全生产防线。

资料来源：李英锋，《响水爆炸案宣判再敲安全生产警钟》，《法治日报》，2020-12-2

（三）社会舆情

社会舆情是指在一定时期或一定范围内，社会大众对社会现实或某社会事件的主观反映，是群体性的思想、心理、情绪、意见和要求的综合表现。

在社会舆情传播过程中，传统媒体和新媒体发挥着重要作用。在当前全媒体传播环境下，纸媒、电视媒体、广播媒体、网络媒体、手机移动媒体等不同媒介形态共同参与舆情传播，使得大量社会公共事件舆情以最快的速度实现大范围的扩散。

由于信息源头多元，传播渠道多样，且公共事件舆情总是伴随着深层的社会心理动因（如怨天尤人等），很多社会事件容易在媒体平台发酵，形成社会热点舆情，进而带来社会安全隐患，如蛊惑不明真相的民众、滋生舆论暴力、激化社会矛盾、引发社会群体性事件等。例如，成都某中学生坠楼事件发生后，网上两则帖子造谣称“坠楼学生所在班级老师为给自己的孩子争夺留学名额而将其推下楼”“坠楼学生非自杀”等，引发舆论迅速发酵，造成了不良的社会影响。

因此，在全媒体传播环境下，政府相关部门必须采取积极的应对措施，及时发现舆情、正确引导舆情、设法控制舆情，以消除舆情中可能存在的失真信息泛滥、民众情绪极端化、境内外不法分子恶意操纵等隐患，防止错误的舆情导向危及政府的公信力和权威，进而引发社会安全问题。

二、社会安全的重要性

社会安全既事关每个社会成员的切身利益，也事关国家经济发展和社会稳定，对保障人民安居乐业、社会安定有序、国家长治久安具有十分重大的意义。

（一）社会安全是国家安全的重要保障

平安是人民幸福安康的基本要求，是国家改革发展的基本前提。中华人民共和国成立以来，尤其是改革开放以来，我国用几十年的时间走完了发达国家上百年的进程，这也使得众多原本应在不同历史发展阶段中出现的社会问题在同一时间爆发。随着我国改革开放进入攻坚期，社会矛盾更是层出不穷，刑事犯罪、重大安全事故等时有发生，各种社会安全问题突出。这些问题如果不能得到有效解决，不仅会影响国家的长治久安，还将阻碍中华民族伟大复兴的实现。

（二）社会安全是社会和谐稳定的基础

社会安全是因共同物质条件而互相联系起来的人的安全，以及由一定的经济基础和上层建筑构成的社会各个组成部分（如经济、政治、思想、文化、军事等各方面）的和谐统一、良性运行。社会安全是社会稳定的基础，动荡不安的社会没有稳定可言。

当前，我国正处于社会转型期，社会发展的道路不可能一帆风顺，多元化社会利益的交织、碰撞，必然使一些隐藏的社会矛盾逐步浮出水面，进而引发相应的社会问题。只有维护社会安全，夯实基层基础，才能形成强大的社会凝聚力，逐步筑牢稳定合理的社会结构，从而实现促发展、创和谐的目标。

（三）社会安全提升人民群众的幸福感和满意度

社会安全一头连着经济社会发展，另一头连着的就是千家万户，它是人民群众安全感的晴雨表，是社会安定的风向标。

进入新时代，我国社会主要矛盾转化为人民日益增长的美好生活需要和不平衡不充分的发展之间的矛盾，人民群众对过上美好生活有了新的期待，相应也对社会安全有了更高的标准。具体来说，人民群众不仅关注人身安全，而且关注吃得放心、住得安心、出行平安；不仅关注打击犯罪、维护稳定，而且关注社会治理、公共服务；不仅关注自身合法权益能不能得到有效保障，而且关注执法司法的公平正义。

新时代新征程，只有坚持以总体国家安全观为指导，深刻认识社会安全的内涵，提升社会治理社会化、法治化、智能化、专业化水平，全方位改善人民生活，发展人民安居乐业、社会安定有序的良好局面，才能不断提升人民群众的安全感、幸福感和满意度。

相关链接

2021年“五一”假期文化和旅游市场平稳有序

2021年的“五一”小长假成为意料之中的“火爆”假期。某平台发布的数据显示，“五一”假期期间，全国景区交易额较2020年同期上涨200%，酒店住宿等行业增长翻倍，甚至远超2019年同期，强势反弹。

2021年5月5日晚，文化和旅游部发布的数据显示，2021年5月1日至5日，全国国内旅游出游2.3亿人次，同比增长119.7%；实现国内旅游收入1 132.3亿元，同比增长 138.1%。全国文化和旅游系统未发生重特大安全生产事故。假期游客满意度达 84.8，处于“满意”水平。

资料来源：《市场平稳有序，产品亮点纷呈》，中华人民共和国文化和旅游部，2021-5-19

第二讲　坚持改善民生　维护社会安全

随着国内外环境的发展变化，各种社会矛盾相互交织，社会安全已成为影响我国总体国家安全的重要因素。这需要国家有效防范、管理和处理国家安全风险，有力应对、处置和化解社会安全的挑战，坚持在发展中保障和改善民生，提供可靠的社会保障。

一、社会安全面临的威胁与挑战

在新形势下，我国社会和谐安定面临的威胁和挑战增多，并且联动效应明显。总体来说，包括以下几种。

（一）社会群体性事件时发

社会群体性事件是指由特定群体或不特定多数人聚合临时形成的偶合群体以人民内部矛盾的形式，通过没有合法依据的规模性聚集、对社会造成负面影响的群体活动等群体行为方式，引起的干扰社会正常秩序的事件。总体上看，随着改革开放的不断深入，我国群体性事件次数和参与人数均呈上升趋势，参与人员成百上千的事件在全国范围内已经是屡见不鲜。群体性事件所涉及行业越来越多，主体成分也呈多元化。当前，较为常见的社会群体性事件有非正当维权事件、泄愤事件及骚乱事件等。

社会群体性事件产生的原因涉及多个方面，既有复杂的社会因素、历史背景因素，也有诸多现实的主客观因素。总体来说，经济转轨必然引起社会利益格局的调整，容易导致利益冲突，而部分民众缺乏法律意识或对政策理解出现偏差，始终相信所谓“大闹大解决，小闹小解决，不闹不解决”，试图通过放大矛盾和扩大影响来维护自身权益。

法治在线

2018 年，湖南省嘉禾县以李某德为首的 10 名村民对嘉禾县政府各部门多次办理的安置地安排、清理村级财务和处理村霸等信访事项办理情况不满意、不理解，为制造影响，数次伙同、串联其他上访人员赴省进京进行非正常上访。

2018年3月1日，这10名村民串联多名上访人员搭乘客车进京上访。为了扩大影响，他们在高速公路某公安检查站起哄闹事，身穿状衣在高速公路上逆行，然后又在高速公路步行约 4 个小时，造成公共场所秩序和交通秩序严重混乱。其中一名村民邓某还在劝返途中向政府机关工作人员索取人民币4 000元。

法院经过审理认为，被告人李某德等人借上访的名义，纠集他人起哄闹事，造成公共场所秩序和交通秩序严重混乱，其行为已构成寻衅滋事罪。

根据《中华人民共和国刑法》第二百九十三条的规定，有下列寻衅滋事行为之一，破坏社会秩序的，处5年以下有期徒刑、拘役或者管制：

（1）随意殴打他人，情节恶劣的。

（2）追逐、拦截、辱骂、恐吓他人，情节恶劣的。

（3）强拿硬要或者任意损毁、占用公私财物，情节严重的。

（4）在公共场所起哄闹事，造成公共场所秩序严重混乱的。

纠集他人多次实施前款行为，严重破坏社会秩序的，处5年以上10年以下有期徒刑，可以并处罚金。

根据《中华人民共和国治安管理处罚法》第二十三条的规定，有下列行为之一的，处警告或者200元以下罚款；情节较重的，处5日以上10日以下拘留，可以并处500元以下罚款：

（1）扰乱机关、团体、企业、事业单位秩序，致使工作、生产、营业、医疗、教学、科研不能正常进行，尚未造成严重损失的。

（2）扰乱车站、港口、码头、机场、商场、公园、展览馆或者其他公共场所秩序的。

（3）扰乱公共汽车、电车、火车、船舶、航空器或者其他公共交通工具上的秩序的。

（4）非法拦截或者强登、扒乘机动车、船舶、航空器以及其他交通工具，影响交通工具正常行驶的。

（5）破坏依法进行的选举秩序的。聚众实施前款行为的，对首要分子处10以上15日以下拘留，可以并处1 000元以下罚款。

据此，法院最终以寻衅滋事罪判处李某德等 10 人 2 年至 5 年不等的有期徒刑，其中主犯李某德获刑5年。

资料来源：陈骏，《有组织有预谋非法上访寻衅滋事，10人获刑》，《郴州日报》，2018-10-25

（二）暴力恐怖活动事件时发

恐怖主义活动是全人类的公害，其暴力行为严重威胁人民的生命安全、生存发展、社会生产和生活秩序。近几年来，境外敌对势力通过非法宗教渗透、互联网煽动、文化渗透，与我国境内“东突”“藏独”等民族分裂势力勾连聚合，沆瀣一气，进行有组织的犯罪，呈现出日益猖獗之势。在这种形势下，暴力恐怖活动处于多发期、活跃期，我国面临的暴力恐怖风险较高，反恐斗争任务艰巨。

当前，我国境内恐怖势力的组织性越来越高，行动具有严密的计划性，组织内部人员分工明确、训练有素，作案方式越来越复杂，作案手段也呈现多样化，如爆炸、暗杀、投毒、纵火、绑架、抢劫等；恐怖组织实施暴力活动越来越秘密隐蔽，恐怖活动更具有伪装性，且活动袭击范围逐步扩大。

例如，2015 年 9 月 18 日，一伙暴徒袭击了新疆阿克苏地区拜城县海拔 2 600 多米的一个偏远煤矿，并设伏袭击前往处置的民警，造成 11 名各族无辜群众死亡、18 人受伤，3 名民警、2 名协警牺牲，包括时任阿克苏地区公安局副局长的买买提江・托乎尼亚孜。由于暴徒逃窜至深山负隅顽抗，公安、武警和当地各族干部群众在 1 300 多平方千米山区范围内开展围捕，克服山陡沟深、林多路险、天寒地冻、空气稀薄等重重困难，综合运用多种科技手段，连续作战，经过 56 天数次围歼战斗，才迫使 1 名暴徒投降自首，并将其余暴徒全部击毙。

（三）新型违法犯罪方式多样

随着互联网技术的迅速发展和信息技术的广泛应用，我国进入移动互联网时代，移动智能终端普及度提高。在这种情况下，传统违法犯罪活动向网上发展蔓延，出现了电信诈骗、网络诈骗等新型网络犯罪形态。一些不法分子利用互联网、移动通信等载体和工具实施网络黄赌毒、金融诈骗、枪支贩卖等违法犯罪活动，电信诈骗、窃取公民个人信息等新型网络犯罪不断滋生。例如，山东省聊城市冠县法院于 2021 年 6 月 29 日公布了 4 起电信网络诈骗典型案例，其中一起案例中，陈某通过 QQ 聊天工具与杨某取得联系，虚构帮助杨某投资某虚拟货币以获取收益的事实，并通过伪造收益图取得了杨某的信任，在两个月内分 4 次骗取了杨某共计人民币 63 万元，后将所骗财物用于偿还个人债务、赌博等。

电信网络新型违法犯罪高发

此外，网上造谣、恶意炒作等乱象也屡禁不止，如散播险情、灾情等方面的虚假信息。这些行为严重扰乱了社会秩序，甚至引发了社会恐慌，影响了社会的平稳发展。

法治在线

2016 年 12 月，赵某奎和葛某省联合成立河南沃联沃电子商务有限公司（以下简称“沃联沃公司”），以充值返现和“拉人头”等方式引诱他人在“沃联沃网上商城”注册并充值成为会员。2018 年 6 月，沃联沃公司与长沙存爱珠宝有限公司（以下简称“存爱公司”）达成合作协议，引诱沃联沃公司会员通过购买存爱公司“产品”成为存爱公司会员。2018 年 8 月，赵某奎又与他人合谋以沃联沃公司的资金开发所谓“IAC 币项目”，面向沃联沃会员及其他社会人员开展传销活动。截至案发，涉事金额已达上亿元。

《中华人民共和国刑法》第二百二十四条之一规定：“组织、领导以推销商品、提供服务等经营活动为名，要求参加者以缴纳费用或者购买商品、服务等方式获得加入资格，并按照一定顺序组成层级，直接或者间接以发展人员的数量作为计酬或者返利依据，引诱、胁迫参加者继续发展他人参加，骗取财物，扰乱经济社会秩序的传销活动的，处五年以下有期徒刑或者拘役，并处罚金；情节严重的，处五年以上有期徒刑，并处罚金。”法院公开开庭审理上述案件后，判处被告人包括赵某奎在内的 17 人 10 个月至 7 年不等的有期徒刑。

资料来源：刘畅、许源峰，《市人民法院一审宣判“沃联沃”“存爱”特大传销案，17 人获刑！》，澎湃网，2020-12-4

（四）社会舆情复杂

当前，我国社会舆情总体上是积极健康的，是有利于社会发展的。但同时我们也应看到，在经济社会转型期，人们的思想道德观念和价值取向不仅趋向多元，而且在现实生活中相互摩擦、激烈碰撞，使得整个社会舆情呈现出复杂多变、高发频发的趋势。

尤其是随着互联网技术的发展，网络舆情对公共事件的影响日益显现。由于网上舆论主体多元化、传播平台多样化和舆论交锋复杂化等因素，网络生态的污染源尚未根除，局部的正能量缺失、违法错误言论不时出现等问题依然存在。

例如，每遇热点问题，总有人歪曲历史、罔顾事实，在网上发表主观臆测的言论，强化或极化某种特定观点，渲染情绪，博取眼球。而这些网络偏激言论又往往容易被恶意炒作，或者很快会被那些别有用心者所利用。

又如，一些商业资本盲目追逐商业利益最大化，打击竞争对手，利用网络技术打造“网络水军”，为操纵舆论不惜造谣生事、侵犯公民合法权利、违法犯罪，对网络正常传播秩序造成干扰破坏；一些信息服务平台故意打“擦边球”，发布有违社会伦理、公序良俗的不良内容，传播毒害人们心灵的文化垃圾。

所有这些，都致使社会舆情形势严峻复杂，给社会安全带来风险隐患。

互动空间

当面对网络上突然曝光的暴力事件，有人选择观望，有人愤然痛批，有人积极查找多方信息，你会怎么做？

二、维护社会安全的途径与方法

维护社会安全必须全面推进依法治国、加强保障和改善民生工作，从源头上预防和减少社会矛盾的产生。同时，应以促进社会公平正义、增进人民福祉为出发点和落脚点，加大协调各方面利益关系的力度，形成良好的社会环境，推动发展成果更多更公平地惠及全体人民。具体来说，维护社会安全的途径和方法如下。

（一）健全社会安全法制体制机制

实现社会安全最重要的任务就是有效预防和化解社会矛盾。一般来说，社会矛盾的积累和激化往往有一个较长的过程，为有效防止矛盾激化和事态扩大，预防社会安全事件的发生，必须健全社会安全法制体制机制。

具体来说，健全社会安全法制体制机制的措施包括以下几种：健全重大决策社会稳定风险评估机制，以确保决策的合法性、合理性、可行性和安全性；建立畅通有序的诉求表达机制，改革信访工作制度，依法按政策办事，实行网上受理信访制度，如图 7-1 所示，完善和创新诉求表达方式，实现维护人民群众合法权益与维护司法权威相统一；建立调处化解矛盾纠纷综合机制，把矛盾化解在基层，实现案结、事了、人和；不断完善应急管理机制，全面提升预防和处置重大社会安全事件的能力，以便最大限度地减少重大社会安全事件所带来的危害，维护国家安全和社会稳定。

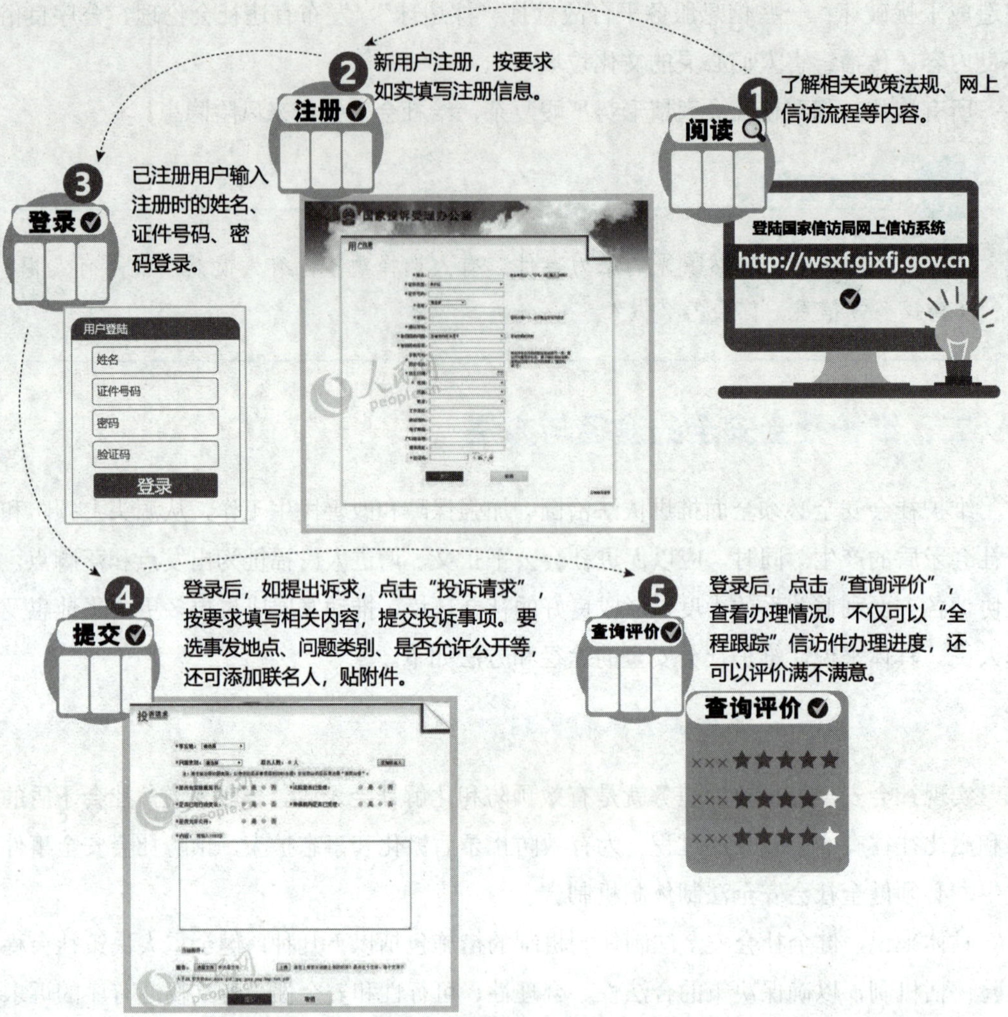

① 阅读
了解相关政策法规、网上信访流程等内容。
登陆国家信访局网上信访系统
http://wsxf.gjxfj.gov.cn

② 注册
新用户注册，按要求如实填写注册信息。

③ 登录
已注册用户输入注册时的姓名、证件号码、密码登录。
用户登陆
姓名
证件号码
密码
验证码
登录

④ 提交
登录后，如提出诉求，点击“投诉请求”，按要求填写相关内容，提交投诉事项。要选事发地点、问题类别、是否允许公开等，还可添加联名人，贴附件。

⑤ 查询评价
登录后，点击“查询评价”，查看办理情况。不仅可以“全程跟踪”信访件办理进度，还可以评价满不满意。
查询评价

图 7-1　网上信访流程

生活实例

山西信访局完善信访机制，决战扫黑除恶

自 2018 年以来，山西省信访局接待一处、二处开设专门的“扫黑除恶”信访事项接待窗口，由专人负责处理涉黑涉恶来访问题；在信访信息系统中开设专栏，专项办理涉黑涉恶类信访问题，实现网上全程流转、持续跟踪督办；建立涉黑涉恶信访问题和“保护伞”线索受理办理报送机制。

2018 年中央第十五巡视组和中央扫黑除恶第二督导组在晋期间，山西省信访局将巡视组移交的 36 件涉黑涉恶信访事项、督导组移交的 7 批 3 100 件信访事项，全部在第一时间交办各市和各有关部门办理，推动了问题的有效解决，让人民群众获得了更多的获得感、幸福感和安全感。

此外，山西省信访局还在全省各级信访接待场所，通过发放宣传资料、张挂标语条幅等多种方式，引导群众既积极参与扫黑除恶专项斗争，依法理性反映黑恶线索，又勇于善于揭发举报幕后组织策划聚集上访、闹访滋事等可能涉及的黑恶行为，积极发动全社会广泛参与扫黑除恶专项斗争，为维护正常信访秩序和社会大局稳定营造良好氛围。

由于山西省信访局为维护群众合法权益、维护良好信访秩序、维护社会和谐稳定作出了重要贡献，山西省信访局办公室连续两年（2018 年、2019 年）被评为全省扫黑除恶专项斗争先进单位。

资料来源：杨文俊，《加强信访工作，畅通信访渠道，维护社会和谐稳定——省信访局扫黑除恶专项斗争工作综述》，山西省人民政府网，2020-12-13

（二）提升应对社会安全事件的能力

社会安全事件并不是偶然事件，不能对其视而不见、秘而不宣，也不能为了应对而应对，而应在事前事后均进行积极应对。

在社会安全事件发生之前，国家需要将风险意识纳入推进国家治理体系和治理能力现代化中，各级政府需要以一心为民的宗旨、实事求是的态度、脚踏实地的作风、担当过硬的能力、“功成不必在我，功成必定有我”的情怀，做好价值、制度、机制、能力之间的精细衔接。

在社会安全事件发生后，需要认真反思在应对中存在的一些显性问题，总结其中的经验教训，把功夫下在平时，以此提升国家整体应对社会安全事件的能力。提升应对能力的措施主要包括：加强专业队伍建设，建立起以公安专业队伍为骨干，社会专、兼职队伍和志愿者为有益补充的应急救援力量；加强对基层群众的动员组织能力，精准把握群众的心理预期，形成利益连接点，从而实现全社会的风险共担；加强自然灾害、重大疫情等社会安全事件应对能力教育，广泛普及应急常识，提高广大群众的应急意识和自我防护的能力。

（三）预防和妥善处置群体性事件

为避免群体性事件的发生及这类事件所带来的负面影响，相关部门应当采取相应措施对这类事件进行预防和妥善处理。一般而言，应从以下四个方面着手：

首先，要建立健全社会安全预警机制，构建多层次、灵敏高效、覆盖整个社会面的情报信息网络，及时准确地掌握各种社会矛盾和不安定因素的动态，切实提高工作的主动性，真正做到早发现、早报告、早控制、早解决。

其次，要加强教育疏导，防止矛盾激化。针对不同的群体，需要以不同的方式引导其以理性合法的方式表达利益要求，积极搭建协商谈判平台，化解利益矛盾，防止矛盾激化和事态扩大。

再次，要责任到人。群体性事件发生后，应根据属地管理、分级负责和“谁主管、谁负责”的原则，由相应人员负责处置，由相关职能部门予以协助。

最后，要坚持依法办事。平时要严格依法行政，公正、公开、公平执法，防止因执法不当、违法执法、司法不公引发不稳定因素；当群体性事件发生后，必须及时、果断地采取措施，坚决制止违法行为，依法采取各种处置措施，不允许任何人践踏法律这条红线。

生活实例

工人群体讨薪纠纷的调解与矛盾化解

2019 年 11 月，浙江温岭某公司（以下简称“温岭公司”）与宁波某公司（以下简称“宁波公司”）签订劳务派遣协议，约定由宁波公司派遣工人到温岭公司，用工期限为 2019 年 11 月 1 日至 2020 年 3 月 31 日。随后，宁波公司组织 100 多名四川籍工人到温岭公司开展劳务活动。2020 年 4 月初，温岭公司用工期限届满，宁波公司与派遣工人因工资发放和补贴支付问题产生纠纷，引发群体性讨薪事件。

当地温峤镇人民政府了解情况后，迅速开展行动，组织了浙江咨道律师事务所的两名律师参与讨薪事件的调解。两位律师首先安抚了工人情绪，有效避免了矛盾激化和事态扩大；随后向工人及公司详细了解了情况，认真研究了宁波公司与派遣工人的约定，根据相关法律法规，明确了劳务派遣公司支付工资和补贴的主体责任，并充分考虑了三方当事人各自的利益诉求和实际困难，提出由宁波公司与温岭公司签订借款协议，温岭公司先行垫付工资补贴的建议。温峤镇人民政府的妥善处置积极稳妥地平息了一起群体性讨薪事件，有效地维护了社会稳定。

资料来源：卢越，《司法部发布指导案例：律师调解平息劳务派遣工人群体讨薪纠纷》，《工人日报》，2020-4-23

（四）加强反暴力反恐怖斗争

一直以来，我国坚决反对一切形式的恐怖主义，始终坚持标本兼治、综合施策，形成反恐怖斗争整体合力，坚决把暴恐分子的嚣张气焰打下去。要加强反暴力反恐怖斗争，需要做到以下几点：

首先，加强专业队伍建设。建设一支能够主动进攻、露头就打、动之于先、克敌制胜的高素质专业化反暴反恐队伍。推动反暴反恐情报、反暴反恐指挥与处置、反暴反恐专案侦查、反暴反恐信息化与应用及国际警务执法合作等方面的专业化教育和训练工作，提高队伍专业化水平与战斗力。

其次，要加强暴力事件防控。增强街面巡逻力量，加大对重要场所的日常武装巡逻力度、频度；加强对管制刀具等危险品的监管；强化民航、铁路、地铁等公共系统的安全检查，减少安全隐患。

最后，必须加强跨境防控合作。反恐是国际社会面临的共同问题，国家必须巩固和完善双边反恐合作机制建设，在涉恐情报交流、线索核查、个案合作、能力建设等领域与周边国家及重点国家开展实质性合作，为国际反恐合作作出积极努力与贡献。

（五）加强社会舆情引导管控

网络的应用与发展使当今社会进入了全民传播时代，各种网络舆论信息大量地存在于网络空间，如果不能控制好网络舆情，它将会带来巨大的社会安全隐患。

为使社会舆情往好的方向发展，则必须加强舆论的引导。当社会舆情引发重大突发事件时，政法机关必须及时准确地公开事件相关信息，防止舆情给谣言提供滋生的土壤，为新闻报道的“显政”（即用公开、透明的政事制度对接社会关切）打好基础；在舆情处置过程中，需要密切关注事件发展动态，加强对舆论场信息和网情民意的收集，对公众的关注焦点和诉求出现的新变化保持敏锐感知，及时作出审时度势的处置和反馈，以实情工作推动舆情降温。

此外，必须严格监控舆情的传播途径，根据不同情况来选择更适合的媒介渠道，官方的信息发布应对新媒体和传统媒体各有倚重，且通报内容的焦点有所不同，从而保证信息发布的均衡，有效实现社会舆情引导。青年学生在面对社会热点事件时，应积极了解事情真相，不信谣，不传谣，不造谣，切勿用自己的不当言论和过激情绪为舆情事件推波助澜。

执政为民

以开放姿态应对负面事件

2013 年 2 月 22 日，广东揭阳市揭西县棉湖镇上浦村发生了一起因争夺土地承包权利益、勾结恶势力进村滋事而引发的群体性事件。事件中，村外社会人员与村民发生了激烈冲突，4 名村民受伤，29 辆汽车被砸。事后，为“保留外来人员进村滋事”的证据，上浦村村民抗拒政府清理现场，双方对峙长达 19 天，被称作“揭阳市历史上组织最严密的一次群体性事件”。其间，境外媒体陆续介入炒作。部分外媒捏造事实，放大警民冲突、挑动干群对立。

面对突发群体性事件，揭阳市党政主要领导班子成员迅速赶赴现场，组建工作组听取村民诉求，引导村民依法理性表达诉求。同时，高度重视舆情走向，阳光、及时、主动回应社会关注的问题，对事件的调查处理情况进行了每日一报，尤其是为外媒提供英文新闻通稿，展现了党政领导在应对负面事件时少见的开放姿态，最终有效防止了舆论的一边倒，也为事件最终化解营造了良好的舆论环境。

资料来源：怀若谷，《揭阳开审村民租地冲突案，16 人被起诉》，民主与法制网，2014-4-9

（六）防范外来有害因素侵入

维护社会安全不仅需要从国内出发，发现问题，解决内部矛盾，还需要有效防范外来有害因素的侵入。一般来说，防范措施包括以下两方面：

一方面，需要建立信息防控机制。随着网络技术、信息技术的迅速发展和广泛应用，世界已进入了信息化时代，我们必须密切关注并确保信息系统的安全，仔细辨别他国媒体报道或网络传播的信息，防范外来虚假消息，营造良好的社会氛围。另一方面，依法加强海关把控、边境安全和出入境管理。加强军警武力打击，筑牢海关和出入境部门管控举措，创新技术防范手段，全力提升边境管控治理现代化水平，将外来有害因素隔绝在外。

实践活动　在线观看庭审活动

2016 年 9 月 27 日上午，最高人民法院正式开通中国庭审公开网，为广大人民群众提供了一个权威、便捷、可靠的庭审视频观看平台。请每 4～6 人一组，进行一次在线旁听庭审活动。具体内容与要求如下：

（1）各小组登录中国庭审公开网，查看庭审预告。

（2）各组成员从预告的众多刑事案件、民事案件和行政案件中，选择与社会安全相关的一个或多个庭审直播，并通过商讨，就观看内容达成一致意见。

（3）各小组观看庭审直播，了解庭审具体进程，记录自己的问题。

（4）各小组整合所有成员的问题，通过查找资料或咨询他人，获得问题答案。

（5）各小组提交一份活动过程记录，包括小组各成员的活动心得。

教师可参考表 7-1 对活动进行评价。

表 7-1　实践活动评价表

评价标准	分值	分数小计	教师评价
各小组成员积极参与	15 分		
选择观看的庭审直播符合要求	25 分		
活动过程记录详细、真实	40 分		
活动心得富有真情实感，具有启发意义	20 分		

专题八

科技安全

08

内容导读

科技创新事关民族振兴，科技强大事关国家富强。当今世界，科学技术日益渗透到经济建设、社会进步和人类生活的各个领域，成为生产力中最活跃的因素之一。在科技竞争成为国际竞争焦点的同时，科技安全问题也日益凸显。在此形势下，科技安全战略已成为国家安全战略中不可或缺的组成部分。

学习目标

知识目标

- 了解科技是第一生产力
- 掌握科技安全的具体内容
- 理解科技安全对提升国家实力、维护国家利益的重要性

能力目标

- 能够识别科技安全面临的威胁与挑战
- 提升防范科技安全风险的能力

素质目标

- 学习科学文化知识，培养科技安全意识和法治意识
- 培养自身创新思维，增强科技实践能力，自觉为国家的科技创新贡献自己的一份力量

国家安全聚焦

美国频出禁令，意图瓦解华为

华为科技实力的不断提升，让美国感受到了巨大的压力。2019 年 5 月 16 日，美国商务部以国家安全为由，将华为及其 70 家附属公司列入出口管制“实体名单”，并禁止美国企业向华为出售相关技术和产品。“封杀令”一出，世界哗然。

2020 年 5 月 15 日，美国商务部发布公告，严格限制华为使用美国技术和软件在美国境外设计和制造半导体。8 月 17 日，美国政府再次发布新禁令，对华为进行进一步打压。此次禁令的核心在于，任何使用美国软件或美国制造设备为华为生产产品的行为都是被禁止的，都需要获得许可证。新禁令切断了华为寻求与非美企供应商合作的道路，进一步封锁了华为获得芯片的可能性。自家设计的不给造，别人生产的又不给买，直接把华为逼入了“无芯可用”的困境。

在 2020 年华为开发者大会上，华为消费者业务 CEO 余承东坦言:“因为没有中国芯片制造业能支持，华为面临着没有芯片可用的困境。现在唯一的问题是生产，而华为没有办法生产。中国企业在全球化过程中只做了设计，这也是教训。”正是由于没有独立的芯片制造，华为才陷入如此被动的局面。

扫一扫

科技创新关乎国家安全

“断供”之后，华为通过囤积芯片、中低端机型采用其他芯片替代麒麟芯片的方式解决燃眉之急，同时大力投资研发，实现前端、芯片制造工艺、制造设备和原材料的“去美国化”，目前已经取得了一定进展。

资料来源：李云舒，《华为芯片断供，“卡脖子”倒逼攻坚》，《中国纪检监察报》，2020-9-16

芯片这一劫数，渡得过是“机”，过不了则“危”。核心技术遭遇“卡脖子”对我国国家安全有何影响？青年学生可以为科技安全做些什么？

第一讲　科技安全——国家安全的关键

1988年9月，邓小平同志根据当代科学技术发展的趋势和现状，提出了“科学技术是第一生产力”的论断，科学技术由此在我国备受重视。随着我国科学技术日新月异的发展，科技安全也被赋予新的意义，其对经济发展、社会进步产生着极其重要的推动作用，是国家其他领域安全的技术基础，对国家安全发挥着关键作用。

一、科技安全的主要内容

科技安全是指科技体系完整有效，国家重点领域核心技术安全可控，国家核心利益和安全不受外部科技优势危害，以及保障持续安全状态的能力。

（一）科技人才安全

当前社会，经济全球化趋势已不可逆转，新一轮科技革命和产业变革加速演进。科技创新成为百年未有之大变局中的关键变量，而科技创新的关键在于人才，所以科技人才已成为国家发展的战略资源。只有打造一支世界一流的科技人才队伍，产出更多原创性科技成果，才能满足国家发展的战略需求，以强劲的人才实力增强科技创新力和国家竞争力。

为实现科技人才安全，我国首先应树立起强烈的“寻觅人才求贤若渴，发现人才如获至宝，举荐人才不拘一格，使用人才各尽其能”的人才意识；其次，应积极培养各类科技人才，根据不同学科、不同领域的特点来制定不同政策，针对不同发展阶段的优秀青年人才，分类给予支持保障，阶梯式培养青年科研人才；然后，通过多渠道引进海外高层次人才，为高层次人才创造优质的科研平台，给予政策性的引导，增强科研的活跃性，使海外青年科技人才真正引得进、留得住、用得好。

科技人才是国家核心竞争力

（二）科研设施设备安全

国家重大科研基础设施和大型科研仪器设备是用于探索未知世界、发现自然规律、实现技术变革的复杂科学研究系统，是突破科学前沿、解决经济社会发展和国家安全重大科技问题的技术基础和重要手段。

近年来，科研设施与仪器规模持续增长，覆盖领域不断拓展，技术水平明显提升，综合效益日益显现。同时，科研设施设备的安全问题也逐渐凸显出来。例如，设施技术水平总体上以跟踪为主，设施利用率和共享水平不高，设施规划和项目遴选中的重点不够突出，设施缺少国际吸引力和国际影响力，等等。

为了解决上述安全问题，维护科技安全，国家必须加强顶层设计，构建国家重点实验室发展体系，保证实验平台的设计、建造、管理和监督合乎要求。同时，大力支持高水平科技创新平台体系建设、重大科技基础设施建设，保障科研设施设备安全。

（三）科技活动安全

科技活动是指在自然科学、农业科学、医药科学、工程与技术科学等科学技术领域内，与科技知识的产生、发展、传播和应用密切相关的全部活动。其通常包括科技情报、研究开发活动、国际科技合作、科研诚信、科技伦理、科学数据、知识产权保护、科技保密、技术进出口及科技安全审查等方面的内容。

约束科研伦理
——让科学界多一些知道敬畏的人

确保科技活动安全有序进行具有十分重要的意义，是维护国家安全的重要内容。如果科技活动的开展毫无秩序或缺乏安全保障，那么国家安全将无从谈起。例如，如果科技情报被随意泄露，那么一个国家的高新技术可能会在国际上失去独占地位，其高新技术产业可能遭受不可估量的损失；如果科技活动不受伦理规范的约束和价值引导，那么科技活动的开展就难以真正造福人类社会，甚至可能导致灾难性后果；如果科学技术人员丧失科研诚信，故意夸大研究基础、学术价值或科技成果的技术价值、经济价值，隐瞒技术风险等，那么科研风气就会被破坏，科技活动的开展将会给社会各个方面带来负面影响；等等。

因此，为使科技活动有组织、系统地开展，确保科技活动的安全，我国有必要根据切实的需要，积极采用现代信息技术，不断发展和完善国家科技情报系统；夯实科技基础，营造良好的安全生产科技创新氛围；加强国家科学技术秘密持有单位保密管理，确保国家科学技术秘密安全；促使科技工作者及其共同体树立正确的价值观，规范其在科技活动中的行为；等等。

时事博览

基因编辑婴儿事件

2018 年 11 月 26 日，一则号称“改写人类历史”的消息震惊了世界。南方科技大学副教授贺建奎宣布，一对名为露露和娜娜的基因编辑婴儿于 11 月在中国诞生。由于这对双胞胎的一个基因（CCR5）被修改，她们出生后即能天然抵抗艾滋病病毒 HIV。“首例”“艾滋病”“基因编辑”“婴儿”，这几个关键词组合在一起，争议铺天盖地席卷而来。

广东省立即成立“基因编辑婴儿事件”调查组进行调查。初步调查结果为，从 2016 年 6 月开始，贺建奎私自组织包括境外人员参加的项目团队，蓄意逃避监管，使用安全性、有效性不确切的技术，实施国家明令禁止的以生殖为目的的人类胚胎基因

编辑活动。

2017 年 3 月至 2018 年 11 月，贺建奎通过他人伪造伦理审查书，招募了 8 对夫妇志愿者（艾滋病病毒抗体男方阳性、女方阴性）参与实验。为规避艾滋病病毒携带者不得实施辅助生殖的相关规定，贺建奎策划他人顶替志愿者验血，指使个别从业人员违规在人类胚胎上进行基因编辑并植入母体，最终有 2 名志愿者怀孕，其中 1 名已生下双胞胎女婴“露露”“娜娜”，另 1 名正处于怀孕状态。其余 6 对志愿者中，有 1 对中途退出实验，另外 5 对均未受孕。该行为严重违背伦理道德和科研诚信，严重违反国家有关规定，在国内外造成了恶劣影响。

2019 年 12 月 30 日，贺建奎及相关人员因非法行医罪被判刑。2020 年 12 月 26 日，“非法基因编辑”入刑。

资料来源：刘玲，《“基因编辑婴儿”案一审宣判，贺建奎因非法行医罪被判三年》，每日经济新闻网，2019-12-30

（四）科研成果应用安全

科技成果的推广应用是科学研究的最终目的和归宿。在社会发展的过程中，科研成果的应用发挥着不可或缺的作用。例如，世界各国在抗击 SARS（严重急性呼吸综合征）、MERS（中东呼吸综合征）、甲型 H1N1 流感、埃博拉病毒病等重大传染病过程中，科研成果的应用为人类从根本上找到战胜疫病的有效途径和解决方案提供了支撑与保障。2014 年，西非爆发埃博拉疫情，对此世界各国严阵以待。但是，埃博拉病毒聚合酶三维结构的解析始终是世界性难题。2022 年 9 月，中国科学院微生物研究所的科学家终于揭开了埃博拉病毒“复制机器”的面纱，为抗埃博拉病毒的药物开发提供了新的靶点和方向。

在人类社会的发展过程中，我们不断发展科学技术，将科研成果应用到生产、生活当中，以改造客观世界。然而，科研成果的应用在为人们的生产、生活提供便利的同时，也可能带来一些负面影响。例如，人脸识别技术的发展和应用，让身份识别过程更方便、快捷，但也可能带来个人信息滥用和隐私泄露之忧。因此，我国在合理发展科学技术、发挥科研成果积极作用的同时，必须防范技术“双刃剑”效应，尽量规避科研成果应用带来的负面影响，确保科研成果的转化应用安全可控。

二、科技安全的重要性

科技安全作为总体国家安全观的重要部分，既是支撑国家安全的重要力量和物质技术基础，也是实现其他相关领域安全的关键要素，为国家实施创新发展战略奠定基础。

（一）科技安全是国家安全的重要保障

历史证明，科技兴则国家兴，科技强则国家强。中华人民共和国成立后，特别是改革开放以后，党和国家开始大力发展科技事业，科技在支撑发展和维护国家安全中开始发挥愈加重要的作用。

当前，科技安全成为影响国家竞争力和战略安全越来越关键的要素，在维护相关领域安全中的作用更加凸显。作为世界上最大的发展中国家，我国处于并将长期处于社会主义初级阶段，统筹推进“五位一体”总体布局，协调推进“四个全面”战略布局，把握新发展阶段，贯彻新发展理念，构建新发展格局，推进高质量发展和科学发展。对科技发挥保障作用提出了新要求。从国家安全的角度和底线思维来看，必须切实维护好科技安全。

（二）科技安全是维护国家利益的基础

科技是核心战斗力。在知识经济时代，世界各国都把发展科学技术作为捍卫国家利益、提高综合国力的重要手段，因而科技竞争非常激烈，且科技利益成为国家利益的重要组成部分和技术基础。

随着全球化的推进及科学技术在我国国家经济建设、国防建设和社会发展中的作用日益增强，国内外敌对势力不断对我国科学技术进行遏制与破坏，包括攻击国家科学技术系统、窃取科学数据等，试图阻碍我国科学技术的进步，破坏我国的国家利益。因此，我们必须一以贯之推动科技创新，着力提升技术发展水平，奋力谱写新时代科学事业发展新篇章，为维护国家安全和利益提供有力保障。

（三）科技安全是保障其他领域安全的技术支撑

科技与科技安全广泛渗透于国家安全的各种领域、各个要素和各个因素之中，是支撑和保障当代国家安全中政治、国土、军事、经济等其他相关领域安全的力量源泉和逻辑起点，是解决当前各种传统安全和非传统安全问题与威胁的核心力量。只有把关键核心技术掌握在自己手中，才能从根本上保障国家经济安全、国防安全和其他安全。

国家安全体系及其任何部分都可能存在科技安全问题。对国家安全来说，科技安全的丧失是一种毁灭性打击。为保障众多领域的安全，必须充分认识科技安全的特殊性，准确把握科技安全与其他领域安全的关系，把维护科技安全摆在重要位置，切实采取有力措施。

第二讲　坚持自主创新　维护科技安全

在现代国际科技安全关系中，中国的科技安全面临着时代发展的严峻挑战。我国只有坚持自主创新，把核心技术掌握在自己手中，才能真正实现科技安全。

一、科技安全面临的威胁与挑战

从总体上看，我国科技安全面临的威胁与挑战主要包括科技基础薄弱、科技信息泄露、风险防范能力不足及人才流失等，具体内容如下。

（一）科技基础薄弱

党的十八大以来，我国科技实力显著增强，主要科技创新指标稳步提升，在全球创新版图中的影响力和贡献度不断扩大，创新型国家建设迈出坚实步伐，为国家的高质量发展提供了新的成长空间、关键着力点和重要支撑。

与此同时，我们也应清醒地认识到，我国当前的科技基础仍然薄弱，面临的科技国情不容乐观，具体体现在以下三个方面：

第一，科技基础研究和原始创新能力比较薄弱。我国科技基础研究投入占研究与开发经费的比例偏低，多年徘徊在6%左右，而国际上创新型国家的这一比例通常为15%～20%。科技投入不足难以为基础研究创造良好的物质条件，也使得研究项目中人员费用比例过低，无法起到激励作用，进而导致原始性创新成果和高质量论文发表较少，急功近利的作风越来越普遍。

第二，缺乏足够的新兴科技产业。有关数据显示，我国科技成果转化率不足30%，而发达国家这一比例为60%～70%。这一现状导致科技成果与市场需求脱节、经济与科技“两张皮”的现象出现，企业技术创新活力和动力亟待加强，战略性新兴科技产业发展进入瓶颈。

第三，核心技术安全受威胁。我国在高端制造领域还有许多技术（如用于制造高端芯片的光刻机制造技术）受制于人，不得不大量进口相关设施设备。这使得我国易成为他国利用核心技术打压以获取高额利润的对象。

相关链接

核心技术受制于人是最大的隐患

中国一年制造11.8亿部手机（占全球手机的7成）、3.5亿台计算机、1.3亿台彩电，对IC芯片的需求占据了全球市场供货量的1/3。但同时存在一个尴尬的事实，即中国国产芯片的自给率不足3成，集成电路产值也不足全球的7%，市场份额还不到10%，因此，中国的信息产业和制造业的芯片90%以上依赖进口。2016年，中国仅进口芯片就花费了2 271亿美元，芯片业成为与原油并列的最大进口产品。

多年来，全球IC芯片和半导体产业一直在向晶体管小型化方向发展。2012年，鳍式场效应晶体管（一种新型半导体晶体管）第一次量产后的数年之内，22纳米、14纳米和10纳米工艺就陆续出现。2017年8月，IBM、三星等组成的联盟开发出全新硅纳米片晶体管。这种全新的四层堆叠纳米材料可制造出5纳米高端芯片，研究人员预测它将广泛应用于人工智能、智能手机、自动驾驶等领域。但是，我国现在最好的芯片也只是从40纳米提升至28纳米，而且尚未投入市场。

打破发达国家对芯片技术的垄断，关键在于抛弃不切实际的幻想，自主创新、自主发展国产芯片。技术差距客观存在，努力缩小差距是我们唯一的选择与出路。

资料来源：张田勘，《核心技术受制于人是最大的隐患》，《光明日报》，2018-4-18

（二）重大科技信息风险

在我国大力发展科学技术的大背景下，科技支撑和引领经济社会发展的作用愈加突出，科技领域的风险在国家总体风险中的作用日益显著，而且有可能成为整体风险中的关键。当前，我国科技信息风险的以下两个方面值得关注：

知识产权保护工作关系国家安全，只有严格保护知识产权，才能有效保护我国自主研发的关键核心技术，防范和化解重大风险。然而，在我国新技术新业态蓬勃发展的同时，知识产权保护法治化相对滞后。例如，大数据、人工智能、基因技术等新领域新业态知识产权保护制度不健全，传统文化、传统知识等领域的保护办法不完善等。

与此同时，虽然我国科技保密工作的总体势头是好的，但很多方面还有待加强。例如，科技保密技术防范体系有待加强，因为在信息化条件下，虽然很多行业、领域的信息单独看不是国家秘密，但这些数据汇集起来就可能涉及国家安全，所以如果国家保密技术防范体系不够完善，防范能力跟不上，那么国家科技信息就会面临较高风险。

又如，科技保密宣传教育力度不够，部分人员缺乏科技保密意识，在科技保密工作中没能尽职尽责。近年来发生的多起失泄密案件，多是由于相关人员缺乏保密观念和保密常识，对隐藏于身边的失泄密陷阱缺乏应有的防范意识，对保密要求和保密规定视而不见、充耳不闻，进而违规操作，最终无意识地或主动地将敏感信息和涉密信息“拱手送人”。

随着信息技术的快速发展、涉密主体的日趋多元、国际科技合作领域的不断扩大、科技人员跨国界流动速度的加快、科技创新和成果转化节奏的加快，针对我国科技领域的窃密活动愈加频繁，失泄密风险急剧扩大，保密与窃密斗争逐步成为高新技术攻防战。面对如此严峻的形势，唯有加强我国科技保密体系建设，不断增强防泄密反窃密斗争的技术抗衡能力，夯实基础，筑牢防线，方可确保国家科技信息安全。

法治在线

2014 年中，中兴通讯公司工程师黄某瑜与王某向某研究所泄露中兴通讯公司 5G 核心技术文档(属于不为公众所知悉的技术信息)，并在 2015 年至 2017 年期间，分 5 次向该研究所收取了 235 万元。2019 年中，两人被深圳市南山区检察院以涉嫌侵犯商业秘密罪向法院提起公诉。

根据《中华人民共和国刑法》第二百一十九条第一款的规定，有下列侵犯商业秘密行为之一，情节严重的，处 3 年以下有期徒刑，并处或者单处罚金；情节特别严重的，处 3 年以上 10 年以下有期徒刑，并处罚金：

（1）以盗窃、贿赂、欺诈、胁迫、电子侵入或者其他不正当手段获取权利人的商业秘密的。

（2）披露、使用或者允许他人使用以前项手段获取的权利人的商业秘密的。

（3）违反保密义务或者违反权利人有关保守商业秘密的要求，披露、使用或者允许他人使用其所掌握的商业秘密的。

> 此案是国内首宗涉及5G技术侵犯知识产权的刑事案件，深圳市南山区法院最终判决被告人黄某瑜、王某构成侵犯商业秘密罪，两人均被判处有期徒刑3年，缓刑4年，并处罚金人民币15万元。
>
> 资料来源：尚黎阳，《两名工程师泄露5G核心技术文档获刑》，《南方日报》，2020-4-24

（三）科技安全风险防范能力不足

当前，科技创新全球化深入发展，各国围绕科技的竞争日益激烈，来自外部环境的科技竞争和威胁更加明显，使得科技领域风险日益突出。这需要我们保持高度警惕，认真分析和识别，采取有效措施应对和化解。然而，我国科技安全预警、监测和管理体制尚且处于起步阶段，识别、防控和应对科技安全问题的能力还十分薄弱，遭遇重大科技安全风险时难以迅速提出应对方案。

（四）科技人才风险

科技人才是推动经济社会发展的主要动力，其规模和素质成为衡量国家科技实力和潜力的重要指标。经过70多年的发展，我国科技人才队伍量质齐升，创新能力逐渐提升，国际影响力逐步扩大。2017年，我国科技人力资源总量达到8 705万人，全社会科学研究与试验发展人员总量连续5年稳居世界第一。然而，我国在科技人才队伍上也面临着严峻挑战。

在数量上，我国科技人才队伍规模庞大，是世界上的科技人力资源大国；但在结构上，我国创新型科技人才结构性不足矛盾突出，世界级科技大师缺乏，重大科研和工程等领域的领军人才、尖子人才不足，工程技术人才培养同生产和创新实践脱节。

此外，我国长期存在高端人才严重流失的问题，主要体现为高校毕业生出国深造后滞留他国和高端领域人才被他国引进。流失的科技人才不仅带走了珍贵的、附加在人才身上的知识和技能，也带走了大量的资本，对我国科技进步产生了一定程度的负面效应。

二、维护科技安全的途径与方法

防范和化解科技重大风险，维护国家科技安全，是一个时代命题。针对当前的科技安全形势，我国应从国情出发，考虑科技体制、科技环境、科技人才等方面的内容，科学筹划国家科技安全战略，走出一条中国特色维护科技安全之路。

发挥企业的科技创新力量

（一）落实战略规划

1. 完善国家创新体系

在社会主义现代化事业前进的道路上，我们要想落实战略规划，运用发展成果夯实国家安全，塑造有利于经济社会发展的安全环境，就必须完善国家创新体系，主要包括以下几方面：第一，加强基础研究，注重原始创新，优化学科布局和研发布局，推进学科交叉融合；第二，发挥大企业特别是大型国有企业在自主创新中的作用，促进各类创新要素向企业集聚；第三，建立有效的国内企业、国内大学和科研院所的产学研合作机制，大幅提高科技成果转移转化成效，强化国家战略科技力量建设。

科技兴国

山西大学与企业共建产业技术研究院

2021 年 3 月 5 日，山西大学分别与华新燃气、交控集团、山西建投、云时代、华舰体育等 12 家企业签订了共建 11 个产业技术研究院的协议，协议涵盖大数据与人工智能、能源开发利用、大健康与生物医药、现代农业等众多领域。

这 11 个产业技术研究院将以应用和需求为导向，以大规模、持续性的项目合作为纽带，牢树“创新为上”发展理念，以贯通“政产学研用金服”为主线，围绕 14 个标志性引领性新兴产业，聚焦新基建、新技术、新材料、新装备、新产品、新业态的“六新”突破，整合创新链全流程资源，为山西大学“双一流”建设、企业高质量转型发展和山西实施创新驱动、打造一流创新生态提供有力支撑。

山西大学与企业共建产业技术研究院这一举动，旨在通过校企联合攻关制约企业发展和产业升级的“卡脖子”难题，力图在科技兴国的时代大潮中，作出自己的贡献。

资料来源：赵岩，《山西大学与企业共建 11 个产业技术研究院》，中国教育新闻网，2021-3-9

2. 完善科技创新体制机制

科技自立自强是国家主动识变应变、因时因势而动的战略选择，而科技创新体制机制则是实现这一战略选择的制度保障。要想完善科技创新体制机制，就应从多个方面入手：要优化调整重大科技任务组织实施机制，分类推进重大任务研发管理；要健全基础前沿研究投入支持机制，实现政府投入为主、社会投入多元化；要改革科研评价制度，确立以质量、贡献、绩效为核心的评价导向，净化科研环境；要构建科技、产业、金融协同互促的政策体系，推动科技成果评价的社会化、市场化和规范化；等等。

3. 加强科技安全基础设施建设

中华人民共和国成立以来，特别是改革开放以来，在国家不断加大投入建设重大科技基础设施的情况下，我国科技基础设施逐步发展起来，综合效益日益显现。例如，1988 年 10 月，北京正负电子对撞机完成建设，如图 8-1 所示；2009 年，我国组建了世界首个全超导托卡马克核聚变实验装置并完成了首轮物理放电实验，如图 8-2 所示。我国当前重大科技基础设施的数量和种类已经基本接近发达国家的水平，但装置的综合性能、实验终端的数量和性能与发达国家的差距较大，不能满足国家创新驱动发展战略的需求。

在这种情况下，我国应发挥集中力量办大事的制度优势，发挥地方政府和社会的力量，大幅度提高能源、生命、地球系统与环境、材料、粒子物理和核物理、空间和天文、工程技术等多个科学领域为重点的科技基础设施的投资规模；做好遴选工作，确保科学目标和技术的先进性，避免以量的扩张代替质的提升；加强设施的预制研究和关键部件的研发，提高自研技术水平和比重，控制技术引进比重，改进预算管理，鼓励技术创新。

图 8-1　北京正负电子对撞机

图 8-2　全超导托卡马克核聚变实验装置

（二）突破重点领域

面对国际形势的不稳定、不确定，以及技术封锁等，我国要想维护科技安全，就必须加强前沿问题探索，实现关键核心技术的突破。关键核心技术买不来、讨不来，只有在基础研究上持续发力，实现“从 0 到 1”，开辟新领域，提出新理论，发展新方法，取得重大开创性的原始创新成果，才能不被国际科技竞争排除在外。

“从 0 到 1”的原创性突破，既需要长期厚重的知识积累与沉淀，也需要科学家瞬间的灵感爆发；既需要对基础研究进行长期稳定的支持，也需要聚焦具有比较优势的领域，进一步突出重点，有所为、有所不为。我们必须走出适合国情的创新道路，特别是要把原始创新能力提升摆在更加突出的位置，把“卡脖子”清单变成科研攻坚的任务清单，打破发展高端芯片、工业母机、开发平台、基础软件、基础材料、基础元器件等领域的瓶颈制约。

（三）加强科技人才队伍建设

我国要建设世界科技强国，关键是要建设一支规模宏大、结构合理、素质优良的科技人才队伍，激发各类科技人才的创新活力和潜力。具体而言，需要做到以下几点：

首先，完善科技人才吸引体系。广纳人才，开发利用好国际国内两种人才资源，完善人才引进政策体系。以用为本，按需引进，重点引进能够突破关键技术、发展高新技术产业、带动新兴学科的战略型人才和创新创业的领军人才。

其次，培养中青年科技人才。在进行重要项目部署和前沿领域布局时，确定青年人才的培养目标，鼓励青年人才主动承担国家各类科技任务，积极承担地方和企业的科技项目。青年人自身则应该树立正确的世界观、人生观和价值观，培养“敢为天下先”的创新意识和自信心。

最后，加大人才奖励制度。综合运用事业、情感、荣誉、物质等方式，对科技人才进行有效激励，帮助其制订长期职业发展规划，为其提供科研基地和科研基金，提升其安全感和归属感。

生活实例

强力推进科技人才队伍建设

2019 年，河北省承德市高新区强力推进科技人力资源与科技人才队伍建设，促使科技人力资源持续增长，人才队伍建设取得显著成果。2019 年，承德市高新区 R&D 人员（国际上通用的、用于比较科技人力投入的指标，指全年从事研究与开发活动累积工作时间占全部工作时间的 90%及以上人员）达 0.29 万人/年，R&D 人员人均 R&D 经费 17.50 万元。

具体来说，承德市高新区采取了以下措施来推进科技人才队伍建设：

一、完善人才工作体制机制

承德市高新区紧紧围绕中央和省、市组织会议精神，坚持党管人才原则，完善了工委统一领导、组织部门牵头抓总，相关部门密切配合的人才工作机制。高新区人才工作领导小组对重点人才工作实施进行协调指导，对人才评选、政策制定等事宜进行集体研究，确保全区人才工作落到实处。

二、优化科技人才创新创业政策环境

承德市高新区落实全市科技创新大会精神，结合承德高新区实际，研究制定鼓励科技人才在该区创新创业的扶持政策。从加强高层次创新创业人才（团队）引进、激励企业开展研发创新活动、培育科技创新型企业、优化创新创业环境、支持公共服务平台建设等方面，优化科技人才创新创业软环境，为高新区“双招双引”工作提供政策保障。

三、推进“人才特区”工程，大力吸纳高层次人才

承德市高新区立足该区国家级高新技术产业开发区的发展定位、人才基础和产业发展需要，利用高新区科技孵化中心，吸纳海内外符合新兴产业发展方向、具有独立知识产权和自主创新能力的海内外高层次人才来该区创业。研究制定优惠扶持政策，对引入该区的各类人才给予适当的扶持、补贴并提供相关配套服务，健全完善人才吸引、培养、使用、流动和激励机制，创新举措、破解难题、以点带面，促进人才特区建设全面发展。

资料来源：景迪，《强力推进科技人才队伍建设》，《承德日报》，2020-3-2

（四）加强科技安全治理

要想落实科技安全管理措施，就必须把科技安全治理工作贯穿于科技工作的各个方面

和各个环节，包括安全预警、法律法规建设、安全宣传与培训、体制机制的建设等。

1. 建立完善科技安全预警体系

科技创新引发技术应用风险已经成为社会发展的重大风险源之一。加快科技安全预警监测体系建设，防止技术滥用和误用，有利于科技发展迈步在健康发展的轨道上。

科技安全预警体系的建立与完善，需要加强国际科技发展趋势、新兴领域、重大项目、前沿技术和颠覆性技术的动态监测，及时总结评估我国科技安全状况，建立相关部门分工合作的预警工作机制；发挥智库作用，加强科技安全工作专家智力支撑；制定重大科技安全风险应对预案，加强风险研判和危机管控。

2. 完善科技安全保密法律法规

在我国大力发展科学技术的大背景下，科技保密工作愈显重要。科技保密工作的展开，需要国家完善科技安全保密法律法规，重视知识产权的保护，切实落实科技保密工作责任制，督促持密单位落实科技保密相关法规政策，并适时启动全国科技保密先进集体和个人表彰工作，在全社会营造重视科技保密工作的良好氛围。

3. 加强科技安全宣传和教育培训

科技安全人人有责。政府相关部门和相关科研单位可以通过科技安全知识普及、科技安全产学研对接、农业科技安全生产指导、科技安全生产新技术和新成果推广等系列活动，来加强科技安全宣传和教育培训，不断增强全民科技安全意识和法治意识，提升全民应对科技安全问题的能力，由此形成维护科技安全的强大合力。

4. 建立完善科研伦理和科技安全审查机制

从近几年科技创新领域的一系列新进展、新动态来看，强化科学审查、捍卫科学伦理，已具有相当的紧迫性。这不仅是前沿科技领域的问题，也与普通民众的生活息息相关。

国家必须按照有关法律法规和伦理准则，建立健全科研伦理和科技安全管理制度；加强伦理审查机制和过程监管，加强生物安全、信息安全等科技安全责任制，确保科技伦理的建设和后续工作的开展受到行政、司法和社会舆论的广泛监督，实现对科研工作进行事前审批、事中监督和事后跟踪的监管；强化宣传教育和培训工作，提高科研人员在科研伦理等方面的责任感，并增强其法律意识。

实践活动　“科技与生活”实地调研

随着我国科学技术的日益发展，许多高科技产品被广泛应用于人们的生活中，让人们大开眼界。请以“科技与我的生活”为主题，走进大街小巷，了解科技的影响。具体内容与要求如下：

（1）全班同学分成若干小组，每组6～7人，各组选择一个调研的具体方向，如科技与抗疫、科技与低碳生活、科技与脱贫等。

（2）以小组为单位，进入社区、街道、乡村，通过观察、半结构访谈（按粗线条大纲进行的非正式访谈）等方式，了解科技在生活中的应用情况。

（3）各组整理好通过调研获得的材料，撰写一份调研报告，内容应包括调研时间、目的、对象、过程、结果等。

（4）各组根据调研报告制作一份 PPT，在全班同学面前进行展示，并派一名代表进行简要讲解。

教师可参考表 8-1 对各小组进行评价。

表 8-1　实践活动评价表

评价标准	分值	分数小计	教师评价
提前做好活动准备，小组分工合理	20 分		
真正深入生活基层进行调查走访	30 分		
调研报告结构完整，主题突出，逻辑性强	30 分		
PPT 制作精美，讲解思路清晰，内容通俗易懂	20 分		

专题九

网络安全

09

内容导读

信息技术的广泛应用和网络空间的兴起与发展，极大地促进了经济社会的繁荣，同时也带来了新的安全风险与挑战。在全球互联网迅猛发展的今天，网络安全与其他领域安全相互交融、相互影响，已成为我国面临的最复杂、最现实、最严峻的非传统安全问题之一。打击网络犯罪，确保网络安靖，成为维护国家安全和落实总体国家安全观的重要举措。

学习目标

知识目标

- 了解网络安全的主要内容
- 明确网络安全的重要性

能力目标

- 能够准确识别网络安全面临的威胁
- 能够积极应对网络安全带来的挑战
- 熟练掌握维护网络安全的途径与方法

素质目标

- 增强网络安全意识
- 从小事做起，用行动捍卫网络安全

国家安全聚焦

“棱镜门”事件敲响网络安全警钟

2013 年 6 月，美国国家安全局前雇员斯诺登先后通过英国《卫报》和美国《华盛顿邮报》曝光了美国国家安全局和联邦调查局一个代号为“棱镜”的秘密监控项目。该项目自 2007 年开始实施，微软、雅虎、谷歌、苹果等 9 家美国互联网公司都涉及其中。“棱镜”项目监视范围很广，监控的内容包括电子邮件、视频通话和语音交谈内容、个人聊天日志、网络传输的文件、个人社交网络数据等，可以对在美国以外地区享受上述互联网公司服务的人员，以及任何与国外人士通信的美国人进行监控。

“棱镜门”事件曝光了美国政府对全球的监控计划。这一事件在美国社会及国际社会引起了轩然大波，同时引发了世界各国对大数据时代云计算网络安全问题的热议。

“棱镜门”丑闻爆出后，欧盟内部加强网络安全保护的呼声不断高涨，许多欧盟国家政府都在考虑如何在新的网络环境下更好地保护国家利益和公众信息安全。德国和法国政府进行了双边会谈，讨论如何使欧洲的电子邮件传输网络绕过美国的网络服务器。德国总理默克尔甚至提议在欧盟内部建立一个独立的“安全通信网络”，使欧盟各国之间的电子邮件和数据能“绕过”美国，以弱化美国“制网权”。

中国信息安全专家俞晓秋说，“棱镜门”丑闻是一个让全球各国政府普遍增强网络安全意识、重新检讨自身安全漏洞的契机。对于中国而言，提高网络安全系数不仅要加强自身网络建设能力，更要积极参与到有关网络安全国际公约的制定中去。

资料来源：陈一鸣等，《“棱镜门”让世界重新审视网络安全》，《人民日报》，2014-3-31

想一想

如果一个国家丧失了网络安全，那么它将会遭受怎样的灾难？作为学生，我们应该如何为维护国家网络安全贡献自己的力量？

第一讲　网络安全——国家安全战略基石

随着全球信息化的飞速发展，各个国家对网络的依赖程度越来越大，网络已经成为社会和经济发展的强大推动力，但同时也带来了一系列安全问题，网络安全的维护势在必行。

一、网络安全的主要内容

网络安全是指网络系统的硬件、软件及系统中的数据受到保护，不因偶然的或者恶意的攻击而遭到破坏、更改、泄露，系统可以连续可靠正常地运行，网络服务不被中断。网络安全是保障和促进信息社会健康发展的基础，其主要内容包括基础设施安全、运行与服务安全和信息安全。

（一）基础设施安全

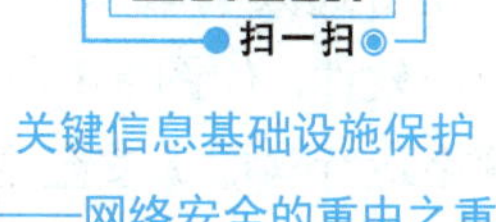

关键信息基础设施保护——网络安全的重中之重

基础设施是指为网络运行提供物理支撑和信息通信交互的软硬件集合。基础设施安全包括网络基础设施安全和关键信息基础设施安全。前者主要指光缆光纤、移动通信基站、数据中心、IP 地址与域名等互联网核心架构安全稳定。后者主要指金融、能源、通信、电力等关键领域和其他一旦遭到破坏、丧失功能或数据泄露就可能严重危害国家安全、公共利益的网站、平台和系统等信息设施安全稳定。其中，后者是网络安全的重点内容。由于关键信息基础设施直接关系国计民生，所以其已成为网络攻击的主要目标。关键信息基础设施安全防护更加紧迫。

时事博览

美国成品油管道业务因网络攻击停摆

2021 年 5 月 8 日，美国最大的燃油管道运营商科洛尼尔受到勒索软件攻击，被迫关闭了美国东部沿海各州供油的关键燃油网络。

此次勒索软件攻击是由一个名为“黑暗面”的网络犯罪团伙发起的，他们侵入了科洛尼尔公司的网络，获取了 100 兆的数据，要求科洛尼尔公司 3 日内缴纳赎金。如果科洛尼尔公司不从，这帮团伙就会将其数据泄露到互联网上去。

美国东岸有将近一半的燃油都是通过科洛尼尔公司的管道输送的，此次攻击事件致使科洛尼尔公司被迫关闭了长 5 500 英里（约 8 855 千米）的管道，使其成品油管道运输业务停摆。这导致北京时间 5 月 10 日，美国宣布进入国家紧急状态。这是美国首次因网络攻击而宣布进入国家紧急状态。

在全球科技变革的时代，大数据、人工智能等创新技术变革为世界带来了便利的同时，也带来了信息安全隐患。日益频发的网络安全事件对公司业务乃至国家安全构成了重大威胁。各国必须增强网络安全意识，做好信息安全防范，提高网络安全防范能力，以有效地保障重要基础设施的运行和相关业务的连续性。

资料来源：赵晋，《输油大动脉被掐断暴露美国关键基建设施脆弱性》，央视网，2021-5-13

（二）运行与服务安全

运行与服务安全主要是指网络系统具有完备的安全防护机制，能够防御网络病毒、网络攻击、数据泄露等安全风险，网络软件产品不存在安全缺陷、漏洞等风险，两者能完美配合，为社会大众提供稳定、安全的服务。

图 9-1 刷码出行

随着互联网向社会方方面面的渗透，可以说，世界已经运行在互联网上了。而且随着联网的设备越来越先进、越来越复杂，基础设施运行、政府治理及普通人的衣食住行都越来越依赖通信网络和应用软件，如图 9-1 所示。一旦这些软件遭遇攻击，社会运行的根基就会随之动摇。因此，网络运行与服务安全至关重要。

法治在线

2021 年 3 月，宁夏回族自治区银川市网安民警在工作中发现，辖区某官方网站因存在安全漏洞而被攻击利用。经立案调查发现，该官方网站由银川某科技公司负责承建，网站建成后，该公司有偿提供日常维护服务，但截至案发，网站已被黑客植入黑链长达 3 个月之久。

经银川市西夏区公安分局网安大队侦查发现，网站的承建方银川某科技公司负责提供该网站的日常维护服务，其在服务过程中，没有采取必要的安全措施，产品和服务存在安全缺陷，导致了本次危害网络安全事件的发生；事件发生后，该科技公司既没有立即采取补救措施，又没有及时告知主管部门。

该公司的这一行为违反了《中华人民共和国网络安全法》（以下简称《网络安全法》）第二十二条第一款的规定：“网络产品、服务应当符合相关国家标准的强制性要求。网络产品、服务的提供者不得设置恶意程序；发现其网络产品、服务存在安全缺陷、漏洞等风险时，应当立即采取补救措施，按照规定及时告知用户并向有关主管部门报告。”因此，银川市西夏区依照《网络安全法》的规定，对该公司不履行网络风险消除和告知义务的违法行为，给予该单位罚款 5 万元、法人代表罚款 1 万元的行政处罚。

资料来源：王莹，《宁夏公安办理首起网络服务第三方提供者不履行网络风险消除和告知义务案》，宁夏新闻网，2021-3-18

（三）网络信息安全

网络信息安全是网络安全的重要组成部分。没有网络信息安全，就谈不上网络安全。随着大数据及智能化技术的快速发展，网络信息安全问题日益突出，已成为全球网络治理领域的焦点和难点。具体而言，网络信息安全包括以下四个方面。

1．数据传输安全

数据传输安全是指网络数据在传输过程中必须保证安全、完整和不被篡改。在大数据时代，越来越多的数据通过网络传输完成，对数据传输安全提出了更高的挑战。一方面，在数据传输过程中，互联网作为数据传输的载体并非完全可靠，因为它所遵循的通信协议本身具有脆弱性；另一方面，总是有不法分子实施窃听、盗取、篡改等危害数据传输安全的行为。

互动空间

如果生活中常用的支付宝、微信等软件中的资金被盗，那么可能存在哪些方面的安全问题？

2．信息加密保护

信息加密保护是指对计算机系统中的数据进行技术加密，如图 9-2 所示，防止数据被窃取或盗用，以提升计算机网络安全。

图 9-2　信息加密保护示意图

网络数据的采集、传输、存储、互联、共享、应用等环节，从技术方面到管理方面都存在着安全风险，任一环节出现问题都会影响到网络数据的安全。对于个人而言，网络数据的泄露可能意味着个人信息被滥用、个人隐私被泄露等，每个人都可能变成“玻璃房中的裸体人”。对于国家而言，网络数据被窃取或盗用就会直接影响国家的发展和社会的稳定。

随着大数据、云计算、物联网、人工智能等技术的高速发展和应用，网络数据安全问题日渐凸显。这就要求国民增强数据保密意识，强化关键数据资源的保护能力，加快法规制度建设，以确保网络数据安全。

数据“裸奔” 代价沉重

当今世界，信息技术创新日新月异，数字化、网络化、智能化深入发展。然而，在数据的价值进一步凸显的同时，数据泄露事件也持续、高频发生。这些事件所泄露的数据涉及微博账户、个人信息、银行客户信息、快递客户信息、医疗信息、企业经营信息等各个方面，导致公众深受隐私曝光与骚扰诈骗的困扰，众多企业面临资产与声誉的重大损失。

微博数据暗网出售

2020 年 3 月，有用户发现 5.38 亿条微博用户信息在暗网出售。其中，1.72 亿条信息涉及账户基本信息，包括用户 ID、性别、地理位置等。

学生隐私遭到泄露

2020 年 4 月，多所高校的数千名学生通过“个人所得税”App 发现，自己竟有“被入职”到陌生公司的记录。据税务人员分析，这极有可能是一些不法企业利用税改前的网络漏洞，购买并冒用他人信息所导致的。企业通过这种做法以虚报工资来达到逃税的目的，但会给纳税人带来不必要的麻烦。

银行客户信息被卖

2020 年 5 月，江苏淮安警方破获一起贩卖公民个人信息案。该案中，中国建设银行某员工以每条 80～100 元的价格，将银行卡使用人的身份信息、电话号码、余额，甚至交易记录进行售卖，以谋取非法利益。涉案的个人信息达 50 000 多条，使广大群众深受隐私泄露的困扰。

快递倒卖客户信息

2020 年 8 月，有不法分子与圆通快递内多名“内鬼”勾结，通过有偿租用圆通员工系统账号的方式盗取、倒卖客户的个人信息，导致 40 万条个人信息被泄露。

然而，倒卖客户个人信息的快递公司不止圆通一家。经媒体调查发现，网上存在贩卖快递客户信息的“黑产”链条，涉及申通、德邦、EMS、韵达等多家快递公司。这些信息包含快递客户的姓名、住址、电话等内容，使客户的个人隐私安全受到严重威胁。

患者信息层层转卖

2020 年 9 月 27 日，广西南宁法院审理了一起患者信息被倒卖案。该案被告人李某某利用在广西壮族自治区妇幼保健院工作的便利，在为新生儿办理出生证明时，非法下载新生儿和产妇的个人信息，总量达 8.9 万多条。李某某将这些信息“转卖”给开设母婴服务中心的杨某甲和杨某乙，以及经营摄影店的肖某某。截至 2020 年 6 月案发时，她共非法收取“好处费”5.64 万元。

从全球范围来看，数据泄露事故并非偶发现象。2020 年 4 月，万豪国际连锁

酒店受到网络攻击，导致“多达 520 万名客人”的个人详细信息，包括姓名、地址、出生日期、性别、电子邮件地址、电话号码、住宿偏好、会员卡账号等泄露；2020 年 5 月，有人在黑客论坛出售印尼最大电商平台的用户信息，数量超过 1 500 万条；等等。

数据“裸奔”的种种现象显示，在全球范围内，数据安全与隐私保护，数据存储、使用与跨境流动中的风险防范等问题，对各国数字治理能力提出了新的挑战。

资料来源：人民网、南方都市报、每日经济新闻等

3. 网络有害信息得以监管

网络有害信息是指计算机信息系统及其存储介质中存在、出现的，以计算机程序、图像、文字、声音等多种形式呈现且在互联网上被复制、转载、传播的危害国家安全、扰乱社会治安秩序、危害计算机信息系统的信息。

网络有害信息主要包括以下三种：（1）含有攻击人民民主专政和社会主义制度、攻击党和国家领导人、破坏民族团结等危害国家安全内容的信息；（2）含有封建迷信、淫秽色情、凶杀、教唆犯罪等危害社会治安秩序内容的信息；（3）危害计算机信息系统的运行和功能发挥，应用软件、数据的可靠性、保密性和完整性，用于违法活动的计算机程序（含计算机病毒）。

此类信息不仅会对互联网技术开发产生负面影响，而且会对社会的经济、文化、道德等各个方面等产生深远的危害。因此，国家必须运用法律手段对网络有害信息加以规制，从而保障网络秩序的正常运行和社会的健康发展。

4. 违法行为得以防范

随着互联网技术的迅猛发展，网络暴力、网络诈骗等违法犯罪现象呈现高发态势。其中，网络暴力是一种利用互联网针对个人或群体实施的恶意、重复、敌意的伤害行为。网络暴力包括网络欺凌、网络诽谤、网络跟踪、网络骚扰等多种类型，会给被害人带来严重而持久的伤害。网络诈骗是一种通过电话、网络和短信方式编造虚假信息，设置骗局，诱使受害人打款或转账的犯罪行为。

无论是网络暴力、网络诈骗，还是其他网络违法行为，都会严重扰乱网络秩序，并给人们带来损失和伤害。而且，这些违法行为的发生与网络信息的泄露、网络监管的缺失存在密切联系。这就要求国家和社会公众共同努力，共同维护网络安全秩序。

相关链接

防范网络诈骗口诀

陌生电话勿轻信，银行客服问究竟。
安全账户子虚有，大额汇款要三思。

> 个人信息很重要，密码账号保管好。
> 提防非法假网银，登录网址记清楚。
> 网上购物便利多，支付限额要设好。

二、网络安全的重要性

（一）网络安全事关国家安全和社会稳定

随着网络信息技术的不断发展，互联网深入渗透到政治、经济、社会、军事、科技等各个领域，使得社会各领域的安全问题都与网络安全问题紧密关联。政治领域的“颜色革命”暗流涌动、经济领域的网络犯罪频繁发生、社会领域的网络攻击日益猖獗、军事领域的作战方式加速转型、科技领域的网络窃密持续高发，都是传统领域安全问题在网络空间的发展与变异。网络安全牵一发而动全身，事关国家长治久安，事关经济社会发展和人民群众福祉，已成为信息时代国家安全的战略基石。

同时，由于经济社会的生产生活越来越多地运行在网络之上，越来越多地依赖于大数据、移动计算、物联网、云计算、人工智能等，物理世界和虚拟世界之间的界限被人们通过万物互联的方式打通，线上线下的边界正在消失，任何对虚拟世界的攻击都可以变成对现实物理世界的伤害。例如，一个小小的网络攻击，可能导致一个城市被迫断水、断电、断网；一段恶意代码可以摧毁一个国家的电网系统，导致相关领域的生产陷入瘫痪状态。诸多事实证明，没有网络安全，就没有经济社会的稳定运行。

因此，从战略高度认识网络安全，以高度责任感捍卫网络安全，是维护国家安全和社会稳定的时代诉求。

相关链接

人工智能带来的国家安全挑战

2023 年，以 ChatGPT（由美国开放人工智能研究中心研发的一款聊天机器人程序）为代表的人工智能技术迅速发展，使人惊呼“未来已来”。

当前，人工智能技术正广泛应用于金融、医疗、交通、制造业等领域，对经济社会发展和人类文明进步产生深远影响，给世界带来巨大机遇。同时，我们也不能忽视其蕴含的潜在风险挑战，因为这些风险挑战很可能会在不久的将来深刻改变现有国家安全格局。这就引出一个国家安全的新领域——人工智能安全。那么，人工智能可能带来哪些国家安全领域的风险呢？

数据窃取风险。人工智能需要海量的数据来进行学习和训练，而这些数据中可能包含大量敏感信息。如果这些信息被滥用或泄露，可能会对个人隐私、国家安全造成严重危害。

网络攻击风险。人工智能在一定程度上降低了网络犯罪的门槛，提高了网络攻击的有效性。借助人工智能，网络攻击者可以随时随地对特定目标轻易发起针对性和隐蔽性很强的进攻，将互联网空间变成人人自危的“黑暗森林”。

经济安全风险。人工智能在一定程度上会成为人力工作的“高效替代品”，进而对国家经济安全、社会安全甚至政治安全造成冲击；人工智能也可以被用来实施经济破坏活动，如通过操纵宣传引发金融市场恐慌等。

“数据投毒”风险。“数据投毒”是指在人工智能训练数据中投放恶意数据，从而干扰数据分析模型正常运行的行为。例如，在智能汽车系统中“投毒”，可能导致交通事故；在舆论宣传中“投毒”，可以使一些负面思想更加隐蔽地渗透到群众思想观念中。

军事安全风险。一方面，人工智能可被用在致命性自主武器上，通过自主识别攻击目标、远程自动化操作等，隐藏攻击者来源、建立对抗优势；另一方面，人工智能可以将网络、决策者和操作者相连接，让军事行动针对性更强、目标更明确、打击范围更广。

面对人工智能技术发展带来的新机遇和新挑战，如何应对人工智能风险并把握人工智能发展的战略主动，有效保障国家安全，是全球国家安全治理的重要议题。

资料来源：安平，《如何化解人工智能带来的国家安全挑战》，
微信公众号“国家安全部”，2023-11-16

（二）网络安全事关国家网络主权

在互联网时代，网络空间与人类活动的现实空间高度融合，成为现代国家的新疆域、全球治理的新领域，网络主权由此而生。网络主权是国家主权在网络空间的自然延伸，是一国基于国家主权对本国境内的网络设施、网络主体、网络行为及相关网络数据和信息等所享有的最高权和对外独立权。

如今，网络空间已成为继陆、海、空、天之后的第五大主权领域空间。世界各国围绕网络空间发展权、主导权、控制权的竞争日趋激烈，网络空间加速演变为战略威慑与控制的新领域、意识形态领域斗争的新平台、维护经济社会稳定的新阵地、未来军事角逐的新战场。

某些国家凭借网络技术优势，可以掌握其他国家的政治、经济和军事绝密情报，也可以使其他国家的通信网络、金融信息系统和军事指挥系统陷入瘫痪状态，从而实现不战而屈人之兵。例如，美国曾经用“震网”病毒摧毁伊朗的核设施，实施“棱镜”计划窃听别

国情报；西方国家还多次利用互联网煽动东欧、北非的“颜色革命”。

事实证明，网络安全事关国家网络主权。谁掌握了网络，谁就抢占了意识形态领域斗争的制高点，谁就抓住了信息时代国家安全和发展的重要命脉。如果不重视网络安全，就可能丧失网络舆论战场的主动权，错失互联网对经济发展带来的新机遇，缺失确保国家战略安全和军事斗争胜利的新基石。

互动空间

在1991年爆发的海湾战争中，美国提前在伊拉克的防空系统中植入电脑病毒，然后在空袭伊拉克之前通过遥控手段激活这些病毒，导致伊拉克防空系统在美国空军飞临首都巴格达上空时全部瘫痪。结合这件事，谈谈你对网络安全重要性的看法。

（三）网络安全事关广大人民群众生活

当前，互联网已成为人们生活中不可分割的一部分，越来越多的人通过互联网获取信息、学习交流、购物娱乐、创业兴业等。2021 年 3 月，中国互联网信息中心发布的第四十七次《中国互联网络发展状况统计报告》显示，截至 2020 年 12 月，我国网民规模达 9.89 亿人，互联网普及率达 70.4%。这说明，网络已经深度融入经济社会的发展和人民群众的生活。

与此同时，网络安全问题也相伴而生。网络攻击、网络诈骗、网络侵权等安全事件时有发生，网上黄赌毒、网络恐怖、网络谣言等有害信息屡禁不止，严重危害公共安全、损害人民利益。据有关调查资料显示，2020 年上半年，38.4%的网民表示在上网过程中遭遇过网络安全问题。其中，个人信息泄露、网络诈骗、电脑病毒或木马、账号或密码被盗的情况最为严重，分别达到 20.4%，17%，10.7%和 9.9%。

网络空间是亿万民众共同的精神家园，网络空间天朗气清、安全有序，是广大人民群众的一致愿望；而网络空间乌烟瘴气、风险四溢，则危害到每个公民的安全。因此，依法治理网络空间和着力打击网络不法行为刻不容缓：政府、企业、社会组织、广大网民要共同参与，共筑网络安全防线，让互联网健康有序发展，增强广大人民群众在网络空间的安全感。

第二讲　健全治理体系　捍卫网络安全

信息技术的高速发展，使网络安全问题日渐突出。面对网络安全的严峻形势，我们应该坚持以总体国家安全观和正确网络安全观为指引，牢固树立以人民为中心的服务宗旨，多措并举完善网络安全治理体系，提升网络安全治理能力，全方位维护网络安全。

一、网络安全面临的威胁与挑战

（一）网络信息冲击民众价值取向

互联网让世界变成了“鸡犬之声相闻”的“地球村”，网络中海量的信息数据、纷繁的文化生态和多元的价值取向，深刻地影响着人们的行为和生活方式，也在不经意间冲击着人们的意识形态和价值取向。这种冲击主要体现在以下四个方面。

1. 网络不良不实信息误导民众

互联网的广泛普及颠覆了传统的信息传播方式，带来了人际交往和社会交流的变革。在网络空间中，每个人都可以手握“麦克风”，通过网络社交工具自由地表达思想观点、价值信仰和利益诉求，可以方便快捷地将信息传播到世界的每个角落。在这种形势下，不良不实信息成了互联网时代的必然产物。

一些网民、“网络大 V”为了博取关注和点击量，毫不顾及道德底线，充当网络不良不实信息的写手和推手，致使一些虚假信息、极端言论在网上迅速传播，一些关于色情暴力、低俗文化、颓废生活等方面的信息通过网络污染社会环境，一些利己主义、拜金主义、功利主义、享乐主义、贪腐主义等消极思想通过网络大肆传播，一些局部矛盾和社会问题通过网络空间凸显升级。这些情况轻则混淆公众视听、侵犯个人权益、危害民众的身心健康，重则颠覆主流价值观，误导民众价值观，甚至激化社会矛盾。

法治在线

2019 年 11 月 12 日 15 时 34 分，一网民在新浪微博和大理大学超话上发帖称“大理大学护理学院一位女生被留学生侵犯？”引起了网民的广泛关注并被迅速传播。发现舆情后，云南省大理市公安局高度重视，立即对该帖内容开展调查核实。通过对大理大学、大理大学附属医院等相关单位和人员进行调查取证，对大理市近年来报警案件和警情进行梳理排查，大理大学并无女生被侵犯的案件和报警，进而证实该帖内容纯系谣言。

经查，2019 年 11 月 12 日 12 时 54 分，大理某大学学生王某某将不实信息发到 QQ 群，郑州某大学学生于某某看到后对该信息进行编辑并发布到新浪微博和大理大学超话上，两人的行为属于散布谣言，扰乱了公共秩序，触犯了《中华人民共和国治安管理处罚法》第二十五条第（一）项的规定，即散布谣言，谎报险情、疫情、警情或者以其他方法故意扰乱公共秩序的，处 5 日以上 10 日以下拘留，可以并处 500 元以下罚款；情节较轻的，处 5 日以下拘留或者 500 元以下罚款。大理市公安局根据上述规定，分别给予王某某、于某某行政拘留 5 日的处罚。

网络空间并非法外之地。由此案可以看出，在网络平台上散布谣言者同样需要承担法律责任。我国法律对于散布谣言者的处罚视情节严重程度而定，情节较轻者会受被要求赔礼道歉、赔偿损失或者被行政拘留，情节严重者会被追究刑事责任。

资料来源：大理警方警情通报，2019-11-16

互动空间

俗话说：“造谣一张嘴，辟谣跑断腿。”面对生活中的谣言，青年学生该如何做呢？请列举你所知道的谣言，说说其造成的后果，想想如何对其辟谣，并思考今后在网络上发言时应当怎样做。

2. 网络意识形态安全问题凸显

由于网络具有开放、匿名、即时、交互等特征，能够使各种意识形态的观点集中呈现在一个舆论平台上，所以不同意识形态的正面交流、交锋成为无法回避的现实。持不同意识形态的国家都已经认识到，网络民心是一种巨大的政治资源，从而将网络作为宣传自己政治观点的“跑马场”，在这里展开了争夺政治人心的“角逐赛”。

新时代网络意识形态安全建设

随着网络信息化进程的不断推进和网民规模的持续扩大，西方敌对势力把意识形态渗透的重点转向互联网，互联网已经成为舆论斗争的主战场。一些西方敌对势力在我国国内物色骨干和代理人，不仅栽培个别所谓的“公知”与“大 V”，还收买网络写手，组织一些极端反共分子进入网络舆论场，大量散播反党反社会的意识形态论调，恶意抹黑中国，干涉我国政权，攻击我国的发展模式，力图搅乱民众思想，撕裂社会共识，瓦解我国的意识形态。

个别国家在网上意识形态领域的一连串举动，是其霸权主义在网络空间的延续。能否打赢网上意识形态斗争，事关党和国家未来，事关我国政治安全，事关每一个人的幸福。因此，必须引起全社会的高度重视。

3. 民众网络安全意识相对淡薄

在互联网时代，网络安全威胁无时不在、无处不有：五花八门的网络病毒、钓鱼网站等在网上泛滥，被不法分子用于盗取密码账号、个人隐私、商业秘密、网络财产甚至国家机密等；形形色色的网络谣言、网络诈骗肆意横行，影响人们的事实判断，损害人们的财产安全，扰乱着社会秩序；等等。《2020 年中国手机安全状况报告》显示，2020 年手机诈骗受害者人均损失 11 345 元，人均损失金额超过了人均工资收入总额的 60%。这一数据说明，人们的网络安全意识还相对淡薄，抗击网络安全风险能力亟待提升。

4. 网络舆情事件呈现高发态势

当前中国正处于转型变革期，不同社会思潮加速更迭，各类突发公共事件随着社会转型的深化呈现出多发、高发的态势。互联网技术的发展和应用普及，尤其是移动互联网的迅速崛起，打破了既有的时空边界，任何一次突发公共事件经由互联网的放大、传播都可能引发舆情危机，对社会的正常秩序产生不良影响。

生活实例

“成都 49 中学生坠亡”事件：网络谣言裹挟舆论

2021 年 5 月 9 日下午 6 点多，成都 49 中高二学生林某某在学校知行楼坠楼身亡。次日早上 6 点多，林某某的母亲在微博上的发文引起了广大网民的关注。该博文声称事件存在以下信息疑点：第一，学校将家长拒之门外；第二，家长想看监控，但学校不给看；第三，学校警告学生和老师不准发声。随后，林某某的母亲又发了两条微博，质疑校方的处理，引起群情激愤。

随后，一些网友根据林某某母亲的言论对校方和警方提出质疑，一些网友为了获取关注度而不惜剑走偏锋，罔顾事实真相，造谣生事，煽风点火。一时间，各种各样的传言和“谣言”漫天飞舞，如“这种惨剧是校内老师为孩子争留学名额造成的”“死者遗体直接火化了”等，很多网民对网络信息不加甄别，偏听偏信。同时，网络传言也引发了多方猜测和质疑，如“校方为何不让死者家属当晚看监控视频？”“监控是否缺失关键地方？”“救护车到底几点钟达到现场的？”等。于是，“学生坠亡事件”冲上热搜，引起了全社会的关注。围绕此事萌生的一系列“阴谋论”左右了不少人的情绪，“多数人的暴力”一度蠢蠢欲动。

面对舆论旋涡，新华社于 2021 年 5 月 13 日发布了文章《还原成都 49 中学生坠亡事件：关键监控有无缺失？坠楼是如何发生的？孩子为何走到这一步？》。文章详细描述了这名学生坠亡之前的具体经过，回应了各方的质疑，让人信服。

一个年轻生命的猝然离去令人悲痛，追问事情真相、了解来龙去脉，这是家长的权利、公众的关切。然而，一场本该以事实为依据、法律为准绳的案件调查，却被大量网络谣言和各种未经证实的匿名信息裹挟了网络舆论，让情绪化的表达代替了理性客观的讨论。这不仅不利于推动事件解决，反而会给查清真相增加了许多干扰因素。

网络谣言引发线上负面舆情，甚至是线下群体性事件，不得不令人反思。对于有关单位和部门来说，置身于互联网舆论场域，应当主动发布权威信息，公开回应舆论关注，及时披露更多事实，以便有效地解决信息不对称的问题，尽可能挤压谣言滋生的空间，用事实化解舆论质疑。对于公民个体来说，要意识到在信息爆炸的时代，个人判断具有局限性和片面性，若看到只言片语就义愤填膺，读到一知半解就断章取义，就会成为负面舆情的帮凶。“兼听则明，偏听则暗。”每个人都是网络环境的“责任人”，应承担起击破谣言、倡导理性、维护清朗网络空间的责任。

资料来源：罗昱、高红霞，《人民日报评成都学生坠亡事件：追问真相，不能让情绪代替理性》，微信公众号“人民日报评论”，2021-5-13

互动空间

关于"成都49中学生坠亡"事件，有媒体提出"让子弹飞一会儿，给真相一点时间"。请结合你对这句话的认识，谈谈自己将如何提高辨识谣言的能力，自己能为维护网络空间的清朗作出哪些贡献。

（二）关键基础设施面临的安全隐患增大

在互联网融入社会生活方方面面的同时，网络安全威胁和风险也与日俱增，特别是金融、能源、电力、通信、交通等领域的关键信息基础设施面临的网络安全风险隐患不断增大，主要体现在以下两个方面。

1. 关键信息基础设施产品低国产化致风险提高

当前，我国关键信息基础设施的操作系统、服务器、数据库等产品国产化率低，大量网络信息安全软硬件产品主要依靠进口，对"八大金刚"（指美国八家IT巨头，即思科、IBM、谷歌、高通、英特尔、苹果、甲骨文和微软）的依存度较高。例如，在集成电路方面，我国芯片产品严重依赖进口，2015年集成电路进口金额高达2 299亿美元，芯片国产化率仅为25%；2016年集成电路进口金额为2 270.26亿美元，同期中国原油进口金额仅为1 164.69亿美元，集成电路进口金额已将近原油进口金额的两倍；2020年，我国共进口5 435亿个芯片，进口金额高达3 500.4亿美元。这表明我国关键信息基础设施的核心技术仍然受制于人，网络安全隐患增大。

2. 针对关键信息基础设施攻击的威胁明显增大

近些年来，针对我国关键信息基础设施的网络攻击时有发生。中国国家互联网应急中心于2020年9月发布的《2020年上半年我国互联网网络安全监测数据分析报告》显示，中国遭受来自境外的网络攻击持续增加。境内工业控制系统的网络资产持续遭受来自境外的扫描窃听，日均超过2万次。经分析，扫描窃听行为源自美国、英国、德国等境外90个国家，目标涉及境内能源、制造、通信等重点行业的联网工业控制设备和系统。

针对关键信息基础设施的网络攻击，是我国网络空间安全领域面临的重大隐患，给国家安全和经济社会稳定运行带来了严重威胁。

（三）网络犯罪呈现高发态势

在信息技术带给人们快捷便利的同时，网络诈骗、网络窃密等违法犯罪活动屡禁不止，网络犯罪手段不断翻新，网络安全形势也日趋复杂严峻。

传统犯罪加速向网络空间蔓延，特别是利用网络实施的诈骗和赌博犯罪持续高发，2020年已占网络犯罪总数的64.4%：随机诈骗与精准诈骗相互交织，冒充公检法人员诈骗、交友诈骗（如交友"杀猪盘"，如图9-3所示）、退款诈骗、信用卡贷款提额诈骗、刷单诈骗等较为突出；为赌博网站"洗白"资金的"跑分平台"、非法收集公民个人信息的"流诋软件”、扰乱网络市场秩序的“恶意刷单”等层出不穷。

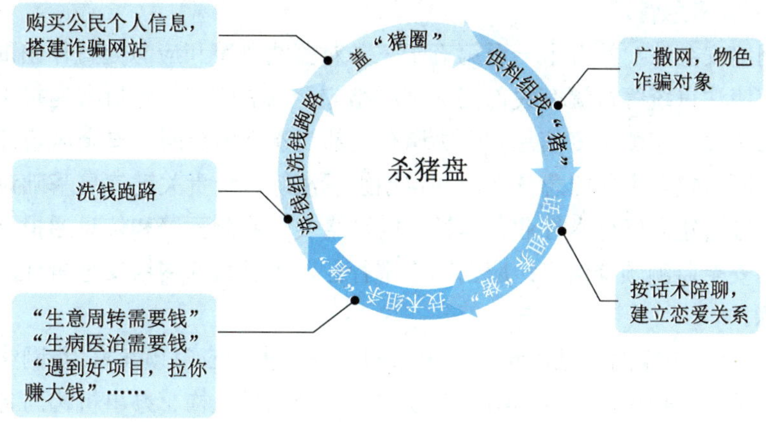

图 9-3 交友“杀猪盘”流程图

相关数据显示，有近 1/4 的网络诈骗是在获取公民个人信息后“精准出手”的。非法获取公民个人信息已成为网络犯罪黑灰产业的关键环节。

综上所述，犯罪活动日益向网络空间滋生蔓延，使得国家安全、经济发展和社会稳定面临新的挑战。

二、维护网络安全的途径与方法

维护网络安全是一个系统工程。只有标本兼治、综合治理、多措并举，才能让网络安全成为数字社会的保障，提升广大人民群众在网络空间的获得感、幸福感和安全感。具体而言，维护网络安全的途径与方法如下。

如何加强网络空间的法治化建设

（一）加强网络法治建设

网络空间是虚拟的，但运用网络空间的主体是现实的。网络空间同现实社会一样，既要提倡自由，也要保持秩序。要坚持依法治网、依法办网、依法上网，让互联网在法治轨道上健康运行。加强网络法治建设主要应做到以下几点。

1．完善网络法律制度

当前，很多由网络引起的安全问题缺乏一定的法律依据。随着网络安全问题的凸显，网络的监管及网络法律制度的完善迫在眉睫。因此，国家有关机构和部门应建立、完善数据管理和安全方面的政策法规体系，加紧出台一系列细化、有可操作性的标准和政策法规，明确网络安全各领域的主管单位和责任部门，为关键信息基础设施保护、个人信息保护、数据管理等提供可靠的法律保障。

与此同时，相关部门应提升管网治网水平，加快构建法律法规、行政监管、行业自律、技术保障、公众监督、社会教育相结合的网络治理体系，推进网络社会组织的管理创新，健全联合执法工作机制，以形成网络法制化管理合力。

2．加强预警应急管理

根据《网络安全法》第五十一至第五十三条对监测预警和应急处置作出的相关规定，国家网信部门应注重统筹协调有关部门加强网络安全信息收集、分析和通报工作，按照规定统一发布网络安全监测预警信息；应协调有关部门建立健全网络安全风险评估和应急工作机制，制定网络安全事件应急预案，并定期组织演练。负责关键信息基础设施安全保护工作的部门，应当建立健全本行业、本领域的网络安全监测预警和信息通报制度，并按照规定报送网络安全监测预警信息；应当制定本行业、本领域的网络安全事件应急预案，并定期组织演练。

2017 年 6 月，国家网信办发布了《国家网络安全事件应急预案》，将网络安全事件分为特别重大、重大、较大、一般四级，并规定了各级领导机构、办事机构与各部门的职责和应急办法。2017 年 9 月，工业和信息化部发布了《公共互联网网络安全威胁监测与处置办法》，建立网络安全威胁信息共享平台和公共互联网网络安全威胁认定制度，明确了网络运营者的监测与处置义务。这些文件的发布有利于相关部门贯彻落实网络安全信息的收集、分析、通报和应急处置。

3．建立安全审查制度

网络安全审查属于国家安全审查的一种，是国家网络安全保障制度。它能够通过识别和防范关键信息基础设施在采购网络产品和服务过程中可能引入的国家安全风险，在源头上缓解和控制网络风险对国家安全和社会福祉构成的潜在威胁。

长期以来，少数企业利用产品“单边垄断”和技术“独霸”的优势，大规模收集敏感信息，不但严重损害了广大用户的利益，而且对国家的网络安全构成巨大威胁。例如，2013 年 6 月发生的“棱镜门”事件为世界各国敲响了网络信息安全的警钟。迫于全球网络安全的严峻态势，建立并适用网络安全审查制度开始逐步成为国际通行做法。

2020 年 4 月 13 日，国家互联网信息办公室等 12 个部门发布了《网络安全审查办法》（以下简称《办法》)。《办法》借鉴了西方发达国家网络安全审查制度，并结合了我国自身实际和网络空间安全新理念，为我国开展网络安全审查工作提供了重要的制度保障，是我国网络空间安全积极防御、推进实施网络强国战略的重大举措。

（二）强化网络安全管理

互联网不是法外之地，社会各界一直都强烈呼吁依法加强网络空间治理，惩治网络违法犯罪，维护人民群众安全和利益。2017 年 6 月起施行的《网络安全法》对我国网络空间安全管理方面的问题作出了系统的规定。根据《网络安全法》的规定，网络运营者在网络安全方面起着至关重要的作用，应当依法加强网络空间治理，采取监测、记录网络运行状态和网络安全事件的技术措施，采取数据分类、重要数据备份和加密等措施，净化网络空间，规范网上秩序，为广大网民特别是青年学生营造一个天朗气清、生态良好的网络空间。

保护网络安全的法定义务不容抗拒

为全面整治网上违法犯罪乱象，“净网 2020”专项活动开展以来，全国各地的公安局网安部门大力加强网络秩序清理整顿，积极开展了网络安全执法检查。不少企业因不依法履行网络安全保护义务而被依法处罚。

2020 年 2 月，南京市江北新区某广告公司网站被黑客组织攻击篡改，造成违法有害信息传播。网安部门经调查发现，该公司未制订网络安全应急预案，未对网站进行安全防护，未签订防攻击、防入侵、防篡改等服务协议且日志留存不到位，其行为涉嫌违反了《网络安全法》第二十一条、第二十五条的规定，构成不履行网络安全保护义务的违法行为。据此，南京市公安局江北新区分局依法对该公司及其法人代表分别处以 1 万元和 5 000 元罚款。

2020 年 4 月，济南某酒店被非法安装了偷拍设备。由于该酒店不履行网络安全保护义务，网络安全意识淡薄，未制定内部网络安全管理制度和操作规程，未确定网络安全责任人，未落实网络安全保护责任，未采取监测、记录网络运行状态、网络安全事件的技术措施，违法视频被传播。济南市公安局网警支队依据《网络安全法》第二十一条、第五十九条的规定，对该酒店处以罚款 1 万元的行政处罚。

在全国范围内的其他各地，上述类似的情况也比比皆是，众多不依法履行保护网络安全义务的企业都被网警依法进行了处罚。

网络运营者提供的服务具有公共产品的属性，这一属性随着现代信息技术的不断渗透而被强化。因此，网络运营者所提供服务的安全状态对整个社会的安全具有重大而深远的影响。为了保障网络安全，《网络安全法》赋予网络运营者保护网络安全的法定义务，每一个作为网络运营者的企业都义不容辞。

资料来源：翟翔宇，《房间被装偷拍设备，酒店是否需担责？济南首次对涉事酒店开出万元罚单》，《山东商报》，2020-5-22

（三）促进信息技术创新

在互联网时代，技术是国家应对互联网安全威胁的保障基石。虽然我国互联网产业规模大、大型公司多，但核心元器件仍严重依赖外国，这是最大的安全隐患。要想掌握我国互联网发展的主动权，保障互联网安全、国家安全，就必须突破核心技术难题。

“工欲善其事，必先利其器。”只有夯实技术基础，掌握核心技术，确保安全技术的领先地位，才能把控好网络安全的“命门”。这是解决网络安全问题关键所在。核心技术的突破最终要靠信息技术的创新来实现，而技术的创新需要专门人才去实施。这就要求我们加大网络安全人才的培养力度，加强企业、学校、研究单位的产学研合作，努力实现信息技术的创新。

对青年学生来说，积极参加科技创新活动，努力提高创新能力，为我国的信息技术创新贡献一分力量，是维护国家网络安全的有效途径。

（四）加强网络安全教育

同缺乏交通安全意识是交通事故频发的重要原因一样，网络安全意识淡薄是网络安全事件多发的关键因素。因此，加强网络安全宣传教育，增强广大网民的网络安全意识，是维护网络安全的关键环节。各行各业的有关单位或组织应高度重视公众网络安全意识的宣传和教育，广泛开展网络安全意识教育培训活动，帮助社会公众牢固树立“网络安全，人人有责”的理念，积极培育广大网民参与网络综合治理的主观能动性，提高他们对网络有害信息、网络违法行为的辨识能力和抵御能力。

青年学生应当主动接受网络安全教育，增强网络安全意识，提高对网络不良信息的鉴别力和抵抗力，减少网络负面信息对自己带来的影响；同时，应自觉遵守网络秩序，规范自己的网络言行，不要在网上做违法犯罪的事情，为国家网络安全贡献自己的力量。

历史纵横

四川：精心组织开展国家网络安全宣传周活动

自2014年以来，有关部门连续举办了“中国国家网络安全宣传周”活动，获得了巨大的社会反响，促进了人人参与维护网络安全的良好氛围的形成。

从2014年起，四川连续5年组织开展国家网络安全宣传周活动，每年的宣传周活动内容丰富、亮点突出、群众参与度广、行业互动性强，取得了显著成效，达到了预期效果。

2018年9月，四川成功承办了国家网络安全宣传周开幕式等重要活动，如图9-4所示。此次宣传周活动持续时间长，活动规模大，网上网下反响热烈，获得了与会嘉宾的高度评价、人民群众的广泛参与，在省、市、县、乡、村广泛掀起了网络安全宣传教育的热潮，最终取得了圆满成功。

图9-4　2018年国家网络安全宣传周开幕式现场

互动空间

作为新时代的青年学生，你能为网络安全做些什么？请与同学进行讨论。

（五）开展国际交流合作

网络的开放性、跨国性决定了网络安全问题是全球性挑战。没有哪个国家能在网络安全问题面前置身事外，维护网络安全是国际社会的共同责任。只有开展积极有效的国际合作，才能建立多边、民主、透明、公正的国际互联网治理体系，共同构建和平、安全、开放、合作、有序的网络空间。

因此，我国应加强同各国的双边、多边网络安全对话和信息沟通，阐明我国的网络空间治理主张；应积极参与全球和区域组织网络安全合作，增进共识，消除误解，营造良好的网络安全外部环境；应深入参与、积极引导网络空间国际规则的制定进程，扩大我国网络空间国际话语权和影响力，与世界各国共同维护网络空间的安全。

实践活动 网络安全宣传活动

21 世纪以来，互联网快速发展，网民数量呈爆炸式增长，但网络安全知识普及和安全意识教育严重滞后于网络的快速发展。很多网民缺乏安全防护意识，轻信网上的虚假信息，轻率打开不明邮件，随意访问不良网站，不设或简单设置口令密码，等等。这些行为常常导致个人信息泄露或被滥用、病毒木马大面积传播、不良信息和违法信息蔓延、网络攻击和网络诈骗等网络安全事件发生，严重侵害了社会大众的信息安全和财产安全。

为了增强广大群众的网络安全意识，营造良好的网络安全氛围，请同学们围绕“网络安全为人民，网络安全靠人民”这一主题开展网络安全宣传活动。

（1）全班同学分成若干小组，每组 4～5 人，并选出一名组长。

（2）以小组为单位，统筹安排并协作完成下列任务：

① 确定宣传活动形式，如悬挂宣传标语横幅、发放网络安全宣传传单、开办网络安全宣传专栏、播放网络安全宣传短片、开展网络安全知识竞赛、举办网络安全宣传讲座等。

② 收集宣传主题资料，如“如何防范病毒或木马的攻击？”“如何防范 QQ、微博等社交平台账号被盗？”“如何安全地使用电子邮件？”“如何防范社交网站信息泄露？”“如何防范网络诈骗？”等相关主题的图文资料和视频。

③ 确定宣传活动要求，如突出何种主题、达到何种效果、活动如何实施、活动持续多久等。

（3）各小组按计划分头实施网络安全宣传活动。

（4）活动结束后，各小组对活动的开展情况进行交流和总结。

（5）各组组长根据小组交流情况撰写活动报告，并与其他小组分享。

教师可参考表 9-1 对各小组进行评价。

表 9-1　实践活动评价表

评价标准	分值	分数小计	教师评价
分工合理，各成员均积极参与	10 分		
宣传内容符合活动主题	25 分		
宣传活动的形式丰富多彩	25 分		
宣传活动取得了预期的效果，群众反响良好	20 分		
各组成员能积极交流和分享活动感想，小组活动报告逻辑清晰	20 分		

专题十 10

生态安全

内容导读

“生态兴则文明兴，生态衰则文明衰。”生态问题不仅是人民群众和社会舆论关心的焦点问题，更直接关系到经济社会的长远发展，事关国家兴衰和民族存亡。将生态安全纳入国家安全体系之中，对于破解生态安全威胁、维护国家安全意义重大。

学习目标

知识目标

- 理解生态安全的内涵，掌握生态安全的主要内容
- 了解生态安全对其他安全领域的影响，明确保障生态安全的重要性
- 了解生态破坏及环境污染的类型及其对生态安全的影响

能力目标

- 能够准确识别生态安全面临的威胁与挑战
- 掌握维护生态安全的途径与方法
- 厘清环境与人的关系，提高参与解决环境问题的能力

素质目标

- 树立保护生态、爱护环境的意识
- 从身边小事做起，积极践行垃圾分类，为维护生态安全贡献自己的力量

国家安全聚焦

从“靠山吃山，靠水吃水”到守望“绿水青山”

“粗放”让位，绿色回归

大别山主峰脚下的罗田县九资河镇群山起伏、松林似海，当地人世世代代以种植出售中药材为生。

市场经济大潮下，砍伐林木、开山采矿一度成为当地百姓的致富路径。然而，这条粗放的发展之路却是越走越窄。为此，九资河人掉头转向，重新扛起“天麻第一镇”“中国茯苓之乡”的招牌。天麻、茯苓等木本药材逐渐成为当地脱贫致富的主导产业。但其背后巨大的“生态成本”逐渐显现——每年不仅需要砍伐大量木材做菌柴，还需要挖来新土培新壤。

近年来，政府号召村民改种草木药材。最早“吃螃蟹”的药农方永贵说，种草本药材就像种庄稼一样，简单环保，还有广阔的市场前景。看到方永贵的尝试赚到了钱，原先“犹豫不决”的药农纷纷效仿。“砍树取木、挖山取土”的木本药材种植走向终结。

打破“魔咒”，实现逆袭

走进贵州省铜仁市万山区的朱砂古镇，采矿坑道改造而成的灯光长廊光彩夺目；矿洞内的雕塑栩栩如生，昔日采矿、选矿和冶炼场景真实再现……曾经人迹罕至、危楼遍地的废弃矿区成为贵州旅游业“新星”。

地处湘黔交界的万山区曾是中国最大的集采矿、冶炼、科研于一体的汞工业基地，被称为“中国汞都”。矿老山空后，却是矿渣遍野、森林减少、水土流失……

然而，万山人在曾经“沸腾的群山”中发现了新“生机”：他们一方面变废为宝，发展旅游业，对原有矿区建筑进行修缮和恢复，打造朱砂古镇；一方面利用万山在汞和朱砂工艺品上的技术优势，建成了全国最大的朱砂工艺品市场。

“坚决摒弃损害甚至破坏生态环境的发展模式，坚决摒弃以牺牲生态环境换取一时一地经济增长的做法。”——万山人终于明白了其中的道理。

资料来源：丁玫、徐海波、潘德鑫，
《从“靠山吃山，靠水吃水”到守望“绿水青山”》，新华网，2019-1-31

想一想

“靠山吃山，靠水吃水”，是中国百姓祖祖辈辈信守的生存方式。站在新的历史起点上，随着“绿水青山就是金山银山”发展理念越来越深入人心，各地纷纷转变发展方式，走上绿色发展道路。

你对这种转变有何看法？你从中得到了什么启示？

第一讲　生态安全——国家安全的生命线

在人与自然之间的联系越来越紧密，人、自然和社会的互动越来越频繁的情况下，生态安全已成为国家政治稳定、社会和谐安详、经济持续健康发展、民生幸福安康最为坚实和最为基本的构成要素。

一、生态安全的主要内容

生态安全是指一个国家赖以生存和发展的生态环境处于不受或少受破坏和威胁的状态，以及应对内外重大生态问题保障这一持续状态的能力。一般来说，生态安全主要包括以下几方面内容。

（一）水安全

水安全是指在一定流域或区域内，以可预见的技术、经济和社会发展水平为依据，以可持续发展为原则，水资源和水环境能够持续支撑经济社会发展规模、能够维护生态系统良性发展的状态，包括水量保障的安全、水质安全与水污染等。

水是工业的血液、农业的命脉、理想的能源，更是地球上一切生命的“母亲”、文明的“活化剂”。人类的生产生活离不开水，水安全问题事关重大，不仅是资源环境安全问题，而且是关系到国家长治久安、经济社会持续健康发展的重大战略问题。

（二）土地生态安全

土地生态安全通常是指土地资源处于一种没有或少受污染威胁的健康、平衡的可持续状态。

随着经济社会的快速发展和城市化、工业化进程的推进，资源开发利用强度日增，人类正在以前所未有的规模和速度改变着我们生存的土地环境。水土流失、土地沙化、土壤污染、湿地锐减等土地退化问题已直接或间接地导致了河流断流、湖泊淤积、土地生产力降低、森林功能衰退、生物多样性减少等土地生态问题，而这些问题都与土地资源的不合理开发与利用密切相关。合理利用土地资源，保障土地生态安全，对维护生态系统健康，保障经济社会持续健康发展至关重要。

（三）大气安全

大气安全是指大气环境质量能够满足国家生存与发展的需求，并相对处于没有危险和不受威胁的状态，以及保障其持续安全状态的能力。

当今社会，大气环境污染越来越严重，沙尘暴和雾霾等天气时有发生，已经对人们的健康和生产生活造成了极大的威胁，同时严重威胁着动植物的生存。此外，大气污染还影响着全球气候，如大气中二氧化碳浓度升高引发温室效应，造成全球气候变暖。全球气候变暖给生态环境带来了许多不利影响，近年来传统意义上罕见的极端天气变得频繁就是表现之一。因此，积极进行大气环境治理，保障大气安全，对于保障生态安全、人民生命健康、经济社会持续健康发展具有重大意义。

（四）生物物种安全

生物物种安全是指国家有效防范和应对危险生物因子及相关因素威胁，防范外来物种入侵与保护生物多样性，使得生物物种相对处于没有危险和不受威胁的状态。

生物入侵

在大自然中，每个物种都有其特殊的作用和地位，生物多样性对人类具有重要作用。我们的食物、生产原料、淡水资源，乃至人类的生活环境等都来源于生物多样性。据统计，在全球范围内，有 40 亿人的健康保健主要依赖天然药物，用于治疗癌症的药物中约 70%是天然药物或源于自然的合成。

但随着经济全球化的发展，生物种类在全球扩散的机会大大增加，外来物种入侵成为生物物种安全的一大威胁。外来物种入侵会破坏一国的生物多样性，改变种群结构，威胁生态安全，最终影响全球的生态环境和经济发展。

历史纵横

马铃薯引发的耕作灾难

在马铃薯传入欧洲之后，爱尔兰人发现这个物种不仅非常适合爱尔兰的自然条件，而且其种植效益也远大于本国原有的其他作物。于是，爱尔兰的马铃薯种植迅速扩张，几乎占用了所有耕地，使其他作物近乎绝迹，严重影响了全国作物种植的多样性。直到 1845—1846 年，爱尔兰大面积暴发马铃薯晚疫病，全国 3/4 的马铃薯迅速被摧毁，这使爱尔兰人遭受了一场灭顶之灾，100 多万人饿死，150 余万人移民国外，最终形成了史无前例的因缺少生物多样性而引发的耕作灾难。

二、生态安全的重要性

生态安全作为国家安全的重要组成部分，关系着国计民生，关系着经济社会的持续健康发展，对于实现国家长治久安和加快生态文明建设具有重要意义和深远影响。

（一）生态安全是人类生存发展的基本条件

从人类需求意义上讲，自然生态系统是人类生存和发展的基础支持系统，为人类的生存与发展提供了水、空气、土壤和食物等必要条件。同时，人类的任何生产活动，都在一定程度上依托自然环境及自然资源。因此，生态安全与人类的生存与发展息息相关，若生态安全遭到破坏，则可能导致生存危机。

（二）生态安全是政治安全和社会稳定的坚固基石

良好的生态环境能够满足生产、生活资源的需求，并达到一种平衡，有利于社会的和谐与稳定。而环境公害事件的出现则可能会使民众受害，从而使民众产生生存恐慌，造成社会动荡，甚至因生存条件恶化形成难民潮。

随着我国经济社会快速发展，生态环境问题已成为最重要的公众话题之一，而因相关问题导致社会关系紧张的情况屡有发生。高度重视和妥善处理人民群众身边的生态环境问题，已成为当前保障社会安定的重要工作之一。

相关链接

建立健全生态环境损害赔偿制度

2017 年 12 月，中共中央办公厅、国务院办公厅印发了《生态环境损害赔偿制度改革方案》，明确自 2018 年 1 月 1 日起，在全国试行生态环境损害赔偿制度。到 2020 年，力争在全国范围内初步构建责任明确、途径畅通、技术规范、保障有力、赔偿到位、修复有效的生态环境损害赔偿制度。

据环境保护部（现为生态环境部）相关负责人解释，建立健全生态环境损害赔偿制度，由造成生态环境损害的责任者承担赔偿责任，修复受损生态环境，有助于破解“企业污染、群众受害、政府买单”的困局。

资料来源：冯人綦、曹昆，《“企业污染、群众受害、政府买单”困局有解了》，人民网，2017-12-18

（三）生态安全是经济安全的基本保障

生态安全关系到经济高质量发展，是经济安全的基本保障。任何国家的经济发展都离不开自然资源的消耗，但这种消耗必须是有节制的，如果消耗过度，可能会造成不可逆的生态退化或破坏。如此一来，不但会导致当前的经济发展出现问题，还会使未来经济丧失高质量发展的活力。

在人类历史上，由于生态退化和自然资源减少而造成经济衰退乃至文明消亡的现象屡见不鲜。因此，要实现经济高质量发展，就必须守护好生态环境底线，转变以无节制消耗资源、破坏环境为代价的发展方式。

GEP 核算

2021 年 3 月 23 日，深圳市发布了全国第一个完整的 GEP（Gross Ecosystem Product）核算制度体系，对全国各地全面准确贯彻落实新发展理念具有较高的示范引领效应。

GEP，即生态系统生产总值，是指生态系统为人类福祉和经济社会可持续发展提供的最终产品与服务价值的总和。从统计指标来看，GEP 提升了生态系统的经济价值，而且是一种增值。以往，人们对生态系统的价值衡量大都局限于生态本身，对其经济价值的考量集中在提供生态产品（如林木）和文化旅游等较窄的方面。GEP 核算制度体系作了较大改进，增列了“调节服务”这个经济指标，包括调节气候、涵养水源、净化空气、削减噪音等。正如习近平总书记在 2021 年两会参加内蒙古代表团审议时所强调，“生态本身就是价值。这里面不仅有林木本身的价值，还有绿肺效应，更能带来旅游、林下经济等。‘绿水青山就是金山银山’，这实际上是增值的”。

GEP 不是对 GDP 的否定，而是一种有效补充。GDP（国内生产总值）也是对经济增值的统计，确切地说，是对人们生产经营活动中产品与服务增加值的统计。GEP 与 GDP 的逻辑内涵是一致的，分别是对经济活动和生态系统中的经济增值部分进行核算，而 GEP 填补了评估生态系统为人类福祉和经济社会提供的总价值的空白。

资料来源：刘诚，《GEP 核算，让生态保护由“缰绳”变“引擎”》，光明日报客户端，2021-3-30

（四）生态安全是国土安全的重要屏障

生态安全与国土安全密切相关，没有绿水青山的国土就不是安全的国土。只有水、空气和土壤不受污染，自然资源有保障，自然环境适宜，国土才是真正安全的。

当代的生态问题对国土安全的影响主要表现在两个方面：第一，生态问题可能影响国土的大小。目前，世界各地共有几千座城市位于低海拔（海拔 10 米以下）的沿海地区，如果全球变暖导致海平面上升，那么它们将不同程度地受到影响，部分小岛国的国土甚至将完全消失。例如，南太平洋岛国图瓦卢，国土面积只有 26 平方千米，最高海拔仅 4.5 米，受全球变暖影响，其周围的海平面不断上升，面临被淹没的风险，如图 10-1 所示。第二，生态问题可能影响国土的质量，如土壤污染、土地退化等，这将影响国土的实用价值。

图 10-1　被海水包围的图瓦卢

（五）生态安全是资源安全的重要基础

自然生态系统作为人类生存和发展的基础支持系统，构成了人类生存和发展的空间，直接或间接地为人类提供了各类生产资料和生活资料。只有维护好生态安全，保障自然生态系统的健康稳定，国家才能获得充分的发展资源。因此，必须保障国内的生态安全，甚至周边区域和全球的生态安全。

第二讲　坚持严守红线　维护生态安全

党的十八大以来，以习近平同志为核心的党中央高度重视生态文明建设，生态环境保护取得重大成效，但当前我国生态安全形势依然严峻。在生态环境质量持续好转的同时，存在一些现实问题亟待破解，包括水资源短缺、过度开发，土地沙化、退化及水土流失，自然生态系统质量偏低、稳定性不够、功能性不足，等等。

生态保护与修复是一项系统工程，必须充分认识到维护生态安全的长期性、复杂性、艰巨性，坚持绿色发展，推进环境治理，提高全民环保意识，严守生态保护红线，筑牢国家生态安全底线。

相关链接

生态保护红线

生态保护红线是指在生态空间范围内具有特殊重要生态功能、必须强制性严格保护的区域，是保障和维护国家生态安全的底线和生命线。通常包括具有重要水源涵养、生物多样性维护、水土保持、防风固沙、海岸生态稳定等功能的生态功能重要区域，以及水土流失、土地沙化、石漠化、盐渍化等生态环境敏感脆弱区域。

一、生态安全面临的威胁与挑战

当前，我国生态安全主要面临着两大威胁与挑战，即生态破坏和环境污染。

（一）生态破坏

1. 水资源短缺

中国是全球缺水较为严重的国家。据水利部发布的 2019 年度《中国水资源公报》显示，2019 年，我国水资源总量为 29 041 亿立方米，但人均水资源量却还不到全球平均水平的 1/3。

随着我国经济的发展和人口的增加，用水需求不断增长，水资源短缺问题愈发严重，影响着人们的生产生活。例如，水资源短缺使农业生产受限。据统计，全国因干旱导致粮食损失平均每年近 190 亿千克，约占 2019 年粮食总产量的 3%。

2. 水土流失

水土流失会使土壤肥力下降，荒地及低产田的面积不断扩大；若遇到暴雨天气，地表土遭侵蚀后，容易形成山体滑坡、泥石流等自然灾害，危及人民的生命财产安全。

“土沙盗采”威胁黄河故道生态安全

近年来，随着我国经济的快速发展，森林砍伐和土地资源开发的程度不断加深，引发了较严重的水土流失。据《中国生态环境公报》显示，我国 2017 年水土流失面积为 294.9 万平方千米，2018 年水土流失面积为 273.69 万平方千米，2019 年水土流失面积为 271.08 万平方千米。虽然水土流失面积在逐年下降，但形势依然严峻。

3. 森林草原退化

近年来，受干旱、风蚀、水蚀、沙尘暴、鼠害、虫害等自然因素及过牧、滥垦、樵采、开矿等人为因素的影响，我国森林覆盖率降低、森林蓄积量减少、草原综合植被盖度降低、沙化土地面积扩大。这些问题导致了我国的生态系统功能出现紊乱、失调甚至衰退。

4. 生物多样性丧失

生物多样性是人类赖以生存和发展的物质基础，它不仅给人类提供了丰富的食物、药物资源，而且在调节气候、维持自然平衡等方面起着不可替代的作用。若生物多样性遭到破坏，人类将面临食物不足、清洁水源缺乏、空气质量下降等多种问题。

我国是世界上生物种类最丰富的国家之一。但当前，我国生物多样性正面临着多方面威胁，生物多样性不断丧失。第一，由于生物栖息地的丧失和破碎化，人为对土地的开垦和扩张，野生生物资源的过度开发和利用，以及外来物种的侵入，我国生物物种多样性受到严重影响。第二，规模化农业生产间接造成几千年来农民培育和保存的大量家畜品种、农作物品种丧失，使遗传多样性受到影响。第三，受过度开垦、环境污染、气候变化等因素影响，我国生态系统多样性也面临威胁。

5. 气候变化

气候变化与人类生存息息相关，影响着全人类的共同福祉。根据世界气象组织发布的“2020 年全球气候状况”临时报告，2020 年前 10 个月全球平均气温高于工业化前（1850 至 1900 年）1.2℃，是有记录以来的 3 个最暖年份之一。全球气候变暖问题进一步加剧了气候系统不稳定性，导致全球极端天气不断。欧洲史上最强“热浪”、澳大利亚森林大火，如图 10-2 所示，及美国寒潮、暴风雪等气候变化带来的自然灾害，无情地夺去了成千上万人的宝贵生命，给当地人们造成重大损失。

图 10-2　澳大利亚森林大火

受气候变化影响，我国近年来洪涝、台风和季节性干旱情况严重，极端天气事件频发。据《中华人民共和国气候变化第三次国家信息通报》显示，20 世纪中期以来，中国年平均气温上升趋势明显，最近 60 多年，平均每 10 年约升高 0.23℃，几乎是全球平均水平的两倍。年降水量也呈一定程度的上升趋势，但各区域之间差别较大，极端低温事件频率显著减少，极端高温事件明显增加，极端强降水日数和降水量也有增多增强的趋势。2020 年，我国长江流域遭遇 1998 年以来最严重的汛情、东北地区半个月内遭遇台风“三连击”、多省年平均气温创新高，经济损失达近 10 年来最高水平。

时事博览

江西洪涝灾害致 900 余万人受灾

2020 年 7 月，我国长江中下游地区遭遇集中大暴雨袭击，持续的强降雨使得河流水位暴涨，给江西带来了严重洪涝灾害。

7 月 12 日零时，鄱阳湖星子站水位达 22.53 米，超过水位尺上最高的那道红色标记（1998 年 8 月 2 日洪水位 22.52 米）0.01 米，这标志着鄱阳湖水位突破有水文记录以来的历史极值，也意味着江西省正面临着 1998 年以来最为严峻的防汛形势。

百年一遇的暴雨频率，使得洪水来势迅猛。截至 9 月 1 日，江西省全省平均降雨量比多年同期均值偏多 11%，洪涝灾害基本覆盖了江西省全省所有市县，共造成 903.7 万人受灾，直接经济损失 344.3 亿元。

资料来源：谭红，《截至 9 月 1 日　洪涝灾害共造成江西 903.7 万人受灾》，中国江西网，2020-9-10

6. 生物入侵

生物入侵指生物由原生存地经自然的或人为的途径侵入另一个新的环境，对入侵地的生物多样性、农林牧渔业生产及人类健康造成经济损失或生态灾难的过程。外来入侵物种通常具有强大的生态适应能力、繁殖能力及传播扩散能力，一旦侵入某个地区，将会破坏该地原有生态系统。

海淘动植物，小心生物入侵

我国幅员辽阔，生物栖息地类型多样，大多数入侵物种都能在我国找到合适的栖息地，因此，我国已成为外来物种入侵最严重的国家之一。截至目前，我国已发现660多种外来入侵物种，其中71种对自然生态系统已造成或具有潜在威胁并被列入《中国外来入侵物种名单》。

相关链接

不普通的小蚂蚁

2021年4月，农业农村部、住房和城乡建设部、交通运输部等9个部门联合印发了《关于加强红火蚁阻截防控工作的通知》（以下简称《通知》），并于广州市增城区举行了全国红火蚁联合防控行动启动仪式。红火蚁和红火蚁防控由此引发了广泛关注，成为人们谈论的热门话题之一。

红火蚁是一种怎样的昆虫？为何会引起如此重视？

红火蚁原产自南美巴西、巴拉圭与阿根廷交界地区，是地道的外来入侵生物。如其名所示，红火蚁通体呈红褐色，外形与人们常见的蚂蚁相似，长3毫米到6毫米之间，看起来其貌不扬，但其不仅有很大危害性，而且颇具防控难度。

具体来说，红火蚁的危害可以总结为以下四个方面：

一是破坏当地生态结构。红火蚁适应性很强，入侵一地后，往往迅速发展为优势种群，不仅将该地其他类型蚂蚁“赶尽杀绝”，而且把蜘蛛等益虫消灭，使得原有生态结构遭到巨大破坏，造成生态严重失衡。

二是导致农作物减产。红火蚁直接取食作物的种子、果实、幼芽、嫩茎、根茎等，搬运蚜虫、蚧类等害虫，传播植物病虫害。这些直接给当地的农业生产造成重大损失。

三是威胁人们健康甚至生命安全。红火蚁受到干扰后不仅不会四散逃生，而且会产生极强的群体攻击性，通过蜇咬将毒液注入受害者皮肤，让容易过敏的人出现脸红、荨麻疹，甚至导致呼吸困难等症状。过敏反应严重者会出现呕吐、头晕和休克等症状，如果不能得到及时救治，可能危及生命。

四是威胁公共安全。由于红火蚁常常入侵户外与居家附近的电器设备，如电表、电话总机箱、交通号志机箱等，可能造成电线短路或设施故障，进而可能引发公共安全事故。

资料来源：张保淑，《红火蚁位列全球百种最危险入侵物种，已传播至国内10多个省份》，《人民日报》海外版，2021-4-12

（二）环境污染

1. 水污染

黑龙江省大庆市安肇新河水污染现状

水污染不仅会毒害水中的绿色植物，引起鱼类和其他水中生物死亡，严重破坏溪流、池塘和湖泊的生态系统，还会影响人类的饮水安全。地表水污染渗透到地下后，由于地下径流的自净能力较差，又将影响整个地表水循环。

随着我国经济社会的不断发展，城市化、工业化进程不断加快，在此过程中产生了大量的工业废水和生活污水。工业废水和生活污水的不规范排放，再加上农业生产中农药化肥的不合理使用及畜禽规模养殖场污水直接排放，对我国的水资源造成了较严重污染。目前，我国海河、辽河、淮河、黄河、松花江、长江和珠江 7 大江河水系，均受到了不同程度的污染，威胁着人民的生产生活和生态系统的健康。

2. 土壤污染

土壤是人类生存的基本资源，是农业发展的重要基础。农业系统外的废水、废渣和废气，农业系统内的过量化肥、农药、农膜残留，以及未经处理的有机肥、有害病原物等，时常会侵蚀土壤。当这些污染物残留累积超出土壤自净能力后，就会导致土壤的重金属、有机化合物和致病生物污染，并由此造成土壤生态平衡，土壤生物种群减少，土壤活性下降，土壤功能变差。严重污染甚至会使土壤丧失生产能力，失去农业利用价值，影响人类生存与生活。

据首次全国土壤污染状况调查（2005 年 4 月至 2013 年 12 月）结果显示，截至 2013 年底，我国共有农用地 64 616.84 万公顷，全国土壤总的污染点位超标率为 16.1%，其中轻微、轻度、中度和重度污染点位比例分别为 11.2%、2.3%、1.5%和 1.1%。据 2020 年《中国生态环境状况公报》，土壤污染状况详查结果显示，全国农用地土壤环境状况总体稳定，影响农用地土壤环境质量的主要污染物是重金属。由此可见，我国土壤污染状况依然严峻。

3. 大气污染

空气是人类赖以生存的最重要的外界环境因素之一，一旦受到污染将直接危害人类的健康，还会威胁生态环境和农业生产力。大气污染的来源主要是自然界中的风沙尘土，钢铁厂、石油化工厂等的工业生产排放物，交通运输工具排放的废气，各种燃料的燃烧烟雾，等等。

大气污染对人体的危害是多方面的，主要表现是易引起人体呼吸道疾病与生理机能障碍。若大气污染物的浓度很高，则可能会造成人体急性污染中毒，甚至威胁生命。

大气污染对动植物的危害也是十分严重的。大气污染物尤其是二氧化硫、氟化物等浓度很高时，会使植物叶表面产生伤斑，或者直接使叶枯萎脱落，影响植物生理机能，甚至致其死亡。大气污染对动物的危害与对人体的危害情况相似。此外，大气污染还可能引起酸雨。酸雨会杀死土壤微生物，使土壤酸化，降低土壤肥力，危害农作物和森林。因此，若大气污染严重，可能会造成动植物大量死亡，进而破坏生态平衡，影响生态环境；还可能使农作物的产量和品质下降，进而影响农业整体发展。

党的十八大以来，我们党和国家坚决向污染宣战，制订实施大气污染防治行动计划，大气污染治理成效显著，环境空气质量明显改善。但是，现阶段的大气环境治理工作仍需发力，一方面，秋冬季 PM2.5 浓度较高导致重污染天气多发、频发；另一方面，夏季臭氧浓度呈缓慢上升趋势，造成全国优良天数比率下降。

二、维护生态安全的途径与方法

当前我国生态安全形势依然严峻，需要坚持推进绿色发展、生态系统保护和修复、重大环境问题治理等措施，积极建设美丽中国。

（一）健全生态保护和修复制度

改善生态环境，维护生态安全必须健全生态保护和修复制度，具体来说主要包括以下几点：

第一，坚持人与自然和谐共生，尊重自然、顺应自然、保护自然，保护野生动物和濒危植物及其生存环境；第二，统筹山水林田湖草一体化保护和修复，完善天然林保护制度，扩大退耕还林还草；第三，加快建立健全国土空间规划和用途统筹协调管控制度，统筹划定落实生态保护红线、永久基本农田、城镇开发边界等空间管控边界以及各类海域保护线，完善主体功能区制度；第四，加强长江、黄河等大江大河生态保护和系统治理，除国家重大项目外，全面禁止围填海；第五，开展大规模国土绿化行动，加快水土流失和荒漠化、石漠化综合治理，保护生物多样性，筑牢生态安全屏障，构建天地一体化的生态安全监测预警和评估体系，严格落实企业主体责任和政府监管责任，推进生态环境保护综合行政执法，实行生态环境损害责任终身追究制；第六，大力加强生态安全国际合作，融入全球绿色发展。

（二）加大环境治理力度

1. 大气污染防治

秋冬季治理大气污染力度不减

防治大气污染，必须将大气环境保护工作纳入国民经济和社会发展计划，合理规划工业布局；有计划地控制或者逐步削减各地方主要大气污染物的排放总量；各级公安、交通、铁道、渔业管理部门根据各自的职责，对机动车船污染大气实施监督管理；鼓励和支持开发、利用太阳能、风能、水能等清洁能源；加强植树种草、城乡绿化工作，因地制宜地采取有效措施做好防沙治沙工作，改善大气环境质量。

2. 水污染防治

防治水污染，应当坚持预防为主、防治结合、综合治理的原则，优先保护饮用水水源，建立健全对位于饮用水水源保护区区域和江河、湖泊、水库上游地区的水环境生态保护补偿机制；鼓励、支持水污染防治的科学技术研究和先进适用技术的推广应用，加强水环境保护的宣传教育；禁止企业事业单位无排污许可证或违反排污许可证的规定向水体排放废水、污水，对违反者追究法律责任。

法治在线

2018 年，陈某及其岳父杨某二人在深圳成立了一家清洁服务有限公司，公司业务是为单位和个人提供清理化粪池和疏通下水管道。为谋求个人利益，二人将在罗湖区一公司化粪池内抽取到的本应运送至深圳市城市废物处置中心处理的污水，违规排放到下水管道内。二人第三次作相同处理时，被群众发现并报警。

罗湖区人民检察院依法对其提起民事公益诉讼，罗湖区法院对此案进行审理。法院认为，《中华人民共和国侵权责任法》第六十五条规定，因污染环境造成损害的，污染者应当承担侵权责任。《最高人民法院关于审理环境民事公益诉讼案件适用法律若干问题的解释》第十八条规定，对污染环境、破坏生态，已经损害社会公共利益或者具有损害社会公共利益重大风险的行为，原告可以请求被告承担停止侵害、排除妨碍、消除危险、恢复原状、赔偿损失、赔礼道歉等民事责任。法院最终判处陈某有期徒刑 11 个月，杨某有期徒刑 1 年，各并处罚金人民币 5 万元，扣押在案的作案工具垃圾清运车一辆，予以没收，及赔偿罗湖区人民检察院排水管道清洗等费用共计人民币 26 595 元。

资料来源：《两男子违规排污被判刑！还要赔偿这么多》，澎湃号，2020-9-23

3. 土壤污染防治

应当依法对各类涉及土地利用和可能造成土壤污染的建设项目，进行环境影响评价；生产、使用、贮存、运输、回收、处置、排放有毒有害物质的单位和个人，应当采取有效措施，防止有毒有害物质渗漏、流失、扬散；应当统筹规划、建设城乡生活污水和生活垃圾处理、处置设施，并保障其正常运行；扶持农业生产专业化服务，指导农业生产者合理使用农药、兽药、肥料、饲料、农用薄膜等农业投入品。

4. 荒漠化防治

有关部门应对全国土地沙化情况进行监测、统计和分析，并定期公布监测结果；按照防沙治沙规划，划出一定比例的土地，因地制宜地营造防风固沙林网、林带，种植多年生灌木和草本植物；节约用水，发展节水型农牧业和其他产业；在沙化土地封禁保护区范围内，禁止开垦耕地、修建道路等一切破坏植被的活动。

水害变水利　沙地成“湿地”

炎炎烈日下，黄沙漫无边际，其间零星散布着几株略带绿色而又有些发红的植被，这是大多数人对沙漠的第一印象。然而，走进内蒙古自治区鄂尔多斯市杭锦旗库布齐沙漠水生态治理区，却能看到另一番景象——从沙坡上望去，大大小小的湖泊如水晶般嵌在沙漠之中，岸边灌木丛生，不时有水鸟停下嬉戏。“蓝天碧水金沙滩”，这些只在滨海城市才有的美景是如何“植”入沙漠的呢？

库布齐沙漠是全国第七大沙漠，也是京津地区最近的风沙源。沙漠腹地位于鄂尔多斯市杭锦旗境内，占杭锦旗总面积的52.2%，曾因水资源匮乏一度出现“人退沙进”的恶性局面。

库布齐沙漠紧挨黄河，最近处仅3千米左右。由于冬季气温低，凌期长达120天。封冻致使冰下过流能力减弱，导致开河流凌期间大量凌水抬高水位，严重时可引发凌汛灾害。为此，杭锦旗每年都需要投入大量资金对堤坝进行抢险加固。

为缓解库布齐沙漠水资源短缺与防凌防汛压力，结合从黄河南岸总干渠进行试验性分凌的成功经验与实地勘察论证，杭锦旗决心“引水治沙”。“我们将黄河凌汛期高水位的有害凌水引入沙漠，水在沙漠洼地中形成水面，既改善了沙漠生态，又减轻了凌汛压力。”杭锦旗水利局局长刘海全说。

2015年以来，旗政府花费4 000万元，利用黄河南岸总干渠取水，建成引水闸1座、引水渠38.5千米、生态围堤17.92千米。后又在中央补助的支持下，建成退水闸1座、退水渠3.6千米、延长生态围堤10千米，与总干渠相连通，形成从黄河引水，自流进入库布齐沙漠后退水入黄河的水循环格局。

有了水，沙漠“解了渴”。2015年至今，相关工程已累计分凌引水2亿多立方米，库布齐沙漠形成了近20平方千米的水面和近60平方千米的生态湿地，植物开始恢复生长，一些水鸟到此栖息，荒芜的沙漠渐渐热闹了起来，如图10-3、图10-4所示。

图10-3　20世纪末的库布齐沙漠

图10-4　库布齐沙漠生态公园

5. 水土流失防治

应组织单位和个人植树种草，扩大林草覆盖面积，涵养水源；林木采伐应当采用合理方式，严格控制皆伐；鼓励封禁抚育、轮封轮牧、舍饲圈养；发展沼气、节柴灶，利用太阳能、风能和水能，以煤、电、气代替薪柴等；加强对取土、挖砂、采石等活动的管理；鼓励和支持承包治理荒山、荒沟、荒丘、荒滩，促进土地资源的合理开发和可持续利用。

（三）强化国门安全管理

随着中国逐渐由“世界工厂”向“世界市场”转变，全国口岸检疫截获外来有害生物批次随之增多。以维护国门安全为核心使命的检验检疫部门，必须守住安全底线。

要健全国门生物安全体系，禁止濒危动植物及产品贸易，推进口岸动植检规范化建设，健全“检疫官—查验 CT 机—检疫犬”综合查验体系，强化进出境动植物疫情截获监测、外来有害生物监测和安全风险监控工作，有效防范物种资源丧失和外来物种入侵。

（四）增强全民生态保护意识

生态环境问题是关系所有人的重大社会问题，维护生态安全需要全民参与。为此，要加强生态文明宣传教育，营造全社会关心、支持、参与环境保护的文化氛围，培育生态道德和行为准则。

我们作为青年学生，应增强自身的节约意识、环保意识、生态意识，形成合理消费的社会风尚，积极参与生态保护实践活动，主动承担起维护生态安全的责任。

实践活动　“垃圾分类，你我同行”主题活动

垃圾分类并不是新鲜话题。2019 年，全国地级及以上城市的政府和人民广泛深入研究“垃圾的那些事儿”。“侬是什么垃圾”的灵魂拷问虽让人啼笑皆非，却让垃圾分类走进了千家万户，切实改变了人们的生活方式和生产方式。

为增强环保意识，践行垃圾分类，建设清洁校园，请以“垃圾分类，你我同行”为主题，分组开展活动。具体内容与要求如下：

（1）全班同学每 4～6 人一组，各组选出一名组长。

（2）各小组内部讨论：围绕垃圾分类可在校园中开展哪些活动，每组提出 2～3 个活动。

（3）各小组将所提活动汇总并打乱，然后由各组组长抽取 1 个活动。

（4）各小组围绕所抽取的活动进行内部讨论，并制定活动方案。

（5）各小组根据活动方案实施活动，并通过拍照、录视频等方式进行记录。

教师可参考表 10-1 对各小组进行评价。

表 10-1　实践活动评价表

评价标准	分值	分数小计	教师评价
积极参与活动全过程	10 分		
讨论围绕主题进行，主动献计献策	15 分		
所提活动符合主题，具有可实施性	20 分		
活动方案具体详细，分工合理	25 分		
严格按照方案实施活动，并取得一定成效	30 分		

专题十一

资源安全

11

内容导读

无论是发达国家，还是发展中国家，都将保障资源安全作为其国家资源战略的首要目标。资源安全是国家安全的重要组成部分，并在国家安全中占有基础地位。资源是推进我国工业化、信息化、新型城镇化和农业现代化的重要物质基础。因此，资源安全问题是我们不可轻视的问题。

学习目标

知识目标

- 了解资源安全的主要内容
- 明确资源安全对国家发展和其他领域安全的重要性

能力目标

- 能够准确地说出资源安全面临的威胁与挑战
- 能够熟练地掌握维护资源安全的途径与方法

素质目标

- 增强资源安全意识
- 增强节约意识，带头树立“节约光荣，浪费可耻”的良好风尚

国家安全聚焦

向海取水能否解淡水短缺难题？

淡水短缺

地球表面70%被水覆盖，但淡水资源仅占总水量的2.5%，而在这极少的淡水资源中，又有70%以上被冻结在南极和北极的冰盖中，加上高山冰川和永冻积雪，有87%的淡水资源难以利用。人类真正能够利用的淡水资源是江河湖泊和地下水中的一部分，约占地球总水量的0.26%。预计到2025年，世界上将会有30亿人面临缺水，40多个国家和地区淡水供应将严重不足。

我国幅员辽阔，拥有丰富的海水资源，但是可供人们饮用的淡水资源却并不丰富，人均水资源量为2 200立方米，仅为世界平均水平的1/4，是世界上人均水资源最贫乏的国家之一。人多水少、时空不均是我国的基本水情。具体来看，北方和西部内陆地区主要以资源性缺水为主，南方和东部沿海地区主要以水质性缺水为主。水资源供需矛盾已成为制约我国经济社会持续健康发展的瓶颈。

沿海地区是我国经济最发达的地区，水资源用量大，已造成地下水的过度开采。某专项调研结果显示：我国11个沿海省（自治区、直辖市）所辖的52个沿海城市中，极度缺水的有18个、重度缺水的有10个、中度缺水的有9个、轻度缺水的有9个，近90%的城市存在不同程度的缺水问题。

向海取水

随着经济社会的不断发展，淡水资源就只能等着被消耗殆尽吗？地球上的海水如此丰富，能否将海水淡化，用于解决我国淡水资源短缺的难题？后者的答案是肯定的。如果可以把海水转化为淡水资源，那么我国淡水资源短缺的问题就能够得到解决。

近年来，我国政府高度重视海水淡化技术的开发与利用，海水淡化产业取得了较快的发展，青岛、大连、唐山、日照、舟山等沿海严重缺水城市和海岛地区着力推进海水淡化在石化、核电、钢铁等行业的应用。我国海水淡化产业已经为缓解我国资源性缺水和水源性缺水作出了重大贡献。

青岛是全国严重缺水城市之一，人均淡水资源占有量仅为247立方米，为全国平均水平的11%，城市用水主要依靠跨流域调水。为了从根本上改变缺水的局面，青岛市在国内率先开展海水淡化与综合利用。截至2021年6月，青岛海水淡化规模达22.4万吨/日，约占全国的1/7。2020年，全市海水淡化供水量达到3 702万吨，海水直接利用量约12.3亿吨。

遭遇难题

杭州水处理技术研究开发中心总工程师杨波在讲述海水淡化如何“解渴”时说：“我

国的海水淡化产业虽然进入了产业快速成长期并呈现出了良好的发展前景，但与发达国家水平以及国内需求相比，还存在诸多差距。”与此同时，一些已建成的海水淡化水厂并不能全产能投入，而只用于生产枯水期的补充水。之所以出现这种现象，主要是因为海水淡化的成本太高。

“成本太高”“用不起”是海水淡化水难入市政管网的“罪魁”。“想要不断地降低淡化水成本，直至人们‘用得起’‘愿意用’，还需要‘两条腿’走路，”杨波认为，“在不考虑政策激励因素的情况下，依靠技术进步和规模化的应用来降低成本是最为积极的办法。”随着我国海水淡化技术水平、设备国产化率的进一步提高，工程规模的扩大，制水成本仍有下调空间。

尽管海水淡化技术能够在一定程度上解决淡水资源短缺问题，但是海水淡化技术的普及应用仍面临着一系列难题。人们需要做的是，正视淡水资源短缺的严峻形势，树立珍惜水资源、节约用水的观念，并将其落实到行动中去。

资料来源：陈鲁斌，《青岛每天可淡化海水 22.4 万吨，2020 年直接利用海水超 12 亿吨》，《大众日报》，2021-6-2

有一句名言这样说：“在你的水井干涸之前，你是不会惦记水的。”结合你对水资源短缺现状的认识，谈谈你对这句话的看法，并说说青年学生应该如何为资源安全的保护献上自己的一份力量。

第一讲 资源安全——国家安全的基点

一、资源安全的主要内容

资源安全是指一个国家可以保质保量、及时持续、稳定可靠、经济合理地获取所需自然资源及资源性产品的状态或能力。具体而言，资源安全可分为可再生资源安全和不可再生资源安全两个方面。

（一）可再生资源安全

记录干涸的每一滴水

可再生资源安全是指保证各种可再生资源充足、稳定、可持续供应且价格合理。可再生资源是指能够通过自然力再生更新或增加储量，从而为人类反复利用的资源，如水资源、土地资源、生物资源、海洋资源、可再生能源（如太阳能、风能、生物能等）等。这些资源是人类生产和生活的物质基础，只有在合理利用、合理消耗的情况下才可以不断再生，否则也会数量减少或质量降低，甚至枯竭。因此，我们应当保护可再生资源，并合理地开发和利用。

1. 水资源的保护和开发利用

水是人类生存和经济社会可持续发展的根本保障。早在 1977 年，联合国就向全世界发出严重警告：水资源短缺不久将成为一个比石油危机更可怕的社会危机，因为水资源没有任何物质可以替代。当前，我国水资源短缺，水污染严重，水生态环境恶化，水资源供需矛盾突出，这种形势已经成为影响我国经济社会持续健康发展的主要瓶颈。

我国正处于实现中华民族伟大复兴的关键时期，比历史上任何时候都更加需要清醒地认识自身的国情和水情，尤其需要看到以下事实：严重缺水的危机已经近在咫尺；如果没有水，那么经济发展、粮食安全、生态保护都将“皮之不存，毛将焉附”。因此，从根本上尽快解决水资源短缺的严重制约问题，已成为维护国家安全的当务之急。

面对当前的水资源形势，我们要将集约节约用水理念贯穿于水资源开发利用、治理配置、管理保护的全过程，推广于生产、生活、生态全方位，切实抓好洪水、雨水、中水的资源化利用，提高水资源利用效力和效率。同时，要加强水资源优化配置、水资源节约和保护的宣传，不断增强公民的水忧患意识和节水意识，并让每个公民都参与到水资源的保护和开发利用中来，为建设节水型社会、实现经济社会持续健康发展而努力。

互动空间

水是万物之源。“珍惜水，节约水，爱护水”是每个公民应尽的义务。作为青年学生，我们在日常生活中可以通过哪些形式践行“珍惜水资源，保障水安全”的理念？

2. 土地资源的保护和开发利用

土地资源是人类赖以生存和发展的重要基础，是人类社会不可替代的物质财富。人多地少是我国的基本国情，虽然我国土地资源总量较大，但可高强度开发利用的土地资源较为有限，且区域分布极不平衡。随着人口的迅速增长及工业化和城镇化的发展，土地资源供给的稀缺性与其社会需求的增长性之间呈现出失衡发展的态势。

在人口持续增长、经济快速发展和不合理土地利用方式导致土地严重退化的现实面前，我国土地资源正经受着养活众多人口、满足建设占用、保障农业发展和支撑生态修复的历史性考验，土地资源安全已成为国家经济社会可持续发展的重大问题。保障土地资源安全，既有利于实现国家政治安全和社会稳定，促进国家经济安全体系的建立，又有利于保障全球及区域的生态环境安全，进而促进国民经济的持续健康发展。

因此，我们要坚持新发展理念，实现最严格的节约用地制度、耕地保护制度、生态保护制度，优化国土空间格局，全力提升土地资源保护和利用水平。

案例 1：2021 年 1 月，黑龙江省五常市五常镇莲花村村民马某、吉林省四平市梨树县个体经营户王某等 4 人，以改造土地为名盗采泥炭黑土，涉及耕地 143.15 亩（永久基本农田 90.07 亩）。2021 年 2 月 21 日和 23 日，五常市自然资源局两次现场核查并制止采挖行为，下达《责令停止违法行为通知书》，并于 3 月立案查处，督促整改。该案当事人因涉嫌构成非法采矿罪、非法占用农用地罪而被移送公安机关。3 月底，公安机关将 4 名犯罪嫌疑人全部抓获，移交法院审判。

《中华人民共和国刑法》第三百四十二条规定："违反土地管理法规，非法占用耕地、林地等农用地，改变被占用土地用途，数量较大，造成耕地、林地等农用地大量毁坏的，处五年以下有期徒刑或者拘役，并处或者单处罚金。"第三百四十三条第一款规定："违反矿产资源法的规定，未取得采矿许可证擅自采矿，擅自进入国家规划矿区、对国民经济具有重要价值的矿区和他人矿区范围采矿，或者擅自开采国家规定实行保护性开采的特定矿种，情节严重的，处三年以下有期徒刑、拘役或者管制，并处或者单处罚金；情节特别严重的，处三年以上七年以下有期徒刑，并处罚金。"

案例 2：2020 年 11 月，湖北省十堰某玻纤有限公司未经批准擅自占用十堰市房县红塔镇高碑村集体土地 4.08 亩（永久基本农田 3.92 亩）建设玻纤厂。同月，房县自然资源和规划局立案查处，责令退还土地，拆除地上新建建筑物和其他设施，并处罚款 8.15 万元。

《中华人民共和国土地管理法》（2019 年修正）第三十五条第一款规定："永久基本农田经依法划定后，任何单位和个人不得擅自占用或者改变其用途。国家能源、交通、水利、军事设施等重点建设项目选址确实难以避让永久基本农田，涉及农用地转用或者土地征收的，必须经国务院批准。"

资料来源：崔瑛，《自然资源部公开通报 31 起土地违法案件查处情况新闻发布会》，中华人民共和国自然资源部，2021-5-20

3．生物资源的保护和开发利用

生物资源是指生长在自然界中能够直接或间接被人类利用的、对人类具有现实和潜在价值的基因和物种的总和，包括植物、动物、微生物和人类遗传资源等。它是人类生产、生活资料的基本来源和人类赖以生存的重要物质基础，是生物技术和产业发展的重要基石，是保障国家粮食安全、生态安全、能源安全等的重要战略资源。

生物资源已经深入渗透到人们日常生活的各个领域，特别是在粮食、健康与生态环境事业中，生物资源随着人类认知水平的提升，得到了更有效的利用和开发。进入 21 世纪后，在市场需求的拉动和国际竞争的影响下，一场以发展生物产业、抢占生物经济制高点、确保国家安全为内容的生物科技革命和产业革命正在世界范围内形成。在这种形势下，生物资源成为保障国家资源安全的重要战略物资，以现代生物技术为基础的生物资源的有效保护和开发利用成为保障人民生命健康、支撑国民经济可持续发展的必要条件。

生活实例

青岛建起海洋渔业生物“诺亚方舟”

2020 年 10 月 15 日，中国水产科学研究院黄海水产研究所“国家级海洋渔业生物种质资源库”项目（以下简称“资源库项目”）建安工程通过竣工验收，标志着我国规模最大的海洋渔业生物种质资源库建设完成，如图 11-1 所示。这里的种质资源是指生物体亲代传递给子代的遗传物质。它往往存在于特定品种之中，是培育新品种的物质基础。有了理想的种质资源，才能利用新技术培育出新的品种。

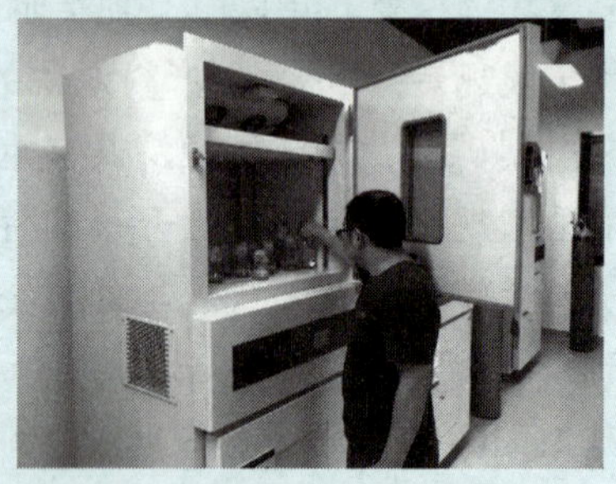

图 11-1　我国规模最大的海洋渔业生物种质资源库

资源库项目从筹划到建成，历时近 20 年。该项目建设以收集、保存与可持续开发利用我国海洋渔业生物种质资源为主线，以海洋渔业经济生物种类、珍稀与濒危物种及重要海洋微生物资源保藏为目标，针对我国不同海域的区域特点及海洋渔业生物资源保护现状，构建基因、细胞、组织、活体、群体等保存库体系，创建起海洋渔业生物资源保护与可持续开发利用国家级技术研发平台。

截至 2020 年 10 月，资源库已经开始了黄海、渤海区域的水产种质资源和渔业生物资源的收集和保藏工作。下一步，将继续收集、鉴定和保藏海洋渔业生物资源，并以此为基础，开展海洋渔业生物资源长期保藏技术及开发、利用等工作。

资料来源：李勋祥，《青岛建起海洋渔业生物“诺亚方舟”》，
《青岛日报》，2020-10-15

互动空间

中国科学院动物所研究员朱朝东说，全球绝大部分的被子植物是通过虫媒传粉的，主要的传粉昆虫是蜜蜂。如果没有蜜蜂，80%以上的植物将消失，世界将面临绝境。

请从生物资源的保护与开发利用的角度，谈谈你对上述观点的理解，并说说你将通过哪些方式争做生物多样性保护的先锋队、传播者和实践者。

4. 海洋资源的保护和开发利用

海洋资源是指在海洋及海底地壳中存在的、人类必须付出代价才能得到的物质与能量的总和。它主要包括海洋矿产资源、海洋化学资源、海洋生物资源和海洋动力资源等。

在人口膨胀、陆地资源短缺等背景下，越来越多的国家将目光投向海洋，加快了海洋资源的开发和利用。我国对资源能源的需求量随着工业化、城市化和农业现代化进程的不断加快而持续攀升，资源对经济发展的约束日渐增强。在这种形势下，全力保护、开发和利用海洋资源，成为实现我国经济社会持续健康发展的重要支撑。

海洋资源的保护、开发和利用主要包括海洋渔业资源的保护、海洋油气资源的勘探与开发、海洋能（如潮流能、波浪能等）的开发与利用、海水的工业应用、海水淡化供应等。我国海洋资源的可开发利用潜力巨大，前景广阔。加大海洋资源保护力度，提升海洋资源的开发和利用程度，对于保障国家资源安全和经济高质量发展有着重大意义。

鹰式波浪能发电装置
——先导一号

随着海洋管理水平的提升和海洋资源利用行业的健康发展，海洋作为一种重要的资源，能够展现出更为广阔的支撑国家和区域发展的潜力，进而为经济社会的发展作出更大贡献。

相关链接

海洋资源的主要内容

海洋资源主要包括海洋矿产资源、海洋化学资源、海洋生物资源和海洋动力资源等。

海洋矿产资源是指海滨、浅海、深海、大洋盆地和洋中脊底部的各类矿产资源（如海底油气资源、海滨复合型砂矿、海底金属矿等）。海洋化学资源是指海水中所含的大量化学物质。海水的成分非常复杂，全球海洋不仅含有达 5 亿亿吨的海盐，还含有大量非常稀有的元素，是地球上最大的矿产资源库。海洋生物资源又称“海洋水产资源”，是指海洋中蕴藏的有生命、能自行增殖和不断更新的经济动物和植物的群体总和。

海洋动力资源主要是指海水运动过程中产生的潮汐能、波浪能、海流能及海水因温差和盐度差而引起的温差能（即海洋表层海水和深层海水之间的温差储存的热能，这种热能可以实现热力循环并进行发电）与盐差能（即海水和淡水之间或两种含盐浓度不同的海水之间的渗透压、稀释热、吸收热等方面的差能，这种能量可以转换成电能）等。

历史纵横

潮汐发电：未来的光明之源

海水的涨潮、落潮是令人赏心悦目的景观，而在这景观背后，有一股神秘的力量——月球引力。这股神秘的力量能引发潮汐，带来潮汐能。潮汐能是一种在海水周期性涨落过程中产生的能量，是重要的海洋动力资源。相比风能与太阳能这些受环境影响较大的不稳定能源，潮汐能的时间可预知，洁净无污染，能量规模庞大且稳定，是不可多得的高质量能源。潮汐发电就是利用潮汐水流的移动或潮汐海面的升降获取电能。

世界上第一个大型潮汐能发电站是1966年投入运营的法国兰斯潮汐能发电站。北美地区的第一个潮汐能发电站是1984年投入运营的安纳波利斯皇家发电站。

潮汐发电在国外发展很快。欧洲各国拥有浩瀚的海洋和漫长的海岸线，所以这些国家拥有大量、稳定、廉价的潮汐资源，它们在开发利用潮汐方面一直走在世界前列。英、法、加等国在潮汐发电领域的开发与研究方面始终保持着领先优势。

我国潮汐能的开发始于20世纪50年代。1957年，我国在山东建成了第一座潮汐发电站。1980年，我国第一座"单库双向"式潮汐电站——江厦潮汐电站正式发电，如图11-2所示，装机容量为3 000千瓦，年平均发电1 070万千瓦时，落成时规模仅次于法国朗斯潮汐电站，是当时世界上第二大潮汐发电站。

图11-2 江厦潮汐电站

如今，我国潮汐发电行业不仅在技术上日趋成熟，而且在降低成本、提高经济效益方面也取得了较大进展，已经建成了一批性能良好、效益显著的潮汐电站。

在全球范围内，潮汐能是海洋资源中开发技术最成熟和利用规模最大的一种。我国海岸线漫长曲折，蕴藏着丰富的潮汐能资源，在优化电力结构、促进能源结构升级的大背景下，开发和利用潮汐能是顺应社会趋势之为，对于缓解我国能源危机具有重大意义。

5. 可再生能源的保护和开发利用

可再生能源是指太阳能、风能、水能、生物质能（即植物叶绿素将太阳能转化为化学能后储存在生物体内部的能量，如树枝、农作物秸秆中储存的能量）、地热能等非化石能源。这些能源是绿色低碳能源。在全球能源格局深刻调整、能源治理体系加速重构、新一轮能源革命蓬勃兴起的大背景下，清洁低碳已成为全球能源转型发展的必然趋势。

实践证明，可再生能源不仅能够提供清洁替代能源，还能够推动装备制造等相关产业发展。保护、开发和利用可再生能源，对于保障能源安全、保护生态环境、应对气候变化、实现经济社会持续健康发展具有重要意义。因此，我们要树立绿色、低碳发展理念，把发展可再生能源作为一项重大战略举措，统筹能源资源的保护、开发和利用，在保护中开发，在开发中保护，积极培育符合生态文明要求的能源发展模式，坚持集中与分散开发利用并举，以风能、太阳能、生物质能利用为重点，大力发展可再生能源。

科技之光

敦煌“逐日追光”，铸就新能源产业“瀚海灯塔”

长期以来，敦煌以“敦煌石窟”“敦煌壁画”闻名于世。而大部分人可能不知道的是，近年来，敦煌先后获得“全国首个百万千瓦级太阳能发电示范基地”“国家首批新能源示范城市”“中德新能源示范城市”等诸多“高新尖”荣誉称号。

敦煌市的水能、煤炭、石油及天然气资源较为缺乏，但太阳能、风能资源条件优越，新能源开发利用空间巨大。于是，敦煌市坚定贯彻新发展理念，在新型工业上坚持走绿色循环路径，使新能源产业蓬勃发展、如火如荼。

从 2009 年至 2019 年，共有 30 多家国内外新能源企业落户于敦煌光电产业园区，新能源产业从无到有、从单一技术到集群并进，已成为敦煌国际文化旅游名城建设的重要支撑和靓丽风景。2021 年，新能源在敦煌当地的应用领域不断拓展，从城市公共交通，到乡村微公交，乃至医院学校等，都逐渐启用了新能源。

与此同时，敦煌也致力于光热资源的开发与利用。在敦煌光电产业园区西边的广袤戈壁上，矗立着两座百米混凝土高塔，30 千米以外都能看到。南边稍高一点的高塔顶端异常耀眼，如同一盏明亮的“瀚海灯塔”，这是 2018 年底并网投产的敦煌熔盐塔式光热发电站的吸热塔，如图 11-3 所示。

这座吸热塔周围安装了 12 000 多面反光镜，每面镜子的面积达到了 155 平方米。当太阳升起时，反光镜会自动跟着光线移动，并保持最佳的反射角度，尽量将阳光全部聚集到装有集热装置的塔顶上。聚集的阳光可以产生超过 1 000℃的高温，吸热塔源源不断地将热量传递到塔下 3 万吨的熔盐中对熔盐进行加热。加热后的熔盐就能实现发电：一部分热能进入蒸汽系统，通过蒸汽推动汽轮机发电；另一部分热能则存储在熔盐罐中，等到太阳下山之后开始释放热量，推动汽轮机发电。

图 11-3　熔盐塔式光热发电站的吸热塔

这座电站是我国首个百兆瓦级商业化光热电站、首批光热发电示范电站之一，也是目前亚洲装机最大，全球聚光规模最大、吸热塔最高、储热罐最大，可 24 小时连续发电的 100 兆瓦熔盐塔式光热电站。

与光伏发电相比，太阳能光热发电具有连续、稳定输出的特点，被认为是一项具备成为基础负荷电源潜力的新兴能源应用技术。

资料来源：《回眸十三五，迈向新时代——敦煌“逐日追光”铸就新能源产业“瀚海灯塔”》，澎湃网，2020-10-28

（二）不可再生资源安全

不可再生资源是指经人类开发利用后，在相当长的时期内不可能再生的自然资源，如矿产资源、煤炭资源、油气资源、土壤资源、核能等。不可再生资源的形成、再生过程非常缓慢，相对于人类历史而言，几乎不可再生。因此，我们应该有计划地开发和利用不可再生资源。

由于人类不断地、越来越大量地开发和使用不可再生资源，不可再生资源的储量逐渐减少，有的甚至濒临枯竭。面对不可再生资源日渐短缺的严峻形势，加强对不可再生资源的保护、开发和利用迫在眉睫。保护不可再生资源的安全是提高资源保障能力、维护国家经济安全的需要，对国家安全建设有着重大意义。保障不可再生资源的安全，首先应该提高现有的技术水平，加强对不可再生资源的勘查、保护、开发和管理，提高不可再生资源的利用水平。

以矿产资源为例，我国矿产资源总量大、人均占有量小，一般矿多、大宗战略性矿产少，贫矿多、小矿多、共伴生矿多，对其进行保护、开发和利用，必须提高现有的勘查和开采技术，将一些低品位矿产和矿石中的伴生矿物充分利用起来，坚持不懈地开源节流，夯实国家矿产资源安全基础。

二、资源安全的重要性

资源作为战略保障，是国家政治安全、军事安全的基础，是经济社会平稳、持续健康发展的必备条件。资源安全在国家安全中居于重要地位，只有保障国家资源安全，才能满足经济社会发展对于资源的需求，提高一国政治、经济和外交的国际竞争力，进而促进民族的生存和发展。资源安全的重要性主要体现在以下两个方面。

（一）资源安全是国家安全的重要支撑

资源安全对国家繁荣发展、人民生活改善、社会长治久安至关重要。它是国家安全的重要支撑，主要体现在以下三个方面。

1. 资源是人类生存发展的基础

资源是人类社会赖以生存的基础，也是经济社会发展的基础。有了资源保障、资源安全，才有经济社会安全和发展的基础。如果没有可靠的资源供应，人类的生产、生活就不能进行，经济就会崩溃，社会就会动荡，政权就会失去存在的基础。由于有些资源（如油气资源等）关系到国家发展的命脉，国家之间甚至会因资源问题而发生冲突乃至战争。

2. 资源是衡量国家实力的因素

资源的掌控量是衡量国家实力的重要因素。纵观古今中外历史，控制资源往往是大国竞争博弈的主要原因之一。即使在当前总体和平的国际环境下，资源安全问题依然是各主要大国国家战略中的重要方面。当今世界正经历百年未有之大变局，这一变局不仅是中华民族从站起来、富起来到强起来的变局，也是国际力量对比东升西降的变局。在这一变局中，资源是国家力量的体现，也是国家发展必须牢牢掌握在自己手中的命脉。

3. 资源内涵延伸支撑作用凸显

随着经济社会的发展变化，资源的内涵不断发生着变化。资源安全不仅体现在占有资源的数量、分布上，还体现在资源利用水平、精深加工技术水平、资源供给的多样性和稳定性上。因此，资源安全的深度和广度会不断延伸。这会导致资源安全对国家安全的支撑作用进一步凸显。

历史纵横

“两桶油”的营收、净利润随原油价格共振变动

自 2010 年至 2020 年，伴随国际原油价格的起伏涨落，我国“两桶油”——中石油、中石化的业绩也随之波动。业内人士表示，油价下跌会缩减国内原油生产商的利润空间。自由油井的勘探与开采需要较高的成本与技术含量，这部分成本不会随油价下跌而下降，反而会因油井的经济价值降低，摊销成本大幅上升。

自 2010 年以来，原油价格主要经历了两次大幅度的上涨和三次较大幅度的下跌。其中，两次上涨分别是 2010 年至 2011 年、2017 年至 2018 年；三次较大幅度的下跌，分别是 2012 年 3 月至 6 月、2014 年 6 月至 2016 年 1 月和 2018 年 10 月至 2020 年 4 月。

与之相伴的，是中石油、中石化的业绩波动。

2010 年，原油价格大幅上涨，中石油与中石化的营收分别增长 43%和 42%；净利润分别增长 35%和 13.70%。

进入 2011 年后，原油价格先抑后扬，纽约原油价格全年累计上涨 8%，布伦特原油价格全年累计上涨 13%。当年，中石油、中石化分别实现 37%、31%的营收增速，净利润增速则有所下降，中石油减少 5%，中石化微增 2%。

在 2012 年至 2014 年间，原油价格小幅波动，在此期间，中石油与中石化的营收与净利润规模也较为平稳。2012 年第二季度，原油价格有小幅跌落，中石油与中石化的净利润在该年分别减少 13.26%和 12.76%。

2014 年，面对美国页岩油产量大增和石油输出国组织（OPEC）产油国增产的双重打击，国际油价出现大幅跳水。在此期间，中石油与中石化的营收双双下滑。在净利润指标上，中石油受原油价格下滑的影响更大；中石化虽有小幅下跌，但整体平稳度过。

2014 年至 2016 年，中石油的营收连降三年，分别为 2.29 万亿元、1.75 万亿元、1.64 万亿元。中石化的营收下滑趋势与中石油同步，从 2014 年的 2.82 万亿元降至 2016 年的 1.95 万亿元。中石油、中石化的净利润在上述时间段内同样出现下跌，中石油从 2014 年的 1 072 亿元，降至 2016 年的 78.57 亿元，2016 年中石油的净利润降幅近 8 成，创下历史新低。

中石油在 2016 年度报告中表示，自 2014 年下半年以来，由于全球和区域经济、政治及原油供求的变化，国际原油价格大幅下跌，并在较低水平上波动。由于原油价格大幅下跌，2015 年中石油勘探生产部门的实际利润为 339.61 亿元人民币，比 2014 年的 188.97 亿元下降了 81.8%。中石油表示，如果原油价格今后继续大幅下跌，很可能会推迟或减少勘探和生产部门的资本支出规模。

2017 年至 2018 年间原油价格逐渐回升，中石油与中石化的营收基本涨回至 2014 年原油下跌前的水平，而净利润虽有回升但距离油价大跌前的盈利能力仍有较大差距。

资料来源：范迪，《原油价格如何影响“两桶油”：业绩与原油涨跌正相关，中石油比中石化更受冲击》，搜狐财经，2020-4-23

（二）资源安全是其他领域安全的依托和载体

资源安全与其他领域安全都有着直接或间接的联系，它对其他领域安全的保障发挥着重要的依托作用。例如，资源的权属关系是国家政治制度的重要内容；控制国土上的资源是维护国土安全的重要内容；没有充足的、稳定的资源供应，经济就无法正常运行，社会就无法稳定发展，军事安全、科技安全、网络安全、核安全等就得不到原料保障；只有高效地利用资源，生态安全和资源安全才能协调兼顾；等等。

第二讲　节约集约利用资源　坚决维护资源安全

资源维系着我们的生存与发展。然而，在资源弥足珍贵的严峻形势下，还存在着资源低水平利用、非法占用、破坏资源等现象。这些现象严重影响着我国的资源安全。因此，维护资源安全尤为紧迫！

一、资源安全面临的威胁与挑战

（一）资源供需矛盾形势严峻

我国既是世界主要的资源生产大国，也是世界主要的资源消费大国，淡水、石油、天然气、耕地等资源的供应和需求长期处于失衡状态。这种失衡状态主要体现在以下两个方面。

1. 水资源供需矛盾突出

水是事关国计民生的基础性自然资源和战略性经济资源，水安全问题事关我国经济社会发展稳定和人民健康福祉。我国人多水少，且水资源时空分布严重失衡，北方地区水资源严重不足，资源性缺水、工程性缺水、水质性缺水并存，华北、西北等一些地区水资源、水环境承载能力严重不足，水资源供需矛盾突出。与此同时，水污染现象和用水方式粗放增加了供水压力。

随着工业化、城镇化深入发展，我国的用水需求将呈刚性增长，水资源面临的形势将更为严峻。水资源危机将成为威胁我国经济社会持续健康发展的一个突出问题。

相关链接

我国异常严峻的水资源短缺形势

当前，我国水资源短缺的形势异常严峻，主要体现在以下三个方面。

一、人均水资源占有量严重不足

虽然我国每年地表径流（即大气降水落到地面后，除去变成水蒸气和渗入地下的部分降水之外，沿着地表斜坡汇入溪流的水流）水资源总量位居世界第六，但人均水资源量只有2 063立方米，仅为世界平均水平的28%，是美国的20%、巴西的8%、加拿大的2%。

二、水资源的时空分布极不均衡

（1）水资源的空间分布与土地、人口和生产力布局严重错位。长江以北的耕地面积占全国的64%、人口占46%、GDP占44%，而拥有的水资源却仅占19%；

长江以南的耕地面积占全国的36%、人口占54%，而水资源占有却高达81%。人、地、水不平衡的矛盾在京津冀和西南诸地区表现得最为明显：京津冀地区承载着全国2%的耕地、8%的人口和11%的经济总量，却仅拥有全国1%的水资源；西南诸地区耕地仅占全国的1.8%，人口仅占1.5%，却拥有全国21.6%的水资源。

（2）水资源量年际差别大，年内分配则相差更为悬殊，致使洪旱灾害的威胁特别严重。地表径流在时间上的集中程度反映了水资源的优劣。我国每年汛期（5—8月）的地表径流量占全年70%左右（海河、黄河部分地区超过80%，西北诸河地区高达90%），这使得本来就严重不足的水资源量中，2/3以上都是威胁人们生命财产的洪水径流量，而冬春季节的枯水又导致农业干旱。我国自古以来洪旱灾害频发，尤以长江、黄河流域严重。

三、水资源短缺已威胁国家安全

（1）生产用水、生活用水和生态用水之争日益尖锐，粮食安全受到严峻挑战。北方“严重缺水”和“缺水”的12个省份，长期靠牺牲生态环境用水来维持经济社会发展用水需求。京津冀人均水资源量大大低于国际“严重缺水”的警戒线，70%的用水量依靠地下水超采。与此同时，我国50%的耕地处于干旱半干旱地区，而当前农业抵御洪旱灾害的能力远远不够，必须靠超采地下水才能维持粮食生产，这使得粮食安全面临严峻挑战。

（2）深层地下水严重超采，华北平原已成全世界最大的漏斗区。地下水超采不像黑臭水体、空气污染能马上被人们感觉到，但其能引起河道断流、湖泊干涸、湿地萎缩、地面沉降、海水倒灌等严重后果，进而导致地下水水质持续恶化。截至2018年6月，全国已有50多个城市发生地面沉降和地裂缝灾害，沉降面积高达9.4万平方千米；沿海地区频频发生海水倒灌，造成群众引水困难、土地盐渍化、农田减产或绝收。

在水资源短缺的严峻形势下，如何保障粮食安全、完成工业化并实现经济社会持续健康发展，是中国面临的前所未有的挑战。

资料来源：王亦楠，《解决水资源短缺的制约是生态文明建设和维护国家安全的当务之急》，中国水网，2018-6-26

2. 土地资源形势严峻

一方面，我国土地资源紧缺，具有“一多三少”的特点，即总量多、人均耕地少、高质量的耕地少、可开发的后备土地资源少。我国人均土地面积仅相当于世界人均土地占有量的1/3，人均耕地面积仅相当于世界人均耕地占有量的40%，各类土地资源分布不平衡，土地生产力水平低。我国耕地后备资源潜力约为2亿亩，但真正可以开发为耕地的却只有1亿亩左右。

另一方面，随着工业化进程的加速，我国土地资源的污染和破坏变得相当严重。土地的不合理利用对土地生态产生了恶劣的影响，打破了原始生态平衡，导致植被破坏、地面

沉陷、水土流失、土地荒漠化、优质耕地和生态用地被大量占用，出现江河断流、湖泊干涸、地下水位下降、水质和土壤污染等现象。土地资源遭到严重破坏，使得土地的经济产出和可持续发展受到重大影响。

综上所述，我国土地资源的形势十分严峻。

（二）资源对外依存度高

长期以来，我国一直存在着能源和矿产资源供给能力严重短缺的问题。我国资源总量大、人均少、质量不高，一些主要资源人均占有量与世界平均水平相比普遍较低。2021 年，我国重要资源的对外依存度进一步攀升，其中石油资源的对外依存度达到70%以上，铜和铁矿石的对外依存度均超过了 80%。未来，我国资源净进口品种还将增加，铜、镍、铬等多数矿种的对外依存度将扩大，铁矿石、铝等少数矿种的对外依存度将长期处于高位状态。

我国资源对外依存度呈上升趋势且居高不下，资源必须大量依靠进口。从进口运输通道方面看，我国资源进口集中于海运，主要海运通道均须穿过马六甲海峡和南海，通道安全保障也面临着多种威胁。

（三）资源开采过度和利用水平不高

在近百年的时间内，我国对资源的开采强度过大，很多资源都已经接近枯竭。从国内的资源生产来看，由于过去多年的高强度开发，主要矿种的产量占全球产量的比重远高于储量占全球储量的比重，开发强度远超过了世界平均水平；由于我国矿产冶炼加工产能扩张太快，出现了钨、锑等优势资源也需要大量进口矿石的情况。总之，高强度的开采导致国内资源大量消耗，进一步削弱了我国资源的可持续供应能力。

与此同时，由于我国资源的开采方式粗放，初级冶炼加工产能过剩，非法开采、超指标开采、采富弃贫等问题屡禁不止，科技创新能力不足，所以各类资源的整体利用水平不高，资源浪费问题突出。以矿产资源开发利用为例，我国金属矿共、伴生资源相当丰富，但综合利用率达到 70%的有色金属矿山仅占 2%，达 50%的矿山不到 15%，国内有色金属矿产资源综合利用率远低于国外先进水平。此外，资源开采引发的生态破坏问题产生了高昂的经济成本和社会成本，并增加了资源供给的压力。

二、维护资源安全的途径与方法

资源安全是关系国家经济社会发展的全局性、战略性问题，维护国家资源安全可以通过以下途径进行。

扫一扫

绿色低碳——氢能发展

按下“加速键”

（一）推进绿色发展

绿色发展是建立在生态环境容量和资源承载力的约束条件下，将环境保护作为实现可持续发展重要支柱的一种新型发展模式。绿色发展理念以人与自然和谐为价值取向，以绿色低碳循环为主要原则，以生态文明建设为基本抓手。在维护资源安全方面，推进绿色发展的途径与方法主要包括以下几种。

1．推进能源生产消费革命，构建清洁低碳能源体系

推进我国能源清洁低碳转型发展是落实国家能源安全新战略的迫切需要。具体而言，可以从以下四个方面进行：坚持清洁低碳导向，推动能源绿色生产消费；坚持创新核心地位，加快能源科技自主创新；坚持以改革促发展，持续完善能源治理体系；坚持推动构建人类命运共同体，全方位加强能源国际合作。

2．全面实施国家节水行动，实现经济高质量发展

节水贯穿经济社会发展全过程，涉及农业、工业、服务业等领域，涉及单位、家庭、个人等用水主体，是所有用水者共同的社会责任，需要全民自觉行动起来。实施国家节水行动，应发挥各地各部门的积极性，广泛动员各行业用水主体共同参与，自觉增强节水意识，规范用水行为，形成节水型生产和生活方式，营造全社会节水的良好风尚。力争通过实施国家节水行动，严格管控生产用水，推进工业企业节水改造，推行水循环梯级利用，促进调整经济结构和完善经济发展方式，倒逼产业转型升级、经济提质增效，实现经济社会发展与人口、资源、环境相协调。

3．推进资源节约循环利用，倡导绿色低碳生活方式

具体而言，应做到以下三个方面：

首先，要坚持资源节约优先。节约资源是保护生态环境的根本之策，是缓解资源供需紧张状态、提高资源安全程度的必要措施。因此，必须建立资源节约型的国民经济体系，倡导以建立节地、节水为中心的集约化农业生产体系；建立以节能、节材为中心的节约型工业体系；建立以节省运力为中心的节约型综合运输体系；建立以适度消费、勤俭节约为特征的生活服务体系。

其次，要加强资源循环利用。资源循环利用不仅是消纳固体废物的有效途径，还能缓解资源、能源和环境的压力，增加国民经济收入，创造就业机会，因此深受大多数国家的高度重视。我国未来应大力开展玻璃、金属材料、纸张等资源的回收利用，促使城镇居民用水和工业用水的循环利用，加强资源生产过程中的废弃物，尤其是金属矿产中的伴生矿物或低品位矿石等的再利用。总之，应建立资源循环利用体系，以最低的成本实现资源利用的良性循环。

基于我国互联网的规模优势和应用条件，可以充分发挥现代化信息技术在资源循环中的基础性配置作用，大力推动“互联网+”与再生资源分类回收、公共服务平台和再制造的深度融合，充分运用互联网、物联网、云计算、大数据技术，打破资源循环信息不对称格局，建立规范的回收利用体系，减少流通环节，加速我国资源循环传统模式的转型升级，促进资源循环利用产业健康持续发展。

最后，要倡导绿色低碳的生活方式。绿色低碳的生活方式是一种勤俭节约、文明健康的现代生活方式，是对以牺牲生态环境换取一时一地经济增长做法的坚决摒弃，是对“先污染后治理”老路的必然淘汰。推进生产方式绿色转型，要转变发展思路，以管理和技术

为手段，实现从源头到末端的全过程“绿化”；推动构建绿色低碳循环发展的产业体系；政府部门要通过开展一系列具体活动（如建设绿色低碳社区、绿色低碳学校、绿色低碳机关等）来引导公众积极参与其中，形成良好风尚。

生活实例

“互联网+二手”更规范，“闲置经济”成潮流

在消费选择愈加多元化的当下，“喜新不厌旧”的二手消费成为一种趋势。人们不再因购买二手商品而难以启齿，形形色色的二手商品交易构筑起庞大的二手消费市场。与此同时，通过“互联网+二手”模式，二手电商成为规范二手商品市场规范发展、促进绿色消费和经济社会低碳可持续发展的助推力。

说起“互联网+二手”模式，人们通常会想到“闲鱼”“转转”等平台。阿里巴巴公布的2020年财报数据显示，“闲鱼”平台上的二手物品在2020年的交易总额超过了2 000亿元。例如，2020年在“闲鱼”平台上成交的Kindle阅读器超过了40万台，平均每月超过3万台。

在由腾讯和58同城共同投资的“转转”平台上，二手商品交易服务覆盖30多个品类，包括手机数码、图书、服装鞋帽及家电家具等。同时，“转转”平台通过提供质检、质保和售后等履约服务来不断提升用户对二手商品交易的信任度。2020年，“转转”平台上二手商品交易人数达1 929.8万人。

除了“闲鱼”和“转转”这种大综合的平台，各种分门别类的交易平台也纷纷涌现，并发展得如火如荼。例如，二手手机交易平台“爱回收”的用户规模达到百万人次；瓜子二手车、优信二手车都得到了数十亿级别的融资；等等。

如今，通过互联网买卖二手商品甚至已经被年轻人当作一种时尚潮流，这种潮流使得闲置经济得以迅速发展。从本质上看，二手商品交易是围绕存量资产进行的一种交易，是一种非常典型的循环经济业态。它能通过对物品的循环利用，提高物品在其生命周期中的利用效率，进而使其产生更大的价值。从这个角度来说，闲置经济的充分发展是市场和社会走向成熟的外在表现。

资料来源：邓雅蔓，《“互联网+二手”凭什么撬动万亿元市场？转转：完善标准化履约服务促进循环经济发展》，《中国经济周刊》，2021-7-7

4. 构建绿色技术创新体系，促进绿色低碳产业发展

绿色技术是指降低消耗、减少污染、改善生态、促进生态文明建设、实现人与自然和谐共生的新兴技术，涉及节能环保、清洁生产、清洁能源、生态保护与修复、城乡绿色基础设施、生态农业等领域，涵盖产品设计、生产、消费、回收利用等环节的技术。绿色技术创新正成为全球新一轮工业革命和科技竞争的重要新兴领域。伴随我国绿色低碳循环发展经济体系的建立健全，绿色技术创新日益成为绿色发展的重要动力，成为打好污染防治

攻坚战、推进生态文明建设、推动经济高质量发展的重要支撑。

5. 推进资源经济转型发展，走出本地发展特色道路

支持资源型地区经济转型发展。依靠资源以至于依赖资源，是资源型地区的典型特点。为摆脱资源依赖，资源型城市必须推进转型发展，走出适合自己的道路。无论以何种形式走出资源枯竭困境，都必须坚持以改善民生为中心、以绿色发展为遵循、以多元产业为支撑、以长效机制为保障、以统筹规划为引领，准确把握新的历史方位和矛盾变化，以改革创新的精神做好各项工作，走出经济社会持续健康发展的新道路。

绿色发展

四川攀枝花：走绿色转型之路，逐“绿富美”城市梦

四川省攀枝花市是资源型重化工业城市，受资源禀赋、产业结构、开发背景、自然环境等因素影响，在一定时期内污染严重，环境问题突出，整个城市常常呈现出工厂冒黄烟、煤灰漫天、江水浑浊、天空灰暗的景象，城市树木长年蒙着厚厚的一层灰，连市民的鼻孔都是黑色的。2004 年，全市空气环境质量优良率仅为 16%，被评为“全国十大空气污染城市”之一。但是，2014 年，攀枝花市却成为“全国呼吸环境十佳城市”之一。为什么攀枝花能在十年间实现由黑色化、百里钢城向绿色化、阳光花城，如图 11-4 所示的转变？

图 11-4　阳光花城攀枝花市

原来，在这十年间，攀枝花市以加快建设攀西国家战略资源创新开发试验区、全国阳光康养旅游目的地为契机，发展与绿色并举，最终实现了由工矿基地向生态宜居城市、由钢铁之城向阳光花城、由传统三线建设城市向开放包容城市的转变。

具体来说，在追逐“绿富美”城市梦的转型道路上，攀枝花市实施了以下三个方面的有力措施。

一、发挥比较优势，做好一“加”一“减”两篇文章

攀枝花市找准了钒钛和阳光两大比较优势，努力做好一“加”一“减”两篇文章。

一方面，做“减法”。陆续关停多家小矿山、小钢厂，压缩数百万吨钢铁产能；加快发展矿业、钒钛、机械制造、新能源、新材料等重点产业，逐步由钢铁经济为主向钒钛、钢铁经济并进转变，由初级产品向精深加工转变。着力打造“五个一”：建实一个“高”“新”特色鲜明的国家钒钛高新区，建设一个聚集全国钒钛交易资源的国家钒钛交易所，建强一个部省市共建、产学研协同的国家钒钛重点实验室，建成一个具有标准主导权的国家钒钛质检中心，建好一批有实力的钒钛企业。

2016 年，攀枝花钒钛产业工业总产值约为 143.5 亿元，同比增长 71.8%，同时，万元 GDP 能耗、二氧化碳排放量和建设用地比五年前分别下降了 33.6%、39%、34.5%。

另一方面，做“加法”。依托适宜人类休养生息的海拔高度、温度、湿度、洁净度、优产度、和谐度“六度”禀赋，提出“康养”理念，率先创建“中国阳光康养旅游城市”，相继探索出了“康养+农业”“康养+工业”“康养+医疗”“康养+旅游”“康养+运动”等“康养+”业态，串起了产业融合发展链。

二、坚持绿色发展，筑牢长江上游生态屏障

攀枝花市围绕生态优先、绿色发展，筑牢长江上游生态屏障，保护好江河之水，保护好绿水青山和蓝天白云，开展了多项重大行动并已取得成效。一是打响选矿行业污染综合整治攻坚战，强化环保问题督促整改力度。二是全面落实“河长”制工作。980 名专（兼）职环保员，织起一张“零死角”的全域环保监管网络，坚持目标导向，“早发现、早制止、早查处”，切实开展环保突出问题的整改工作。三是实施整治修复工程。实施岩溶地区石漠化综合治理工程、水源及流域综合治理工程，以及干热河谷脆弱区生态修复工程，摸索出“良种壮苗、大坑客土、水源配套”的造林思路。

三、共享发展成果，不断加强和改善民生

攀枝花市始终坚持发展为了人民、发展依靠人民、发展成果由人民共享，着眼于满足人民群众最基本、最关心的高质量需求，不遗余力推进各项民生工程，如攀枝花市改造棚户区、完善居民医疗卫生服务体系、提升教育教学质量等，不断加强和改善民生，切实提升全市人民获得感、幸福感、自豪感和归属感。

资料来源：大强，《攀枝花：走好转型路，逐梦“绿富美”》，《四川日报》，2017-10-18

互动空间

虽然新能源汽车的普及早已被提上日程，但就目前来看，部分公众依然对新能源汽车不甚了解，对相关车企品牌的感知也较弱。请结合本章内容和你的生活

经验，谈谈新能源汽车的推广与使用在环境保护和资源利用方面的重要意义，并为新能源汽车的推广提出建议。

（二）提高资源开发利用水平

提高资源开发利用水平是节约资源、确保资源安全的重要手段。具体来说，可以从以下两个方面入手。

1. 强化资源综合利用

资源综合利用是推动资源利用方式根本转变、大力节约集约利用能源资源、发展循环经济的有效手段，也是落实工业绿色发展要求的坚实保障。要提升资源的综合利用水平，首先要全面摸清资源综合利用的现状，全面分析资源潜力，找准阻碍资源利用效率提高的关键因素，为科学制订资源开发保护规划，实行资源分类精准治理提供可靠依据；其次，应实行土地资源综合利用效率、农业生产效率、生态供给效率差别化评价考核，调动地方政府优化资源利用积极性，全面推动资源节约利用；最后，加强领导干部资源国情教育，提升城乡居民节约意识，加强再生资源（即在社会生产和消费过程中产生的可以利用的各种废旧物资）利用，做好再生资源回收利用全过程的污染防治工作，全面推行垃圾分类，不断提高垃圾减量化、资源化利用水平。

2. 确保稀有资源供应

稀有资源在现代高新技术和国防建设中具有重要用途，属于战略物资范畴，对国家安全和经济安全至关重要。在当今世界制造业竞争激烈的环境中，一个国家要发展航空航天、电子设备、汽车产业、造船业等行业，就离不开稀有资源的开发与利用。我国的稀有资源有稀土、锂矿、钨矿、铀矿、铊矿、钴矿、石墨矿、可燃冰等。为了维护国家安全，我们必须建立国家重要稀有资源保护性开发制度，明确重要稀有资源的法律地位，对不可再生的稀有资源进行保护，并确保这些资源的可持续供应。

时事博览

我国发现大量稀有资源，禁止对外出口

世界上绝大多数自然资源都是不可再生的。在各国未来的发展中，谁有资源优势谁就有发展优势。因此，为了实现可持续发展，各个国家之间都在进行资源储备，有的国家不开采自己国内的资源，反而大量进口所需资源。在资源储备方面，我国也是不甘落后的。

我国地大物博，自然资源尤其是稀有资源都是比较丰富的。稀有资源都是不可再生的，但是它们作为现代工业，尤其是战略性新兴产业的关键原材料，在国民经济中扮演着越来越重要的角色。因此，对于有些稀有资源，我国会合理地开采，也会限制出口。

2018 年，地质专家们传来了好消息，他们在云南省金平县马鞍山发现了大量的珍

贵稀有资源——4 023 吨伴生钪矿资源。钪是一种非常稀少、非常珍贵的矿产资源，目前在全球范围内已经探明的储量也只有 200 万吨。正是因为稀少，所以它非常昂贵，其价格曾经被炒到黄金价格的 10 倍之多，回落之后也是黄金价格的 4 倍左右。我国发现的这一批钪矿资源的经济价值有 600 多亿元。此次发现的 4 023 吨超大型伴生钪矿资源，在云南乃至全国实属首次，按照近几年的市场价格测算，该矿钪的价值超过 600 亿元，堪称是中国的一个“聚宝盆”。

钪只需要很小的能耗就能释放出更大的光能，是一种高效、环保、节能的资源。除了民用领域，钪在军工、航天、核能和超导体等尖端技术领域也发挥着重要的作用。所以，我国发现的这一批钪矿资源不仅能让我国经济发展如虎添翼，还能为对外谈判提供有力筹码。也正是由于钪的稀有和珍贵，我国将钪资源列为国家战略储备稀土金属，对钪资源的开采作出了严格的限制，并禁止钪资源对外出口。

资料来源：《重大突破！云南发现稀有伴生资源，价值超过 750 亿》，易矿网，2021-2-19

（三）利用好国内国际两个市场、两种资源

维持必要的资源自给能力是保障资源安全的战略基点。必须使国内供应达到总需求的一定比例，这样才能实现资源安全对国家安全的支撑作用。作为一个有着 14 亿人口的发展中大国，我国应在立足国内的前提下，充分利用国内国际“两种资源，两个市场”，积极参与全球资源配置，拓展境外资源利用的空间和能力，同时加强资源储备。

具体来说，在国内方面，首先要加大各类资源的勘查力度，增加油气、大宗矿产和新兴产业资源等国内资源的储量；其次要合理规划矿业规模，高度重视优势资源的保护，防止、限制外部对我国资源能源的不当获取和掠夺。在国际方面，要发挥企业主体作用，鼓励有条件的企业积极稳妥开展国际投资合作；完善多元进口供应体系，鼓励企业拓宽资源进口渠道，有序推进境外原料进口和资源利用，优化供给结构。

在当前国际背景下，由于我国对外投资规模正在不断扩大，同时全球贸易保护主义抬头、国际体系和国际秩序面临深度调整，一些国家针对外资的政策趋于保守，我国海外投资环境日益严峻复杂。因此，我国有必要构建一个更加完整有效、更加符合我国实际的海外投资权益保护体系，综合采取加大海外资源权益投资、强化储备应急能力建设、加强运输通道保障等多方面措施，着力提升我国对境外资源的掌控力，增加话语权和定价权，变依赖国际资源为运筹国际资源，切实保护海外资源安全供应。

互动空间

国家能源局数据显示，至 2017 年中，我国共建成舟山、舟山扩建、镇海、大连、黄岛、独山子、兰州、天津及黄岛国家石油储备洞库共 9 个国家石油储备基地，利用上述储备库及部分社会企业库容，储备原油 3 773 万吨。

请思考：我国为什么要加强石油储备？要想维护我国资源安全，还应采取哪些措施？

（四）健全预防预备体系

积谷防饥、未雨绸缪是农耕时代中国先民总结出来的朴素经验。在资源安全方面，这个道理同样适用。我们首先要建构和完善资源安全保障的法律体系，为资源的开发、综合利用和保护提供法律依据；其次要建构各类资源的安全保障制度，健全预防预备体系。

我国资源安全存在资源对外依存度较高、资源进口运输通道单一且安全保障能力不足等突出问题。因此，我们必须吸取有关国家遭遇封锁、禁运等情况的教训，坚持底线思维，健全预防预备体系，完善应急处置预案，提高抵御极端风险挑战和应急状态的能力。

与此同时，我们要健全国家粮食安全保障体系，保护和提高粮食综合生产能力，始终把饭碗牢牢端在自己手上。近年来，我国立足本国国情、粮情，贯彻创新、协调、绿色、开放、共享的新发展理念，实施新时期国家粮食安全战略，已经走出了一条中国特色粮食安全之路，形成了符合我国国情、粮情的“三位一体”的粮食安全保障体系，即以确保口粮绝对安全为核心的国内粮食生产体系；以应对各类突发事件、维护市场稳定为重点的粮食储备体系；以统筹利用国际粮食市场和资源为目标的全球农产品供应链。这三者互为支撑、协同一体，共同构成了我国粮食安全的保障机制。

此外，非法分子进行资源走私，尤其是国家战略储备资源走私的行为，会给国家的国防安全带来很大威胁。对于这种资源走私犯罪行为，国家应予以严厉打击，以维护国家资源利益，保护国家资源安全。

生活实例

民以食为天，亘古不曾变

民为国基，谷为民命。粮食关乎国家命运，自古以来，粮食就被看作“王者大用，政之本务”，衡量国家是否富强的物质标准之一就是粮食储备是否丰盈。军事征伐需要“三军未动，粮草先行”，寻常百姓生活需要“家里有粮，心里不慌”，遇到大灾大荒之年时，更需要国家“仓有余粮，平抑粮价”。因此，历朝历代，政府都对粮食仓储给予足够的重视且不遗余力进行建设。

从周朝开始，政府就实行中央和地方分级粮食储备制度，从中央到地方兴建了规模不等、层次多样的粮仓。战国时期，秦国孜孜不倦地追求粮食自由，在各地广建粮仓，对粮食安全储备建设从不松懈。《商君书》里对秦国粮仓有所记录：“粟如丘山”“万石一积”的粮草仓库随处可见，咸阳城的粮仓甚至“十万石一积”，连最初秦孝公因农业生产条件限制而放弃的故都栎阳，也建有“二万石一积”的大粮仓。可以说，秦国能称雄战国，继而一统天下，不仅得益于军功爵制催生的虎狼之师，更得益于其雄厚粮食储备奠定的物质基础。

此外，值得一提的是，春秋时期齐国管仲最早提出了常平仓制度的构想。所谓常平仓制度，是指政府在丰收之年购进粮食储存，以免粮价过低伤害农民利益，在歉收之年卖出所储粮食，以平抑市场的粮价。到春秋末期，越国的计然首次提出平粜论，战国时期魏国的李悝则最早提出平籴法。平籴论是指官府在丰收时用平价买进粮食，以待荒年卖出；平粜法是指官府荒年时将丰收时购进的粮食平价出售。平粜法是后来历代常平仓制度的始祖。这种取之有余以补充不足的办法既不伤农又不伤民，既稳定了经济，又稳定了社会。

西汉时期，官府为解决漕运问题而设置了常平仓，此举虽未在全国推广，但也在一定范围内稳定了粮食生产，减少了粮食价格波动。东汉时期，常平仓制度作为一项正式制度推行于较大范围之内。北宋时期，常平仓制度趋于完善，成了稳定农业生产及国民经济的重要制度，为历朝历代所沿用。

上述粮食储备制度在古代社会生产力水平低下、靠天吃饭的国情下，对调节国家的粮食供求情况、抵御灾荒、稳定粮食市场、平抑粮价、稳定民心、实现粮食安全发挥了重要作用。

粮食安全是国家安全的重要基础，是关乎国运民生和社会稳定的头等大事。这个道理从古至今一直成立。在粮食安全问题上，我们必须要居安思危，增强忧患意识，牢固树立总体国家安全观和新粮食安全观，深入实施国家粮食安全战略，加快构建更高层次、更高质量、更有效率、更可持续的国家粮食安全保障体系，“始终把饭碗牢牢端在自己手上”。

资料来源：黄金生，《安定人心，抵御灾荒：中国的粮食储备蕴含哪些智慧？》，观察者网，2020-8-24

实践活动　“节约用水，爱惜粮食”系列活动

当前，全球32亿人口面临水源短缺问题，约12亿人生活在严重缺水和水资源短缺的农业地区。2020年，在蝗灾和极端气候等多种因素叠加下，全球的粮食安全面临着巨大的考验。作为青年学生，我们有责任和义务从身边的小事做起，珍惜生活用水和粮食。请以“节约用水，爱惜粮食”为主题，分组开展系列活动。具体内容与要求如下：

（1）全班同学每4～6人一组，各组选出一名组长。

（2）各小组成员自行查找资料，收集淡水资源短缺、粮食危机的相关资料。

（3）各小组围绕“节约用水，爱惜粮食”的主题开展手抄报比赛。

（4）各小组围绕上述主题开展条幅宣传活动。

（5）结合资料收集、手抄报比赛和条幅宣传的活动体验，与组内成员分享节约用水、

珍惜粮食的心得与经验，并提出可行的节水节粮措施。

（6）各组组长在全班同学面前分享自己小组的交流结果。

教师可参考表 11-1 对活动进行评价。

表 11-1　实践活动评价表

评价标准	分值	分数小计	教师评价
分工合理，各成员均积极参与	10 分		
所收集的资料具有代表性	10 分		
手抄报的内容紧扣主题，版面整洁美观，图文并茂，具有感染力	25 分		
条幅宣传语紧扣主题，宣传形式丰富多样，并产生了一定的影响力	20 分		
各组成员能围绕活动体验积极分享心得与经验，所提出的节水节粮措施具有可行性	20 分		
各组组长的分享内容逻辑清晰且具有启发性	15 分		

专题十二

核安全

12

内容导读

20 世纪，原子的发现和核能的开发利用给人类发展带来了新的动力，极大增强了我们认识世界和改造世界的能力。同时，核能发展也伴生着核安全风险和挑战。我们要更好利用核能、实现更大发展，就必须应对好各种核安全挑战，维护好核材料与核设施安全。

学习目标

知识目标

- 了解核安全的主要内容
- 认识核安全与国家发展、人民命运的关系
- 知道核事故及核扩散可能带来的风险

能力目标

- 能够分析核安全所面临的威胁与挑战，并学会识别核事故风险
- 能够说出维护核安全的途径与方法

素质目标

- 学习核安全文化理念，增强核安全意识
- 提升依法监督核安全相关事件的能力，增强社会责任感
- 积极参与核安全文化建设，增强民族自信心

国家安全聚焦

切尔诺贝利核事故

切尔诺贝利核电站位于乌克兰北部，距乌克兰首都基辅只有140千米，它是苏联时期在乌克兰境内修建的第一座核电站。曾几何时，切尔诺贝利核电站是苏联人民的骄傲，被认为是世界上最安全、最可靠的核电站。然而，1986年4月26日的一声巨响彻底打破了这一神话——核电站的第四号核反应堆在进行半烘烤试验过程中突然失火，引起爆炸。

爆炸使机组被完全损坏，8吨多强辐射物质泄漏，尘埃随风飘散，致使俄罗斯、白俄罗斯和乌克兰许多地区遭到核辐射的污染。据估算，核泄漏事故后产生的放射污染相当于日本广岛原子弹爆炸产生的放射污染的100倍。事故发生后，核电站周围30千米以内的范围被划为隔离区，隔离令一直延续到今天。当年，隔离区内有11.6万人被疏散，之后另有23万人被疏散。直到今天，乌克兰、白俄罗斯及俄罗斯境内仍有近500万人居住在遭受了不同程度核污染的地区内。由于乌克兰的电力需求，核电站在爆炸后10年仍在运行，直到2000年才完全关闭。

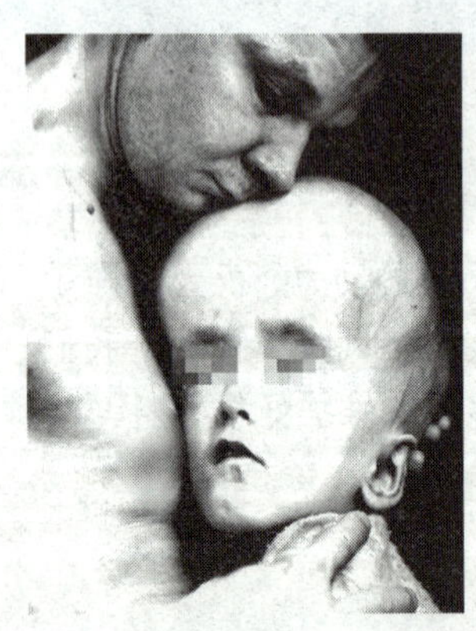

图12-1　核辐射受害者

世界卫生组织在2006年4月公布数据，称共有约9 000人死于切尔诺贝利核事故产生的核辐射。但世界上最大的非政府间卫生组织绿色和平组织同时发布报告称，该事故导致至少9.3万人罹患癌症进而死亡，大约600万人持续受到核辐射侵害，如图12-1所示。

阻止核泄漏物质继续扩散的唯一办法，就是用混凝土把出事故的四号核反应堆给彻底封死。1986年6月至11月，苏联投入大量人力和物力在四号核反应堆上建造了一座石棺，最终将这座核反应堆“封印”。整个施工过程中一共使用了40万立方米混凝土和7 300吨钢铁，这就是我们所谓的“切尔诺贝利核石棺”，其有效使用期限为30年左右。

这个石棺掩体是水泥做的，很容易因辐射而坍塌，继而造成二次泄漏。随着时间的推移，石棺在遭受长年侵蚀后，开始倒塌并出现泄漏。到了2008年的时候，当初苏联建造的石棺只剩下了5年使用寿命。这时，石棺周围的防护设施也开始老化，而且核辐射剂量并没有衰减多少，因此“新安全封闭”工程的实施迫在眉睫。

由于“新安全封闭”工程——新石棺的修建工作将耗费巨额资金（大约需要16亿美元），乌克兰无法一力承担，因此在切尔诺贝利核电站事故25周年纪念日前夕，欧洲国家伸出

援手，承诺对新石棺的修建进行捐助，其中美国代表团捐助 1.23 亿美元。资金到位后，“新安全封闭”工程很快实施起来。该工程主要以旧石棺为中心，在两侧建造两个半拱形建筑，然后将两个半拱形建筑通过铁轨滑移到四号核反应堆的旧石棺上方合并，仿佛为“伤痕累累”的旧石棺穿上了一件巨大的金刚罩（见图 12-2）。

2018 年春天，“新安全封闭”工程的新石棺在耗费了巨大的人力、物力和财力后终于建成了，它比一座足球场的面积还大，预计将为切尔诺贝利核电站附近的居民提供长达 100 年的安全防护。欧洲国家也不用再担心核辐射物质飘散并降落在自己头上了。但根据乌克兰政府的消息，石棺内部四号核反应堆残骸的清理工作将一直持续到 2065 年，自然环境中的放射性粒子仍将影响数代人。

图 12-2　被新石棺罩住的切尔诺贝利核电站反应堆

核能是一把双刃剑，能为人类提供高效清洁的能源，但一旦使用不当，其所带来的危害也是巨大的，尤其值得我们警惕，时刻警钟长鸣！

资料来源：周婧、卓成霞，《核能之殇：切尔诺贝利核电站事件》，《学习时报》，2021-9-8

想一想

切尔诺贝利核事故被定为 7 级核事故，至今仍是人类历史上最严重的核电事故，其所带来的危害给我们带来哪些警示？

第一讲　核安全——国家安全的屏障

近 70 年来，中国核事业从无到有、持续发展，形成了完备的核工业体系。中国始终把保障核安全作为重要的国家责任，始终以安全为前提发展核事业，始终积极适应核事业发展的新要求，不断推动核安全与时俱进、创新发展，保持了良好的安全记录，走出了一条中国特色核安全之路。

一、核安全的主要内容

核安全是指对核设施、核活动、核材料和放射性物质采取必要和充分的安全措施，防止由任何技术因素、人为因素或自然灾害造成的事故发生，并最大限度地减少事故情况下的放射性污染，从而保护工作人员、公众和环境免受不当的辐射危害。其主要内容包括核材料安全、核设施安全、核技术安全和核扩散安全。

（一）核材料安全

广义的核材料是核工业及核科学研究中专用材料的总称，包括核燃料及非核燃料材料（即核工程材料）。核材料通常具有以下特点：有放射性，可裂变或可转换为裂变材料。确保核材料安全主要是防止核材料产生核辐射，进而对环境造成污染，防止核材料在运输、储存和处理过程中丢失、被非法转移等。

图 12-3　辐射警示标志

有些核材料在遭到破坏后，其原子核能会发生衰变，进而放出人体无法感知而只能用专门的仪器才能探测到的射线，即核辐射（又称“电离辐射”）。核辐射能直接污染环境，包括水源、土壤、空气等，还能导致生物的基因发生改变，给生物带来致命的伤害。

由于核辐射的危害极大，所以凡是可能产生核污染的物品与场所，都会印制、悬挂核辐射标志（即电离辐射标志，如图 12-3 所示），以提醒人们注意防护。

与此同时，如果可用于生产武器的核材料被非法转移、无限制传播，则会给国家安全带来极大威胁。因此，国家必须有效防止核材料被盗、丢失、破坏、非法转移和非法使用等，以保护国家和人民群众的安全，促进核能事业的发展。

（二）核设施安全

核设施是指规模生产、加工、使用、贮存或处理处置放射性物质，需要进行安全考虑的设施，包括其设备、建筑物及其附属场地。根据《中华人民共和国核安全法》第二条第二款的规定，核设施包括以下四类：核电厂、核热电厂、核供汽供热厂等核动力厂及装置，核动力厂以外的研究堆、实验堆、临界装置等其他反应堆，核燃料生产、加工、贮存和后处理设施等核燃料循环设施，放射性废物的处理、贮存、处置设施。核设施安全即通过采取有效的防范措施和应对措施，防止核设施遭到破坏或在运行、退役过程中发生核泄漏事故。

以核电站为例，核电站以核反应堆来代替火电站的锅炉，使核燃料在核反应堆中发生特殊形式的“燃烧”并释放大量核能，接着将核能转变成热能，再转变成电能。核电站在运行、退役过程中会产生放射性物质，如果存在设施设计不合理的情况或者在运行操作当中出现半点差池，那么核泄漏事故就有可能发生，进而对生态环境和人类的健康造成极大的危害。1986 年乌克兰的切尔诺贝利核电站核泄漏事故就是前车之鉴，2011 年日本福岛核电站泄漏事故更是敲响了警钟。因此，核设施安全越来越受到重视。

在全球能源越来越多地以电力为基础的背景下，具有广阔发展前景的核电行业越来越受到关注。截至 2020 年 4 月，我国运行核电机组 47 台，居世界第三；在建机组数 15 台，居世界第一；全球三代首堆安全调试运行，民用研究堆 19 座，核燃料循环设施 18 座，在用放射源 14.3 万枚、各类射线装置 18.1 万台（套）。为了促进核能与核技术利用事业持续健康发展、保障公众健康和环境安全，我们必须强化核能产业从业人员的核安全文化素养，提升全社会的核安全文化认知水平，并全过程、全方位地加强核安保监管力度，切实提高核设施的安保能力和水平。

核废料的危害

核废料是指在核燃料生产、加工过程中和核反应堆中使用过的具有放射性的无用材料。它具有固体、液体和气体三种物理形态，进入环境后会对水、大气、土壤造成污染，并通过各种途径进入人体。

核废料中的放射性物质可通过呼吸道、皮肤的伤口及消化道进入人体，并在体内引起辐射。人体内的辐射超过一定水平，就能杀死人体细胞，妨碍正常细胞的分裂和再生，引起细胞内遗传信息的突变。

研究表明，如果母亲在怀孕初期腹部受过 X 光照射，那么其所生下的孩子与未受过 X 光照射的母亲所生的孩子相比，死于白血病的概率要大 50%。受过放射性污染的人可能会出现疲劳、头晕、失眠、皮肤发红这样的症状，也可能会出现出血、脱发等症状或患上白血病等；在数年或数十年后可能出现癌症、白内障、失明、生长迟缓、生育力降低等远期效应，还可能出现胎儿畸形、流产、死产等遗传效应。

核废料的存放是举世瞩目的难题。目前，对于常见的高放射性核废料，人们会采用地质深埋的方法进行处置，如利用矿山式处置库对核废料进行处置。常见的矿山式处置库位于 300～1 500 米深处，库的结构包括天然屏障和工程屏障，用以防止和核废料中的放射性物质泄漏，但处置库很难保证在长达上百万年中屏障材料不被腐蚀。

资料来源：《核废物的危害及处置》，
中国科学院武汉岩土力学研究所，2009-8-26

（三）核技术安全

核技术是指以核性质、核反应、核效应等相关知识为基础，以反应堆、加速器、辐射源和核辐射探测器为工具的现代高新技术，通常包括核能技术、核动力技术、同位素技术、辐射技术、核燃料技术、核辐射防护技术等。核技术具有灵敏度高、可选择性强、抗干扰性强、穿透性强等特点，能够用来发展核电、核动力和核武器，还能够提升材料性能、制备高新材料、开展医疗诊断和治疗、实现无残留消毒灭菌及绿色城市供热，

生活中无处不在的核技术

被广泛应用于工业、农业、生物、医疗健康、食品安全、环境保护、资源勘探和公众安全等各个领域，与我们的衣食住行息息相关。

然而，任何技术的应用都具有两面性，核技术的广泛应用在给我国带来巨大社会效益和经济效益的同时，也存在着不少风险。例如，核电站在运行过程中产生的核废料若处置不当，则会污染环境并对生物体产生致命的影响等。随着核技术应用项目的不断增加和升级，核技术安全将面临新的挑战。我们必须克服相应的技术难题，大力开展核安全技术研发，大幅提升核技术应用的安全水平和核辐射事故的应急能力，形成审评、监督、执法、监测、应急和公众沟通等综合能力，从而全方位保障核技术安全。

相关链接

核辐照鸡爪可致癌？别听传言！

很多人爱吃泡椒凤爪，却不知道这种食品的制作与核技术的应用息息相关。借助核技术辐照灭菌后，原本只能存放3天至5天的泡椒凤爪，其保质期可延至半年甚至更久。但有传言称，这类辐照食品具有放射性，甚至可致癌。事实真是如此吗？

其实，辐照食品绝对不等同于核辐射食品。触动公众敏感神经的是沾染了放射性核污染物质的食品，即核污染食品。这类食品由于沾染了放射性物质，会源源不断地释放核辐射，若不慎食用，则会对人体造成伤害。而辐照技术则是一种核应用技术，可作为高效、安全的杀菌手段被用于食品保鲜、防疫等。由于辐照属于冷加工，几乎不会对食品的温度产生影响，因此食品不仅不会损失过多的营养成分，还可以最大限度地保留原有风味。

（四）核扩散安全

核扩散通常是指核武器及其控制权的扩展与传播，分为垂直扩散和水平扩散两种类型。垂直扩散是指已拥有核武器的国家同时提升核武器的数量与质量。水平扩散是指核武器向无核武器国家及地区扩散。

第二次世界大战后，核武器逐步扩散，核武器国家和跨入核门槛的国家逐渐增多。从20世纪60年代后期开始，防止核扩散逐渐成为世界各国最为关注的核心安全问题之一，国际社会通过签订一系列条约（如《不扩散核武器条约》《南太平洋核武器条约》《核不扩散法案》等），逐步构建起全球性防止核扩散体制。在这种形势下，我国已经开始融入该体制，并采取相应措施应对我国所面临的核安全问题。

（五）核事件分级

1990年，国际原子能机构（IAEA）和经济合作与发展组织（OECD）的核能机构共

同制定了国际核事件分级标准（INES）。该标准根据核事件对人和环境的影响、对设施放射性包容和控制的影响、对纵深防御能力的影响，将核事件分为七级，具体如表 12-1 所示。

表 12-1　国际核事件分级标准

INES 级别	人和环境	设施的放射屏障和控制	纵深防御
特大事故 7 级	放射性物质大量释放，在大范围内影响健康和环境，并且需要长期有计划地实施应对措施		
重大事故 6 级	放射性物质明显释放，可能需要有计划地实施应对措施		
影响范围较大的事故 5 级	① 放射性物质有限释放，可能需要有计划地实施一些应对措施。 ② 辐射造成多人死亡	① 反应堆的堆芯受到严重损坏。 ② 放射性物质在设施范围内大量释放，公众受到明显照射的概率高；诱发因素可能是重大临界事故或火灾	
影响范围有限的事故 4 级	① 放射性物质少量释放，除需要在局部范围内采取食物控制措施外，不太可能需要实施其他应对措施。 ② 至少有 1 人死于辐射	① 燃料完全熔化或损坏，并导致超过堆芯放射性总量 0.1%的物质外泄。 ② 放射性物质在设施范围内明显释放，公众受到明显照射的概率高	
重大事件 3 级	① 工作人员受到的年辐射量达到法定限值的 10 倍以上。 ② 辐射造成非致命性的辐射伤害（如烧伤）	① 工作区域的辐射剂量率超过 1 Sv/h。 ② 在设计区域之外发生严重的辐射污染，但公众受到明显照射的概率低	① 出现意外的状况，安全措施全部失效。 ② 高度辐射物质丢失或被盗。 ③ 高度辐射物质在运送过程中出错，并且没有适当的程序进行处理
一般事件 2 级	① 公众受到的辐射照射剂量超过 10 mSv。 ② 工作人员受到的年辐射量超过法定限值	① 工作区域内的辐射量超过 50 mSv/h。 ② 设计区域之外的设施受到严重的辐射污染	① 安全措施明显失效，但事故没有造成实质性的危害。 ② 高度辐射物质无监管源或运输货包，但安全无虞。 ③ 高度辐射物质包装不当
异常事件 1 级			① 公众受到的辐射照射剂量超标。 ② 安全系统出现小差错，但还具备有效的纵深防御。 ③ 低度辐射物质、装置或运输货包丢失或被盗
无安全意义 0 级			

二、核安全的重要性

核安全是国家安全的重要组成部分，事关国家安危、人民健康、社会稳定、经济发展及大国地位。确保核安全，对保障政治安全、国土安全、军事安全、经济安全、社会安全、生态安全、资源安全等都具有重大意义。

（一）核安全是核能与核科学技术发展的前提和基础

原子的发现和核能的开发利用，给人类发展带来了新的动力，核科学技术作为现代高新技术的重要组成部分，极大地增强了人类认识世界和改造世界的能力。多年的核安全监管历程和国际实践经验表明，核安全与核能发展相互依存，相互影响。只有秉持“为发展求安全、以安全促发展”的理念，让发展和安全两个目标有机融合、相互促进，真正实现核安全保障，核能才能可持续发展。

近年来，中国的核能应用得到快速发展。以核电为例，截至 2020 年 3 月，我国现有 47 台运行核电机组、15 台在建核电机组。同时，核技术已经广泛应用于工业、农业、生物医药、食品安全、资源勘探、公共安全等领域。在这种形势下，核能应用与核技术发展的安全问题更应该得到重视。

我国始终把核安全作为发展核能与核科学技术的前提与基础。迄今为止，我国未发生过国际核事件分级标准（INES）2 级及以上的事件或事故，且 0 级偏差和 1 级异常事件发生率呈下降趋势。国际原子能机构于 2016 年 9 月对我国开展了核与辐射安全监管综合跟踪评估，评估结论表明，我国核与辐射安全监管是有效和可靠的。正因为我国自 1985 年开工建设第一座核电厂——秦山核电厂以来，始终坚持以保障核安全为前提，我国的核能与核科学技术发展才取得了巨大的成就，进入世界前列。

（二）核安全事关人民群众的生命和人类的前途命运

核能的发现和运用为人类发展点燃了希望之光。用核燃料替代化石燃料并在各个领域内广泛使用，能够减缓全球气候变暖和减少酸雨的发生概率；而且，由于核能利用率较高，所以对未来的能源枯竭问题来说，发展核能是一个很好的解决方法。

然而，在使用核能过程中，如果各国不能一道筑牢核安全防火墙，和平利用核能的希望之火就有可能积薪候燎，酿成灾难。因此，在国际安全形势深刻演变、全球恐怖活动多发频发的背景下，核安全风险不容忽视。

历史纵横

日本拒投降，美国向广岛投下原子弹

1945 年秋，日本败局已定。在此之前，美国、英国和中国发表了《波茨坦公告》，敦促日本投降。7 月 28 日，日本政府拒绝接受《波茨坦公告》。出于军事和政治

方面的目的，美国政府便按照原定计划对日本使用了原子弹。

1945 年 8 月 6 日早晨 8 时整，美国 3 架 B-29 轰炸机从高空进入日本广岛上空。广岛市民对于习以为常的空袭警报似乎已无动于衷，因此很少有人进入防空洞隐蔽。在此以前，B-29 轰炸机已连续数日飞临日本领空进行训练，但这一次的 3 架轰炸机中，有一架已经装上了一颗 5 吨重的原子弹“小男孩”，此时正奉命来轰炸广岛。9 时 14 分 17 秒，那架装载着原子弹的轰炸机的视准仪对准了广岛市的一座桥。60 秒后，原子弹从打开的舱门落入空中。大约 43 秒后，广岛市中心上空发生了震耳欲聋的大爆炸。

原子弹爆炸的强烈光波使成千上万人双目失明；10 亿摄氏度的高温把一切都化为灰烬；放射雨使一些人在此后 20 年内缓慢地走向死亡；冲击波形成的狂风把所有的建筑物摧毁殆尽。在离爆炸中心远一点的地方，可以看到在一刹那间被烧毁的男人、女人及儿童的残骸。在更远一些的地方，有些人虽侥幸地活着，但不是被严重烧伤，就是双目被烧成了两个窟窿。在 16 千米以外的地方，人们仍然可以感受到闷热的气流。

当时广岛市有 34 万多人，靠近爆炸中心的人大部分死亡；全市 7.6 万幢建筑物中，全被毁坏的有 4.8 万幢，严重毁坏的有 2.2 万幢。到 1945 年底，广岛核爆造成的死亡人数为 14 万。

广岛核爆并未使日本立即同意接受波茨坦最后通牒，即无条件投降。他们认为美军只有一颗原子弹，还把希望寄托在苏联的调停上。1945 年 8 月 9 日，美军用轰炸机向长崎市投下一颗名为“胖子”的原子弹，全城 8 万多人被送进了火海地狱。在这种形势下，日本才于 1945 年 8 月 15 日宣布投降。

第二讲 坚持协调并进 维护核安全

我国是核能与核技术利用大国，核安全是国家安全的重要内容。如今，我国的核安全事业进入高效发展的新时期，核能与核技术利用事业快速发展使得核安全的任务剧增。在这种形势下，我们必须树立理性、协调、并进的核安全观，坚持发展和安全并重，努力打造全球核安全命运共同体，维护国际核安全。

一、核安全面临的威胁与挑战

核事故风险、核扩散流失及核恐怖主义威胁等综合、复杂、多变的核安全问题，令我国核安全形势不容乐观。

（一）核事故风险

随着核技术的不断深入发展，利用核能发电的新能源发电技术被广泛应用，核电站开始被不断建造。截至 2021 年 5 月，全世界运行的核电机组共 443 台，装机容量 3.94 亿千瓦，在建机组 56 台，装机容量 6 246 万千瓦，为世界提供了超过 10%的电力。目前，我国运行核设施也已经拥有一定的规模优势、技术优势和产业优势，具备了从核大国向核强国迈进的基础性条件。这是我国难得的历史性机遇，但同时我国也需要防范核事故风险。

核事故风险主要包括以下两个方面：一方面，核能发电对运行环境和操作要求极高，一旦发生操作不当或者出现不可避免因素而引发核泄漏，核电站周围的生态环境将受到毁灭性污染；另一方面，在利用核能的过程中会产生核废料，而要处理这些高危的核废料并不容易，若处置不当，则会引发核事故。目前，国际上通用的处置办法是对核废料进行初步处理后，寻找可靠地点进行存放或者将其深埋于地下。然而，这些核废料完全恢复到安全状态通常需要上万年的时间，所以现有的处置方法并不完全可靠。

因此，人类在广泛利用核能与核技术的同时，也面临着核事故风险所带来的安全威胁和挑战。

生活实例

日本福岛核废料多次泄漏事故

2011 年 3 月 11 日，日本东北太平洋地区发生了 9.0 级地震，并引发了海啸。该地震导致福岛第一核电站、福岛第二核电站受到严重的影响，致使设施内的放射性物质泄漏到外部。根据泄漏事故造成的影响，日本原子力安全保安院将福岛核事故等级定为核事故 7 级（特大事故），与切尔诺贝利核事故同级。

为了阻止核泄漏事态进一步恶化，福岛第一核电站于 2011 年 3 月 25 日建立了淡水供应渠道，开始向所有反应堆和乏燃料池（用于暂时储存经受过辐射照射、使用过的核燃料的区域，可使这些核燃料冷却下来，并屏蔽其产生的辐射）注入淡水。

在核事故发生后，福岛县对县内所有儿童（约 38 万人）进行了甲状腺检查。截至 2018 年 2 月，已诊断 159 人患癌，34 人疑似患癌。其中，被诊断为甲状腺癌并接受手术的 84 名福岛县内患者中，有 8 人癌症复发并再次接受了手术。

2021 年 4 月 13 日，日本政府在不与周边国家和国际社会充分协商的情况下，正式决定将福岛第一核电站上百万吨核污染水排入大海。对于日本一意孤行的做法，多国表示质疑和反对。

2021 年 7 月，福岛核电站再次发生核废料泄漏。在这些核废料流入海洋后，周边的海域会受到污染，不只如此，日本东海岸的暖流会将这些污染海域的海水“搬运”到其他海域，这些海域周边的 10 余个国家都会受到影响。保守估计，受到影响的人口将超过 10 亿之多。

福岛核废水与核电厂正常废水有本质区别

被核废料污染过的水里面有放射性元素，这些放射性元素会长期存在于海洋之中，少则几年，多则几十年甚至上百年。海洋中的生物遇到这些放射性元素后就会被辐射，有的会产生变异，有的会灭绝、消失。2017 年，距离日本万里之远的加拿大，在其海域捕捞的三文鱼身上检测到了铯-134 放射性元素。这说明日本福岛的核废料污染已经扩散到了北美地区。

我国作为日本一衣带水的邻邦，当然也会受到福岛核泄漏事故的影响。一直以来，环太平洋都是我国远洋捕捞的主要“根据地”，如果这片海域受到了污染，那么我国渔业无疑会受到恶劣影响。

在全球一体化越来越深入的今天，不管发生什么事情，任何国家都不可能置身事外。如果世界各国对于日本的所作所为不闻不问，而任由其发展，那么各国民众，尤其是沿海地区的民众，终将承受核泄漏事故带来的后果。

资料来源：冀勇，《岂有此理！日本百余万吨核污水将排放入海》，《法治日报》，2021-4-13

（二）核扩散形势严峻

核扩散主要是指有核武器的国家增多。由于有核国家对核武器的管理较为严格，核武器成品扩散的可能性较小，所以核扩散更多的是指与核及核武器相关的技术和物项的扩散。多年来，国际社会有关核扩散与核不扩散、核垄断与反垄断、核控制与反控制的斗争几乎从未间断。冷战后，国际形势一度缓和，核军控领域出现“核不扩散的春天”；1995 年，《不扩散核武器条约》得以无限期延长；1996 年，《全面禁止核试验条约》向全世界开放签署；然而好景不长，1998 年 5 月，印度、巴基斯坦相继开展核试验；1999 年 10 月，美国参议院拒绝批准《全面禁止核试验条约》，使国际核不扩散前景从此走向黯淡。

近年来，国际防核扩散形势日趋复杂，热点问题不断。例如，印度几十年来一直不遗余力地发展战略核力量：在陆基核力量方面，印度在 2015 年 1 月首次成功试射射程超过 5 000 千米的“烈火-5”弹道导弹后，频频试射弹道导弹；在海基核力量方面，印度自主研发的“歼敌者”号核潜艇自 2014 年起持续进行海上测试。又如，日本长期贮存大量敏感核材料，于 2017 年发布的一份关于日本核材料问题的研究报告显示，日本共存有 10.8 吨敏感度极高的分离钚（一种可用于制造核武器的材料），同时还拥有约 1.2 吨高浓铀，可以制造大量的核武器。

随着科学技术及经济全球化的迅猛发展，涉及两用物项（即军民两用的敏感物项和易制毒化学品）和敏感技术的国际贸易越来越频繁，跨国生产和国际运输越来越普遍，全球核及相关敏感材料走私案例居高不下，核恐怖主义威胁不断提升。此外，互联网技术、3D 打印及无人机等新技术和新产品不断涌现，在给人类生活带来便利的同时，也给大规模杀伤性武器的扩散带来可乘之机，扩散风险日益增加，国际防核扩散体系面临挑战。

作为一个有核武器国家和国际原子能机构成员国，中国必须支持和积极参与防止核扩散的国际合作，致力于国际核不扩散体系的建设，积极履行自己承担的国际义务。

互动空间

防止核扩散专家格兰特·克里斯托弗建议政府制定措施，限制某些类型的3D 打印机的出口。这一举措有何利弊？

相关链接

恐怖分子走私核脏弹材料

核脏弹是指具有放射性而不属于核武器的武器。它装填着放射性材料和常规炸药，能在爆炸的时候将放射性物质抛射散布，造成相当于核放射性尘埃扩散的污染，给生态环境造成灾难性破坏。核脏弹虽然不太可能通过辐射造成很多人死亡，但它能制造大规模恐慌。因此，在公众心中，核脏弹更类似一种恐怖分子专用武器。格鲁吉亚就发生过恐怖分子走私核脏弹材料的案件。

在格鲁吉亚巴统市，3 名男子正聚集在一家酒店的套房内秘密商谈着有关放射性材料的买卖。来自格鲁吉亚的卖家拿出了核反应堆产生的一种副产品——铯，恐怖分子可以利用这种材料制造脏弹。但土耳其买家声明，他要买的是更危险的东西——可以用来制造核弹的铀。买家最终同意先拍下铯的照片，带回土耳其给老板看后再决定是否交易。正当他们准备离开时，警察冲了进来并将他们一并逮捕。

上述情景不是好莱坞电影的剧情，而是美联社曾报道过的一场抓捕的真实场景，也是美国与格鲁吉亚联合打击核材料黑市的一个缩影。

美联社记者对已被收押的两名走私犯的采访表明，由于格鲁吉亚距离冷战时期的核材料大型储备库很近，恰好处于亚欧贸易路线上，且该地区经济落后、人民生活贫困，再加上格鲁吉亚与邻国之间长约 225 英里（1 英里=1.61 千米）的边界线上存在很多漏洞，因此格鲁吉亚成了核材料走私的一个中转站。

资料来源：王晓雄，《美联社曝格鲁吉亚黑市卖核武器原料给恐怖分子》，《环球时报》，2012-12-11

二、维护核安全的途径与方法

当前，国际核安全形势错综复杂，国内核安全风险多元交织，我们必须坚持底线思维，增强忧患意识，居安思危，以万全准备应对万一可能。要想更好地利用核能、实现更大发展，就必须积极采取措施维护好核材料与核设施的安全。具体途径与方法包括以下几个方面。

（一）践行“四个强化”

我国始终主张构建公平、合作、共赢的国际核安全体系。为此，必须践行“四个强化”：要强化政治投入，凝聚国际共识，构建以合作共赢为核心的新型国际关系，把握标本兼治方向，推进全球安全治理，不断降低核与辐射安全风险；要强化国家责任，从国家层面部署实施核安全战略，制定中长期核安全发展规划，完善核安全立法和监管机制，构筑严密持久防线；要强化国际合作，以开放包容的精神，分享技术和经验，贡献资源和平台，打造核安全命运共同体，推进协调并进势头；要强化核安全文化，努力推动全行业人人都把核安全作为工作的价值观，营造共建共享氛围。

（二）保持核设施始终处于较高安全水平

保持我国核设施始终处于较高安全水平，需要在“预防”和“有效应对”方面采取切实举措。具体而言，可从以下三个方面入手：

（1）加强核安全保障措施和基础设施建设。坚持立足自身，积极借鉴国际先进经验，对核设施进行安全改造、技术升级和更新换代，强化核设施建设质量保证，提高核设施防范和应对自然灾害的能力，强化核电厂运行安全管理。同时，加强核设施安全技术、先进反应堆技术等的研发，预防核事故发生，如研究与建造核燃料循环设施。

（2）推行放射性废物分类处置措施。对于低中水平放射性废物，在符合核安全要求的场所实行近地表或中等深度处置；对于高水平放射性废物，则实行集中深地质处置。核设施营运单位、放射性废物处理处置单位，依法对放射性废物进行减量化、无害化处理处置，确保永久安全。

（3）持续提升核安保水平。确保核电厂、核燃料循环设施和放射源安保系统符合国际标准，健全规章制度，完善防扩散、反核恐怖机制。严格实施对核材料的管制，预防核材料被盗、丢失或非法使用事件，做到核材料“一克不丢、一件不少”。

（三）提升应急处置能力

近年来核恐怖、核事故此起彼伏，面对新的核安全威胁，我们必须全面提升核应急处置能力。具体而言，可从以下四个方面入手：

（1）成立国家核事故应急协调委员会，建立国家、省和核设施营运单位三级核应急组织管理体系，组织协调核事故和辐射事故应对。

（2）建立健全辐射事故应急管理体系和事故响应与处置机制，建设覆盖全国的应急

监测调度平台，多层级、全覆盖开展辐射事故应急实战演练，以便快速响应、妥善处置各类辐射事故。

（3）组建国家核应急救援队和专业救援分队，设立国家级核应急专业技术支持中心，建立核电企业核事故快速支援基地，提升核事故应急准备和响应能力。

（4）实时监测核事件的社会影响，掌握社会舆情，提高应对能力。

历史纵横

三哩岛核泄漏事故

三哩岛核泄漏事故，又称“三哩岛事件”，是1979年3月28日发生在美国宾夕法尼亚州萨斯奎哈纳河三哩岛核电站的一次放射性物质严重泄漏事故。该事故被评为国际核事件5级。

1979年3月28日凌晨4点30分，三哩岛核电站的二号反应堆主给水泵停转，辅助给水泵按照预设的程序启动，但是由于辅助回路中的一道阀门在此前的例行检修中没有按规定打开，所以辅助回路没有正常启动，进而导致冷却水没有按照程序进入蒸汽发生器，热量在堆芯聚集，堆芯压力上升，最终大量放射性物质溢出。直到当天晚上8点，二号堆才恢复正常运转，但核电站运行人员始终没有察觉堆芯的损坏和放射性物质的泄漏。

几天之后，当官员解释事故时人们才知道问题的严重性。宾夕法尼亚州州长出于安全考虑，于1979年3月30日疏散了核电站5英里（约8千米）范围内的学龄前儿童和孕妇，并下令对事故堆芯进行检查。核电站运行人员在检查过程中才发现堆芯严重损坏，大量放射性物质堆积在反应堆的安全壳内，少量放射性物质已泄漏到周围环境中。

三哩岛核泄漏事故是人为失误、设计缺陷和设备故障相互作用的结果。其严重后果主要反映在经济上，在公共安全、居民健康和周边环境上则没有显著的负面影响。也就是说，此次事故虽然严重，但未造成严重后果。究其原因，主要在于反应堆的安全壳发挥了重要作用，凸现了其作为核电站最后一道安全防线的重要作用。

在整个事件中，核电站运行人员的错误操作和机械故障是引发事故的重要因素。此次事故警示人们，核电站运行人员的业务培训、面对紧急事件的处理能力、核设施控制系统设计的合理性等细节对核电站的安全运行有着重要影响。

（四）信息公开和舆论引导

要想有效地保障核安全，我国就必须做好信息公开和舆论引导工作，发动社会公众广泛参与，营造人人有责、人人参与的良好氛围，促使全行业、全社会共同维护核安全。具

体而言，可以从以下三个方面入手：

（1）建立健全政府相关部门和涉核企业主动公开公众健康和环境安全相关信息的制度，进一步健全核安全相关的信息公开、公共宣传、公众参与和舆情应对等方面的制度。

（2）组织开展“全民国家安全教育日”“公众开放日（周）”“核安全文化进校园、进社区”“科普中国、绿色核能”等各类核科普活动，通过研讨交流、实地体验、媒体宣传等形式，提升公众对核安全的认知水平，从而保障核利用安全。

（3）搭建科普网络及新媒体平台，推动媒体科学、客观地报道核科学相关信息，正确引导舆论；建立公众广泛参与机制，通过问卷调查、听证会、论证会、座谈会等形式，就事关公众利益的重大核安全事项充分征求意见。

青年学生应关注核能发展、核技术应用、核安全保障等相关信息，积极参与各类核科普活动和宣传活动，享受科普活动带来的乐趣，同时深入了解核安全文化，树立和践行正确的核安全观，理性看待核事件，主动维护核安全。

时事博览

中广核第八届“8·7 公众开放体验日”活动丰富多彩

为了普及核安全知识，传播核安全文化，中国最大的核电企业中国广核集团（以下简称“中广核”）于 2020 年 8 月 7 日开展了第八届“8·7 公众开放体验日”活动。活动以深圳市大亚湾核电基地为主会场，开展了以“海底种珊瑚，云游核电站”为主题的活动，面向社会公众公开征集 40 位“珊瑚保育官”。“珊瑚保育官”认领了大亚湾核电基地珊瑚保育区捡拾到的首批珊瑚断枝并为之命名。

在“8·7 公众开放体验日”主会场，大亚湾核电基地邀请最强大脑“水哥”王昱珩担任首席珊瑚保育官。在“水哥”王昱珩及两位核电主播的带领下，观众跟随直播镜头“走进”了国内唯一的 1∶1 核电站换料水池、大亚湾核电站模拟主控室，并在通过三道门禁、多番安全检查后进入岭澳核电站二期生产区域，观看了核电工程师们的实时工作场景并开展互动交流。此外，观众还通过无人机和水下拍摄机器人领略了“中国最美电厂”海陆空全线美景的独特魅力。

本届“8·7 公众开放体验日”线上线下联动，广东台山、福建宁德、广东阳江、辽宁红沿河、广西防城港五大核电基地参与了直播，并同步组织了丰富多彩的公众互动体验活动。台山核电创新推出“台核声音地图”，弥补了公众不能亲临台山核电现场的遗憾；宁德核电邀请福鼎中小学生暑期夏令营近 40 名师生，零距离了解了宁德核电站；红沿河核电在线上开播，主播带领广大网友打卡两个核电地标——在花蹊中欣赏美景，在文澜阁中品味书香；防城港核电邀请了中广核对口帮扶的广西百色凌云县龙槐村中心小学的小朋友们来到基地，师生代表一行参观了防城港核电科普展厅，了解了核电的发展历史、核能发电原理等。

为纪念大亚湾核电站于1987年8月7日开工建设，中广核每年8月7日开展“公众开放体验日”活动，至今已经连续举办了8年。如今，该活动已成为全国核行业公众沟通品牌项目。中广核表示，未来将持续认真贯彻落实习近平新时代中国特色社会主义思想，不断探索公众沟通新方式、新内容，增进社会公众对核电等清洁能源的理解和支持，为天更蓝、水更清、生态环境更美丽作出贡献，做建设美丽中国的先行者。

资料来源：王珊，《来吧！“核”你一起走进大亚湾》，《中国环境报》，2020-8-17

（五）核安全的监督检查

推进核安全监管体系现代化是推进国家治理体系现代化的重要内容，是全面深化改革的必然要求。要想使核安全监管技术性强、专业度高，就必须不断提高监管能力，增强监管本领。

具体而言，应做到以下四个方面：第一，要强化顶层设计，持续完善核安全法规标准体系，推进核安全法配套法规的立改废释工作；第二，要加强国家核与辐射安全监管技术研发中心内涵建设，强化核安全科技研发，重点提高自主化试验验证和软件评价能力；第三，要强化辐射环境监测国控网建设，加快推动核安全监管信息系统建设，提高监管信息化、智能化水平；第四，要强化人才培养，完善分级分类的核安全人员培训顶层设计，加快打造领军人才，培育青年骨干，提高队伍专业素养和管理能力。

在国家着眼于核事业发展和核安全监管需要、推进核安全领军人才队伍建设时，青年学生应当增强自己的自信心与社会责任感，为成为政治强、本领高、作风硬、敢担当，特别能吃苦、特别能战斗、特别能奉献的核安全“铁军”做出努力，积极充实核安全人才队伍。

（六）加强国际合作

和平开发利用核能是世界各国的共同愿望，确保核安全是世界各国的共同责任。我国倡导构建公平、合作、共赢的国际核安全体系，共同推进全球核安全治理，打造核安全命运共同体。要想实现这一目标，就必须加强国际合作。具体而言，应做到以下三个方面：

（1）要加强和经济合作与发展组织核能署、欧盟、世界核电运营者协会等国际组织的交流合作，积极履行各类国际公约，与国际社会共同应对核安全风险，提升全球核安全水平。

（2）要积极参与统一的国际核安全标准的研究与制定，加强合作研究、信息共享、经验反馈、培训交流、同行评估、应急响应与援助等领域的国际合作，持续参加全球核安全与安保网络、亚洲核安全网络框架下的各项活动，拓展国际合作平台，提升我国维护核安全的能力。

（3）密切跟踪国际核安全发展趋势，汲取国外先进的核安全管理和监督经验，同时，不断为世界贡献智慧和力量，推广我国核安全监管体系，分享先进技术和经验，共享资源和平台，为提高全球核安全水平提供更多公共产品。

实践活动　“绿色核能”知识竞赛

当前，我国核能事业快速发展，核科学技术的研究和应用走在世界前列，核电已经成为中国名片。2016 年 5 月 30 日，在全国科技创新大会、中国科学院第十八次院士大会和中国工程院第十三次院士大会和中国科学技术协会第九次全国代表大会上，习近平总书记指出：“科技创新、科学普及是实现创新发展的两翼，要把科学普及放在与科技创新同等重要的位置。没有全民科学素质普遍提高，就难以建立起宏大的高素质创新大军，难以实现科技成果快速转化。”

请以“绿色核能”为主题，开展一次知识竞赛，以便提高对核安全的认知水平，坚定核能发展信心，支持核工业的发展。具体内容与要求如下：

（1）全班学生自行分组，每组 6～8 人，并推选 1 名组织能力较强者作为小组代表。

（2）各组成员阅读中国核学会发布的《绿色核能科普宣传大纲》，并查找相关资料，了解中国核电发展概况、两弹一星、绿色核能、核技术应用、辐射与防护等核相关知识，为竞赛做好准备。

（3）主持人介绍各小组成员及其代表，各组可发表参赛宣言（形式不限）。

（4）开展核知识竞赛——依次开展预赛、复赛和决赛。每轮竞赛的题型均包括必答题（单选题）、抢答题（单选题）、选答题（单选题、多选题）和简答题。

（5）教师点评并评分。

教师可参考表 12-2 对各小组进行评价。

表 12-2　实践活动评价表

评价标准		分数小计	教师评价
必答题	每答对一题加 10 分，答错不扣分。在主持人读题完毕后，须在 1 分钟内答完，否则不得分		
抢答题	每答对一题加 10 分，答错不扣分。在主持人说“抢答开始”后，各组代表才可以开始抢答，否则属违规。违规抢答的小组将被取消本次抢答资格，由其他小组重新抢答。抢答题的回答时限为 30 秒，超过时限则视为无效回答		
选答题	每答对一题加 20 分，答错扣 20 分。各组代表答题时，其他成员可以在时限内提示或补充。选答题的回答时限为 2 分钟		
简答题	每答对一题加 30 分，答错不扣分。简答题的回答时限为 5 分钟		

专题十三

13

海外利益安全

内容导读

海外利益是国家利益的海外延伸，关系到国家发展和安全的大局，还会对其他国家的发展和国际社会的演变产生深远的影响。维护海外利益安全是新一轮对外开放的必然要求，是保护国家利益、增进人民福祉的重要保障。因此，面对国际安全的不稳定因素，我们必须注重风险防范，提高海外权益保障能力。

学习目标

知识目标

- 了解我国海外利益安全的具体内涵
- 理解海外利益安全与国家利益、人民福祉、社会发展间的关系
- 了解维护海外利益安全的不确定因素

能力目标

- 能够识别海外利益安全面临的风险
- 能够明确维护海外利益安全的途径与方法
- 提升风险处置能力

素质目标

- 积极参与海外安全文明出行的宣传教育，成为维护海外利益安全的社会力量
- 培养合作共赢意识，支持国家开展国际合作
- 积极维护自身安全与正当权益，推动依法治国建设

国家安全聚焦

湄公河惨案

2011年10月5日，“华平号”和“玉兴8号”两艘中国商船在湄公河“金三角”水域遭遇袭击，“华平号”上的6名中国船员和“玉兴8号”上的7名中国船员全部遇难。

泰国媒体随后发布的消息令人惊诧——查获两条武装贩毒的中国船只，船上有枪支、毒品，在扣押船只时发现船上有武装人员并发生交火，中国船员被击毙后落水。

案发第二天起，中国船员的遗体陆续被打捞出水面，死状惨不忍睹：蒙眼堵嘴，捆手捆脚，身中数弹甚至十几弹。查缉毒品为什么要下这样的狠手并抛尸河中？

获悉案件后，我国成立专案组，全力开展调查工作。在多方取证、反复分析之下，糯康团伙的嫌疑被排到了首位。2012年4月25日，糯康被擒，5月10日被依法移交中国。2012年8月28日，案件的主要犯罪嫌疑人全部归案。根据犯罪嫌疑人的供述，结合专案组收集的大量犯罪证据，案情终于水落石出——一些中国船只长期在湄公河上往来，却不向糯康交“保护费”；糯康找人给“华平号”和“玉兴8号”两船船长带话、约谈均被拒绝，这令糯康大为恼怒；2011年9月，缅甸军队征用中国船只突袭了糯康团伙一处指挥部，击毙击伤其多名成员，糯康更加怀恨在心，决意报复。

依照糯康授意，其手下依莱等人与泰国少数不法军人接上了头。双方一拍即合：挟持中国船只并杀害中国船员，栽赃中国船员武装运毒，这样泰国军人缉毒有功，糯康报复成功。泰国军人还许诺在清盛港为糯康团伙提供一个码头，并为其今后运输毒品提供便利和保护。

2011年10月4日，依莱沿湄公河踩点，选定停船杀人地点，并在沿岸布置眼线，掌握中国船只行踪。5日早晨，糯康团伙成员翁蔑带人持枪乘4艘快艇，在湄公河缅甸一侧水域将“华平号”和“玉兴8号”劫持，押着两艘中国船只顺流而下，还将90多万粒冰毒放在了两艘船上。中午，船到指定地点后，翁蔑等人把船员集中到一处，疯狂开枪杀人，随后乘快艇逃离现场。看到翁蔑离开，等候多时的泰国军人开始向两艘船扫射，然后登船继续射击，并将船员尸体抛入湄公河。

同胞惨死，举国悲愤。2013年3月1日，糯康、桑康·乍萨、依莱、扎西卡在云南昆明被依法执行死刑。这起难度和意义均堪称空前的案件的侦破，以坚强有力的行动，向世界发出了中国有决心和能力保护海外公民安全的庄严宣告。

滔滔的澜沧江—湄公河依旧奔流不息，一队中国商船再次起航。船上的船员们向岸上

的人群挥手告别："放心吧，我们会一路平安的！"

资料来源：李自良等，《湄公河中国船员遇害案侦破全纪实》，新华网，2012-9-19

想一想

随着改革开放的深入，赴海外的中国公民越来越多，在海外遭受不法侵害的威胁也越来越大，是什么保障着中国商船再次起航奔赴海外？

第一讲　海外利益安全——国家安全的当务之急

随着国家实力不断增强及与世界联系日益紧密，我国人员、企业和机构大规模"走出去"，海外利益的广度和深度不断拓展，海外利益保护已经成为当前我国国家安全工作的重要议题。

一、海外利益安全的主要内容

海外利益是政府、企业、社会组织以及公民等行为主体通过国际交往活动而产生于该国主权边界之外的正当合法国家利益。海外利益安全一般主要包括海外公民、法人的安全，战略物资、能源供应安全，海上战略通道安全，国家形象，国际规则，等等。

海外利益安全

（一）海外公民、法人的安全

目前，我国已成为全球第一货物贸易大国和主要对外投资大国。随着国家实力的不断增强和"走出去"战略的不断推进，我国企业、公民大力响应，积极去海外投资、经商、旅游和留学等。据统计，自2003年我国有关部门权威发布年度数据以来，我国已连续8年位列全球对外直接投资流量前三，对世界经济的贡献日益凸显（见表13-1）。此外，据相关数据显示，2019年，我国全国边检机关检查出入境人员6.7亿人次，同比增长3.8%；截至2020年4月，我国海外留学人员总人数约160万；截至2020年末，我国在外各类劳务人员62.3万人。

表13-1　2014—2019年中国对外直接投资流量统计

年份	金额（亿美元）	全球占比（%）	全球位次
2014年	1 231.2	9.0	3
2015年	1 456.7	8.5	2
2016年	1 961.5	12.7	2

表 13-1（续）

年份	金额（亿美元）	全球占比（%）	全球位次
2017 年	1 582.9	9.9	3
2018 年	1 430.4	14.5	2
2019 年	1 369.1	10.4	2

数据来源：中国商务部、国家统计局、国家外汇管理局联合发布的《2019 年度中国对外直接投资统计公报》；联合国贸易和发展会议发布的 2016—2020 年《世界投资报告》。

随着我国对外开放水平的不断提高，我国与世界的交往进一步加深，到海外旅游、经商、学习的公民持续增加，到海外开展国际经济贸易合作的企业也进一步增多。在此过程中，部分地区存在针对我国公民的犯罪，个别国家存在对我国企业的偏见和歧视，有时个别国家还可能发生武装冲突、社会骚乱与动荡。在上述情况下，我国公民、组织和机构在海外的安全和正当利益及国家在海外的利益就可能受损。鉴于此，我国必须高度重视海外公民、法人的安全问题，加强国别安全风险评估工作，加强境外安全风险预警，积极采取各类安全保障措施。

人民至上

210 名同胞乘特殊航班从阿富汗平安回国

2021 年，阿富汗安全形势持续恶化。为确保在阿富汗中国公民安全，2021 年 7 月 2 日，厦航 MF8008 临时航班前往阿富汗首都喀布尔接回我国滞留在当地的 210 名企业人员和公民。

据了解，喀布尔机场周围山脉众多且地形复杂，落地期间为高温、乱流、阵风多发时段。这是中国民航首次使用宽体机执飞喀布尔机场，可供借鉴的飞行经验数据较为匮乏。此次任务时间紧、任务重、风险大，由精干力量组成的飞行机组此前执行过联合国维和部队运输以及多个境外撤侨航班等重要飞行任务，起飞前还专门进行喀布尔机场模拟机训练，最终不负众望，圆满完成此次任务。

起飞前发生了两段小插曲。第一次计划起飞的前一天，得知有回国需求的一个 70 余人的团队正在喀布尔相邻省份，受阿富汗国内形势影响无法准时到达喀布尔。考虑到包机不易，多方商议后决定将执飞日期推迟至 7 月 2 日，让同胞一个都不少地回到祖国。7 月 2 日当天，当飞机舱门已经关闭、即将起飞时，又接到通知有一位原先不能回国的旅客正在赶往机场的路上，航班为此延误一个多小时，等到了这位旅客。“这个航班飞一次不容易，我们不能丢下任何一个同胞。”机长说。

资料来源：陈虹莹，《“不丢下任何一个同胞”　厦航特殊航班接在阿富汗同胞回国》，中国民航网，2021-7-8

（二）战略物资、能源供应安全

在经济全球化背景下，一国经济很容易受到世界经济波动的影响，在日益激烈的国际竞争中，若要有效防范和应对在海外合作中产生的经济风险，必须保障战略物资安全，加强国家战略物资储备，确保在特殊时期国家运转良好。

能源是现代经济的基础，而持续和稳定的经济发展是中国解决“人民日益增长的美好生活需要和不平衡不充分的发展之间的矛盾”的基本条件。我国国内化石能源增产空间有限，部分能源品种对外依存度较高。根据中国社会科学院发布的《中国能源前景 2018—2050》，未来，中国石油的对外依存度将稳定在70%左右，而天然气将从目前不到40%的比例上升到2050年接近80%。为保障经济活动的顺利开展，必须降低能源供应终端的风险，保障能源供应安全。

相关链接

战略物资储备有何作用？

积谷防饥、未雨绸缪是农耕时代中国先民总结出的朴素经验。《礼记·王制》曰：“三年耕，必有一年之食；九年耕，必有三年之食。”早在西周，人们就已经认识到粮食储备的重要性。之后，我国历史上又相继实施“常平仓”“义仓”等仓储制度。

不同于一般的物资储备，战略物资储备主要着眼于事关国家安全的突发事件，如战争、自然灾害、流行疾病、恐怖袭击，发挥“蓄水池”功能。在平常时期，储备物资可以调剂物资余缺、平抑物价剧烈波动；在紧急时刻，其则可以缓解危机事件冲击，保障国民经济正常运行和维护社会稳定。因此，加强战略物资储备已经成为世界各国的普遍选择。

几十年来，国家战略物资储备在支持国防建设、经济建设、抗灾救灾等方面作出了积极贡献。例如，2008年汶川地震发生后，中央储备立即集中力量向地震灾区投放粮油、燃油等物资；2019年猪肉价格上涨，商务部会同国家发展改革委、财政部等部门向市场投放储备猪肉，全力保障市场供应。这些都充分体现了战略物资储备在突发事件应对中的关键作用。

资料来源：唐珏岚，《完善国家战略物资储备体系有效防范和应对各类风险》，《光明日报》，2020-2-14

（三）海上战略通道安全

鉴于全球海陆空间和经济活动分布的基本格局，以及各种运输方式的自有特征，新航路开辟以来，海上交通体系成为国际贸易的主要通道。目前，海上交通承载着我国90%以上的进出口运输，海上战略通道的安全成为我国海外利益中最基础的部分之一。为保障我国经济可持续发展，实现伟大复兴中国梦，必须构建起与自身经济实力和现实需要相匹配的海上安全保障体系。

历史纵横

索马里海盗劫持中国商船

自 20 世纪 90 年代末以来，索马里、几内亚湾、孟加拉湾、马六甲、亚丁湾等海域一直被公认为是海盗活动频繁、袭船抢劫事件频发的五大高危区域。

2010 年 4 月 18 日，一艘中国台湾渔船被索马里海盗劫持。该渔船上共有 24 名船员，其中有 6 名船员在被劫持期间病死，14 名缅甸船员于 2011 年 5 月被解救回国。而直至 2015 年 2 月，该渔船上最后 4 名泰国船员才获释，总时长近 5 年。这是索马里海盗施行时间最长的一次劫持事件。

2010 年 6 月，一艘由 19 名中国船员驾驶的新加坡籍货轮“金福”号在亚丁湾被索马里海盗劫持。这些船员在受到 135 天的折磨后才被救回。同年，中国“泰源 227”渔船在捕捞时被索马里海盗劫持，1 年后才被解救。

2012 年 3 月，行驶在非洲东部岛国塞舌尔以南海域的“NAHAM3”号渔船被索马里海盗劫持，船上 29 名船员中有 10 名大陆同胞、2 名台湾同胞，还有来自菲律宾、印尼、越南、柬埔寨的 17 名船员。其间，包括 1 名大陆同胞、1 名台湾同胞在内的 3 名船员不幸身亡。其余船员被挟为人质。至获救为止，被劫持船员已被海盗挟持 1 672 天。

2012 年 4 月，载有 28 名中国船员的“祥华门”号货轮在伊朗海域被索马里海盗劫持，后被伊朗海军解救。

（四）国家形象

国家形象是特定国家的历史与现状、国家行为与活动在国际社会和国内民众心目中形成的印象和评价。它是一国海外利益的重要组成部分，体现着一个国家的综合国力。良好的国家形象，对于提升国家地位、促进国家发展、维护国家安全、增强综合国力和国际竞争力具有重要意义。

我国只有在国际上树立起中国是拥有强大综合实力的国家的形象，才能为我国的海外利益营造良好的和平发展国际环境。因此，为维护海外利益安全必须注重维护我国国家形象，加强我国国家形象的战略管理。

（五）国际规则

经济全球化背景下，国家利益在国际贸易交往中常常以海外利益的形式存在于国境之

外。而一国海外利益规模的增加必然带来安保需求的增加，但部分国家由于治理水平、文化隔阂等因素，不能很好地保护境内别国的海外利益，甚至可能侵犯他国主权。这就需要世界各国通过建立全球性机制、缔结国际公约的形式，为各国跨境流动的人员和物资提供具有普遍适用性的保护规则。我国应充分利用国际机制中有利于中国的部分，有选择地参与、改革和创建国际规则，坚定地维护本国海外利益安全。

二、海外利益安全的重要性

在我国加快建立开放型经济体制的背景下，海外利益安全的重要性不断提高，对新时代促进国家发展和保卫人民安全有着重要意义。

（一）维护海外利益安全是新一轮对外开放的必然要求

对外开放是我国的一项基本国策。改革开放以来，我国经济实力显著增长，社会繁荣稳定，对外交流不断增强，对外开放水平不断提高。“走出去”的目的地逐渐从传统的东南亚、北美向非洲、拉美、中亚、中东等地区转移，从国家风险相对较低、较为熟悉的地区向国家风险相对较高、较为陌生的地区转移。这对我国海外利益安全的维护提出了更高的要求。

进口商品调税啦

（二）维护海外利益安全是保护国家利益、增进人民福祉的重要保障

海外利益安全本质上是为人民安全和国家利益服务的。对海外公民提供保护，使其免受各种不法侵害并在其合法权益受到威胁时提供帮助，是政府不容推辞的基本责任。2011 年，西方国家对利比亚发动突然袭击，旅居利比亚的大量中国公民生命安全受到威胁，我国政府动用大量飞机和船舶把 3 万余名中国公民成功从利比亚撤回，保护了我国海外公民的人身安全。

此外，维护海外利益安全还有利于提高我国人民的生活水平。海外利益的延伸与拓展意味着中国与国际大市场更加深度的交融：一方面，国外优质且经济的产品和服务更多地进入到国内市场为我国人民的生活提供便利；另一方面，我国的企业和个人越来越多地向国外流动，在全球寻求合作、就业、教育、旅游和社会交往机会。

时事博览

多措并举，维护海外游客安全

2023 年暑期，中国游客在境外遭遇的几起事件引发公众关注。随着出境游持续升温，境外安全成为人们关注的重点。

当地时间 2023 年 6 月 29 日晚，一辆载有中国游客的大巴车在法国马赛遭到骚乱分子的围困和攻击，数名游客受轻伤。车内一乘客当时致电中国驻马赛总领馆领事保护电话，总领馆工作人员第一时间协助报警，并协调警察疏通。当晚，该批中国游客均安全抵达旅馆，并于7月1日前往瑞士，提前结束行程回国。

当地时间2023年7月9日下午，一辆载有20多名中国游客的旅游巴士在从泰国罗勇府沙美岛前往芭提雅的途中发生翻车事故，导致车上包括司机在内27人受伤，其中有4人被困在车内。救援人员赶到后切割车身将他们救出并送往医院。

当地时间2023年7月18日晚，一辆载有21名中国游客的旅游巴士在越南庆和省发生侧翻事故。中国驻胡志明市总领事馆接报后，立即启动中国公民领事保护应急响应机制，协调庆和省外事及公安等部门全力开展救援。

2023年7月14日，在国务院政策例行吹风会上，文化和旅游部国际交流与合作局负责人对“随着中国公民出境游逐步恢复，中国公民赴海外旅游的需求日益增加，境外旅游安全问题备受大家关注。请问，如何加强海外游客的安全保护？”这一问题做出回答。

负责人提到，中国连续多年保持世界第一大出境旅游客源国地位。安全是出境旅游高质量发展的基本前提。文化和旅游部高度重视公民海外旅游安全，在境外中国公民和机构安全保护工作部际联席会议机制统一部署下，将重点做好以下4个方面的工作：一是会同外交部做好海外安全风险评估和防范预警工作；二是加强出境旅游安全问题国际合作；三是强化对旅行社及在线旅游企业的指导和监管；四是配合做好境外旅游安全事故应急处置和善后工作。

外交部领事保护中心7月19日发布提示，提醒暑期出境中国游客要加强安全防范，做好行前准备、谨慎选择项目、注意交通安全、妥善保管财物、文明守法出行；要掌握应急电话，如遇紧急情况，及时报警求助并与中国驻当地使领馆联系，或拨打外交部全球领事保护与服务应急热线。

资料来源：《如何加强海外游客的安全保护》，中国政府网，2023-7-14；
张宇，《多方协力让出境旅游更安全》，中国旅游报，2023-07-27

（三）维护海外利益安全是统筹国内国际两个大局的时代召唤

改革开放以来，我国海外利益不断拓展和积累，是通过统筹国内国际两个大局、不断推进改革开放实现的。2001年底，我国加入世界贸易组织，对外开放进入一个新阶段；党的十六大以后，我国吸收利用外资实现新发展，对外开放的规模和质量全面提升；党的十八大以来，我国对外开放水平进一步提升。“一带一路”倡议的提出、亚洲基础设施投资银行的设立、G20峰会的召开，都表明中国海外利益不断拓展，在国际经贸体系中的地位越来越突出，已逐渐成为全球化的重要推动者。

在新的历史条件下，我国经济发展进入新常态，外部形势持续发生深刻复杂变化。要维护好、保障好日益扩大的海外利益，就必须在当前和今后一个时期，将其作为统筹国内国际两个大局的一项重要任务。

第二讲　坚持凝心聚力　维护海外利益安全

我国领土辽阔、人口众多，海外利益涉及面积广，影响范围大。在当前国际局势动荡因素增加的情况下，我国海外利益安全不确定性因素增多，难以准确预测，这就需要我国政府、企业及公民积极采取各种保护措施，规避我国海外利益拓展带来的各类风险。

一、海外利益安全面临的威胁与挑战

近年来，伴随着我国海外资产、人身、能源等海外利益的日益增多，我国海外利益受威胁的程度也越来越大。就目前来看，我国海外利益安全面临的主要威胁包括以下几方面。

（一）局部地区动荡不定

总体来看，当前国际大环境对我国维护海外利益安全是有利的。但是，这并不代表全球一片祥和稳定，局部地区依然动荡不定，内战、党派斗争、种族冲突等问题时有发生。这也成为威胁我国海外利益安全的主要风险之一。

目前，我国的海外利益主要依靠“一带一路”倡议拓展，但“一带一路”沿线国家中约30%的国家发生过政局动荡，少数国家长期处于战乱状态，多个国家内政遭受别国的严重干涉，影响着我国海外利益安全。

此外，中国海外利益已经布局和大规模拓展的非洲、中东等地区也同样存在地区动荡的现象，如也门内战、叙利亚冲突、伊朗问题、巴以冲突等。这些地区热点问题也严重威胁着我国企业和公民在当地的利益安全。

（二）国际恐怖主义活动多发

恐怖袭击是中国海外利益面临的最直接、最现实的安全风险。例如，中巴经济走廊项目建设过程中，不断遭到对此项目不满和反对的俾路支分离主义势力的破坏，相关中方人员也遭到袭击；2014年4月2日，来自中国上海的女游客在马来西亚沙巴州仙本那遭武装分子绑架，其家属被索要高额赎金；2016年8月，中国驻吉尔吉斯斯坦大使馆被“东突”组织和国际恐怖组织“努斯拉阵线”袭击，自杀式袭击者身亡，使馆3名工作人员受伤；等等。

中国海外利益拓展过程中面临较大的恐怖主义威胁，特别是“一带一路”沿线国家和地区，其与恐怖袭击高发、频发区域高度重合，防范打击恐怖主义形势尤为严峻。

马里酒店遭袭，3 名中国公民不幸遇难

当地时间 2015 年 11 月 20 日早晨 6 时 30 分到 7 时左右，位于马里巴马科市中心的丽笙酒店遭到不明身份武装分子袭击，酒店内约 170 名客人和员工一度被扣为人质。

袭击事件发生后，马里警察部队和特种部队第一时间赶赴现场，包围酒店并展开营救行动。11 时左右安全人员攻入酒店，逐层搜寻并救出被困者。截至当天下午 4 时，酒店内已无人质被扣。

据马里官方发布的数据显示，至少21人在此次酒店袭击事件中死亡。中国驻马里大使馆证实，当天共有 7 名中国公民被困在事发酒店中，其中 3 人不幸遇难，4 人成功获救。21 日凌晨 2 时 31 分，中国铁建国际集团从中国驻马里大使馆处确认，在马里巴马科丽笙酒店恐怖袭击事件中不幸遇难的 3 名中国公民为公司员工。

据了解，这 3 名员工此行的目的是到马里准备与当地交通部签订一个合作项目。20 日早晨 7 时左右，三人到餐厅就餐，准备之后去洽谈，结果遇到了劫持事件，在大堂遭遇恐怖分子机枪扫射，不幸遇难。

袭击事件发生后，恐怖组织“纳赛尔主义独立运动”在推特（Twitter）上发文宣称对马里丽笙酒店的袭击事件负责。这一组织盘踞在马里北部，与“基地”组织有关联，曾在马里多次发动恐怖袭击。

21 日，习近平主席就 3 名我国公民在马里人质劫持事件中遇害作出重要批示，对这一残暴行径予以强烈谴责，向遇难者家属表示深切慰问，要求有关部门加大投入和保障，加强境外安全保护工作，确保我国公民和机构安全。中国将加强同国际社会的合作，坚决打击残害无辜生命的暴力恐怖活动，维护世界和平与安宁。

（三）重大自然灾害、传染病和疫情多发

就全球范围来看，重大自然灾害时有发生，尤其是近年来因全球气候变化导致极端天气增多，威胁着我国海外企业和公民的人身财产安全。例如，2004 年波及范围达到 6 个时区之广的南亚海啸、2011 年日本东北部海域里氏 9.0 级地震、2015 年尼泊尔特大地震、2019 年新西兰怀特岛火山喷发，在这些自然灾害中都有我国公民受伤甚至死亡。

“春苗行动”在海外

此外，全球病原体跨物种感染、跨地域传播造成的新发突发传染病，以及由自然灾害、人为因素造成的突发公共卫生事件，不仅威胁着我国海外公民的生命健康，也影响着我国

的海外经济利益。例如，2009 年，H1N1 病毒失控，感染美国境内 6 000 万人；2014 年，西非爆发埃博拉疫情，造成近两万人感染，7 000 多人死亡。

二、维护海外利益安全的途径与方法

在世界发展、变革和调整的关键时期，中国海外利益面临的安全问题和挑战越来越多。为解决安全问题，维护我国海外利益安全，必须以日益提升的综合国力和社会主义制度优势为依托，健全相应工作机制，深化国际安全合作，强化海外非战争军事行动，构建起全面的海外安全保护体系。

（一）健全维护海外利益安全的工作机制

新时期、新阶段，我们推动实施“引进来”和“走出去”相结合的对外开放战略，深入开展对外宣传和对外文化交流时，必须坚持总体国家安全观，统筹国内国际两个大局，统筹安全与发展两件大事，以“一带一路”倡议周边国家及我国海外利益比较集中的其他国家和地区为重点，努力编制全天候海外安全保障网络，不断完善风险评估、监测、预警、应急处置系统，形成中国特色海外利益保护机制。

对政府部门而言，除了建立并不断完善海外利益保护机制，通过双边、多边沟通与合作，加强对海外机构和人员的安全保护力量外，同时要加强维护海外利益安全和保密的宣传教育培训，充分吸收各领域专业化社会力量和机构广泛深入参与，提高协作效率，形成维护海外利益的综合性安全网。

对企业和个人而言，预防是最好的保护。企业和个人应该不断增强安全风险意识，提升自我保护能力，做到充分了解风险源、提前发现风险点，充分认识各种危及海外利益安全尤其是人员生命健康的安全威胁，采取各种措施最大限度减少或避免损失。例如，个人出境旅游时，应充分准备，规避风险，要妥善选择落地时间、下榻酒店、自驾车辆等；摸清自身的健康状况，带好急用药物，购买相关保险和服务；做足功课，对目的地的风土人情、文化差异有所掌握，避免遇险惹祸；应掌握必要的自救技巧，遇到突发情况，及时向当地警方、驻外使馆等求助；等等。中国企业在进行海外投资前，要先认清企业目前所处的内外部环境，分析自身能力和可能出现的新型风险，保证投资与经营的安全。此外，个人也应该增强文明出行的意识，维护我国在国际上的国家形象。

互动空间

在日益复杂的国际形势下，单纯依靠外交部来维护中国海外公民的安全显然是不够的，其还应与我国政府哪些部门紧密协作，以制定保护中国海外公民安全的新战略？

（二）加强维护海外利益安全的国际合作

恐怖主义是全人类的公敌，是国际社会共同面临的威胁。诚然，近年来世界各国和有关国际组织加大了反恐力度，反恐斗争取得了一定的成效。但是，从全球范围来看，国际恐怖活动依然猖獗，而且集团化、智能化、暴力化趋势日益明显。这也意味着任何一个国家都难以凭一己之力维护海外利益安全，同舟共济、携手合作成为必然选择。

由于“9·11”事件的发生和联合国的大力推动，目前基于国际合作的国际反恐机制已经初步形成。我国应顺应趋势，充分发挥大国优势，积极参与并推动国际反恐合作，与相邻国家从双边关系大局出发，建立双边反恐机制，采取切实有效的措施加强对我国在当地人员和机构的安全保护。同时，应与相关国家执法部门进一步加强情报信息交流和执法合作，全力打击跨境犯罪，最大限度化解我国海外利益涉恐风险，切实维护我国海外人民群众财产安全和合法权益。

（三）强化海外非战争军事行动

海外非战争军事行动是军事力量在海外的非战争运用，包括国际维和、军舰出访、海上护航、撤侨护侨、联合军演、国际救援等多种形式。提高海外非战争军事行动能力，是维护国家海外利益安全的现实需要。

当前，我国对外贸易保持强劲增长，对外依存度越来越高。一些国家面对中国的崛起，坚持冷战思维防范遏制，给我国的外部安全环境造成不利影响；岛礁争夺、划界争议、渔业纠纷等问题威胁我国领海主权和海洋权益；海上抢劫、走私等活动，也对我国海上进出战略航道及商船造成威胁。因此，我国必须加大军事力量“走出去”步伐，提高海外非战争军事行动能力，充分运用非战争军事手段，为有效应对非传统安全威胁提供可靠帮助和有力支撑。

大国担当

“和平方舟”号医院船——守卫和平的友谊使者

2019 年 4 月 23 日，中国人民海军成立 70 周年之际，青岛某海域。32 艘战舰威武列阵，接受检阅。战舰队列中，一条船体洁白、标有醒目红十字标识的万吨大船引人注目。舷号 866，舰名“和平方舟”——这是我国专门为海上医疗救护建造的万吨级医院船。

超强台风重创菲律宾
“和平方舟”紧急救护

2013 年 11 月，菲律宾遭受“海燕”强台风袭击，人员伤亡惨重。“和平方舟”号医院船接到命令，紧急出动赴菲律宾进行人道主义救援。48 小时内，分散在全国各地 41 个单位的 400 多名军医与船员全部集结完毕。“和平方舟”号医院船以全速马力直接穿越风浪地带，77 小时后抵达菲律宾灾区。连续奋战 16 天，“和平方舟”号医院船接诊伤病员 2 208 人，成功实施手术 44 例。

截至 2019 年，“和平方舟”号入列 11 年，9 次走出国门，航行 24 万余海里，为 23 万多人次提供医疗服务，实施手术 1 400 余例，被誉为舰行万里守卫和平的友谊使者。其航迹遍布太平洋、印度洋、大西洋，到访 6 大洲 43 个国家和地区，是当之无愧的军事外交“明星舰”。“和平方舟”号医院船以一种温和的方式，展示着中国海军维护世界和平、增进人类福祉的担当作为和深沉梦想。

资料来源：郑天然，《中国之舟，满载和平友爱而来》，中国青年报，2019-12-16

实践活动　“一带一路”百人谈

“一带一路”倡议从愿景成为现实，为中国维护和拓展海外利益提供了难得的历史契机。请以“一带一路”为主题，开展一次问答会，以增进对我国“一带一路”倡议的了解。具体内容与要求如下：

（1）学生自行成组，每组 4～5 人，并推选 1 名组织能力较强的学生作为小组代表。

（2）各组成员可查找相关资料或根据自己的了解，针对“一带一路”提出一个问题，如“‘一带一路’倡议何时提出的？”“‘一带一路’建设的原则是什么？”“‘一带一路’的地方动力从何而来？”等。

（3）教师将各组的问题回收并打乱，然后由各组代表抽取 4～5 个问题，小组成员自由选择自己感兴趣的问题，查找资料，写下答案。

（4）各小组整理问题与答案，并将其制作成简短的 PPT，进行展示。

教师可参考表 13-2 对各小组进行评价。

表 13-2　实践活动评价表

评价标准	分值	分数小计	教师评价
分工合理，各成员均积极参与	20 分		
提出的问题与主题相关，有深度	30 分		
答案与问题相符，并带有自己的见解	30 分		
PPT 制作美观，讲解人语言流畅，仪态大方	20 分		

专题十四

14

新型领域安全

内容导读

外层空间、国际海底区域和极地等新型领域，不专属于世界上任何一个国家，各国均有权依照国际法对这些领域进行探索和利用。近年来，随着科技的发展，人类活动逐渐从传统领域向新型领域拓展，新型领域安全在国家安全中的重要性日益凸显。与此同时，重大新发突发传染病、动植物疫情也让世界各国越来越关注生物领域安全。面对新型领域的未知风险，国家必须重视创新与合作，以维护新型领域安全。

学习目标

知识目标

- 了解新型领域安全的内容，理解新型领域安全与国家利益之间的关系
- 了解我国对太空、深海、极地的开发、利用与研究情况
- 明确维护新型领域安全的重要性
- 熟悉太空安全、深海安全、极地安全和生物安全所面临的威胁与挑战

能力目标

- 能阐述维护新型领域安全的途径与方法
- 熟悉并坚决遵守新型领域安全的相关法律法规，树立守法榜样

素质目标

- 培养创新意识，提高创新能力，为新型领域的科技创新蓄力
- 提高文化认同与自信，积极参与新型领域安全文化建设
- 提高重大新发突发传染病、动植物疫情防控能力，积极参与志愿实践，培养奉献精神

国家安全聚焦

日本“七三一”部队用人体实验研究生物武器

20世纪30年代初期，日本帝国主义通过武力踏上了中国美丽富饶的国土。与此同时，一支不带机枪大炮的特殊部队也悄悄地溜进了中国。这支部队就是臭名昭著的日本陆军关东军“七三一”部队（全称为“日本关东军驻满洲第731防疫给水部队”）。

“七三一”部队长官石井四郎召集日本各种医学研究领域的专家，在黑龙江省哈尔滨市南部约20千米的地方，营造了一个方圆6千米的基地，如图14-1所示。在这个暗无天日的基地里，日本人把大批无辜的中国人、朝鲜人和苏联人关在监狱里，将他们当作活体实验的对象。

图14-1　日本“七三一”部队遗址

为了生产出能够大规模杀人的细菌武器，“七三一”部队里那些披着“医生”外衣的人开展了包括昆虫、病毒、鼠疫、赤痢、炭疽、霍乱、血清、伤寒、结核、立克次氏体（一种细胞内寄生的原核微生物类群，可引起斑疹伤寒、斑点热等传染病）、跳蚤等项目的实验研究工作。

在开展上述实验研究过程中，“七三一”部队随意地用关在监狱里的“犯人”做活体实验，具体的实验包括：把“犯人”关在一间透明的隔离室里，先往其身上注射鼠菌液，再通过观察孔观察其病变情况；对从外面抓来的活人注射动物血液，或者强迫他们与带菌的病人同居一室或发生性关系，以此试验人体是如何感染细菌的；把伤寒细菌注射到即将成熟的西瓜或甜瓜里并测验细菌的浓度，几天后拿回实验室切开，再测验细菌在水果里繁殖了多少倍，随后强令“犯人”食用染菌水果，并观察其发病情况；等等。

“七三一”部队在从创建到解散的十几年间，至少试验了10种类型的特种细菌炸弹，有至少3 000人在细菌试验中丧生。从1939年到1945年，以“七三一”部队长官石井四郎为总指挥的日军细菌部队在浙江进行了不少于3次的大型细菌战，造成浙江省、江西省超过230多万人身染疫病，死亡人数超过65万人。1945年8月，在无条件投降前夕，

日本为了毁灭罪证，把与细菌生产和试验有关的建筑物全部炸毁，但残迹仍依稀可见。如今70多年过去了，流毒未除，记忆犹在。

资料来源：《罪孽深重的细菌武器研制部队》，《下一代》，2015（6）

想一想

如果人造病毒生物武器实战化，那么未来战争格局可能发生哪些变化？“七三一”部队在我国犯下的滔天恶行，给我们带来什么的警示？

第一讲 新型领域安全——国家安全的新焦点

随着信息技术、航天技术、生物技术和人工智能等高新技术的快速发展，传统国家安全的领域与利益大大拓展，博弈与角逐的战场已经向着新型领域延伸。海洋、太空、极地、生物等领域成为未来战争胜负的新较量场、国家安全的新焦点、新质战斗力生成的新空间。

一、新型领域安全的主要内容

新型领域安全是指国家能够在新型领域安全进出、科学考察、开发利用，且能维护自身在这些领域中的资产和其他利益安全的能力。其主要内容包括太空安全、深海安全、极地安全和生物安全。

（一）太空安全

太空安全一般是指太空系统、太空权益、太空轨道环境等方面不受威胁、侵害的客观状态。21世纪以来，太空对一个国家的全面发展产生着重大而深远的影响，世界主要航天国家纷纷出台国家太空战略，逐鹿太空安全高地。具体而言，太空安全主要涉及以下三个方面。

1. 太空资源的合理开发和利用

太空资源泛指太空中客观存在的、可供人类开发利用的环境和物质。根据目前人类对太空资源的了解，可开发和利用的太空资源大致可分为轨道资源（如地球同步轨道、太阳同步轨道等）、环境资源（太空辐射、太阳能、太空环境等）和矿物资源（如各类天体上的物质资源）三大类。太空资源的合理开发和利用能够带来人类文明的新进步。

如今，人类越来越意识到太空资源的重要性，开发和利用太空资源成为当前世界各个航天大国的头等大事。太空资源是人类的共同财富，任何国家都不能依据主权要求或通过使用、占领等方式将太空资源占为己有，而必须坚持合理、和平的原则进行合理开发和利用，并注重保护太空环境。为了和平开发和利用太空资源，我国必须积极参与国际太空合作，加快发展相应的技术和力量，统筹管理天基信息资源（由多种不同功能的宇航器、卫星网组成的综合性宇航信息资源），跟踪掌握太空态势，保卫太空资产安全，提高安全进出、开放利用太空的能力。

2. 太空科学考察与技术研究

早在百年前，被称为“宇航之父”的俄国科学家齐奥尔科夫斯基就预言：“地球是人类的摇篮，但是人类决不会永远生活在这个摇篮里，他们会不断探索新的天体和空间。”人类不断向太空发射探测器，从传统的地面观察转向空中观察，并在太空探索过程中实现了一系列科学技术发明，极大地推动了经济社会的发展进程，深刻地改变着每一个人的日常生活。

从天地通话细节，
看中国载人航天技术进步

然而，太空是一个对人类极其不友好的环境，那里没有空气，充满了以高能原子核形式存在的致命粒子，且失重状态会给人体带来各种已知和未知的健康风险。因此，太空科学考察和技术研究之路凶险无比。对此，我们需要克服各种困难，加快发展相应技术，确保太空科学考察和技术研究的安全。

时代英雄

杨利伟惊心动魄的太空之旅

2021 年 6 月 17 日，航天员聂海胜、刘伯明、汤洪波乘坐的“神舟十二号”载人航天飞船发射成功。7 月 4 日，“神舟十二号”航天员乘组圆满完成出舱任务，中国载人航天工程副总设计师杨利伟表达羡慕祝福的话语登上微博热搜：“作为航天人，非常羡慕航天员在上面飞行！”

杨利伟曾于 2003 年 10 月 15 日北京时间 9 时，乘坐由长征二号 F 火箭运载的“神舟五号”飞船顺利进入外太空。这一时刻被成千上万的中国人铭记在心，因为它象征着中国航天事业实现了一个飞跃，首次完成了载人航天。作为中国航天第一人，杨利伟被全国人民视作英雄，关于他进入外太空的很多细节也在“神舟十二号”飞船发射成功后被一一报道了出来。

一、生死 26 秒

由于“神舟五号”发射时，我国在载人太空飞行方面是没有任何经验的，所以杨利伟的太空探索过程伴随着冒险。当“神舟五号”飞船载着杨利伟飞向太空时，火箭加速上升的过程带来了 6G 的负荷（指约 6 倍于人体自身体重的负荷），这让杨利伟承受了巨大的压力。火箭上升到三四十千米时，飞船和火箭产生的低频共振引起了人体内脏共振，这种共振叠加在一个大约 6G 的负荷上，整个过程历时 26 秒，让杨利伟感到非常痛苦。这惊险万分的 26 秒，让杨利伟至今难忘。他在自传中写道：“共振以曲线的形式变化着，痛苦的感觉越来越强烈，五脏六腑似乎都要碎了。我几乎无法承受，觉得自己快不行了……在痛苦的极点，就在刚才短短一刹那，我真的以为自己要牺牲了。”

二、神秘的敲击声

飞船进入太空之后，杨利伟曾经听到过神秘的敲击声，类似于木槌击打铁桶发出的声音，且敲击声的出现没有任何规律。当时的太空中只有“神舟五号”飞船在，杨利伟实在想不通这敲击声从何而来。面对这种未知的现象，杨利伟感到很紧张。他首先想到是会不会是飞船哪里出现故障了，会不会有什么东西崩开了。但杨利伟经过仔细观察发现，每当敲击声出现时，飞船内部以及外部都没有出现任何异常的情况。不久后，飞船收到了返回指令，杨利伟就开始返程了，并于2003 年 10 月 16 日 6 时 28 分成功着陆，但神秘敲击声从何而来的问题一直困扰着他。

由于当时的技术有限，杨利伟听到的敲击声并没有得到合理的解释。不过，如今 17 年过去了，中国的航天技术突飞猛进，技术人员根据杨利伟当时的描述查明了真相：由于太空的环境复杂多变，而太空舱能够根据温度感应系统对舱内温度进行调控，但科学家们却忽略了一点，即在温度变化的同时，太空舱的内外压强会随之改变，进而导致飞船结构变形，并产生诡异的敲击声。

太空舱因太空压力而发生变形时会给宇航员带来危险。不过好在当时飞船并没有在太空中停留太久，而杨利伟在那次任务中也没有受到任何损伤，众人也纷纷庆幸他能捡回一条命。

三、舷窗上的裂纹

返回地球时，快速行进的飞船与大气摩擦，产生的高温把舷窗外面烧得一片通红，飞船外表面的防烧蚀层开始剥落，随后右侧舷窗开始不断出现细密的碎裂纹路，舷窗外就是 1 600℃～1 800℃的超高温度。不久后，左侧舷窗也开始出现裂纹。据杨利伟讲述，“说不恐惧那是假话”，“我紧张了，心想：完了，这个舷窗不行了”。后来才知道，舷窗上的裂纹并不是飞船玻璃窗本身出了问题，而是舷窗外的防烧涂层烧裂了。即使如此，返程中的危险依然无处不在，令人惊心动魄。

杨利伟是中国的航天英雄，大多数人只记得他收获的鲜花与掌声，以及他为中国航天事业所做出的贡献。然而，如果不是杨利伟亲口讲述，谁也无法想象到太空飞行背后的艰辛和蕴藏的危险。

资料来源：熊超然，《杨利伟〈太空一日〉入选人教版中学语文课本，披露大量惊心动魄的瞬间》，观察者网，2021-6-27

3．太空开发的国际战略竞争

太空军事开发与应用加速了战争形态演变、军队组织结构变革和世界力量格局调整，制天权理念主导下的导弹防御、精确打击、高超声速突防和太空控制等能力体系，严重削弱了传统威慑效能，形成了更加灵活实用的新型战略威慑。在这种形势下，维护太空安全与太空权益成为新的提升国家建设和国家军事威慑能力的战略制高点。

（二）深海安全

深海连接着万千海岛和众多沿海国家，其空间广阔且战略纵深巨大，如今已成为各海洋强国强化军事存在和军事控制的重点区域。具体而言，深海安全主要涉及以下两个方面。

1. 深海资源的合理开发和利用

深海蕴藏着十分丰富的矿产和生物基因资源，是当今国际社会关注的热点区域。谁抢占了开发深海的先机，谁就掌握了人类赖以生存和发展的巨大资源宝库。尽管《联合国海洋法公约》规定国际海底区域的矿产资源、油气资源、生物基因资源和渔业资源等属于全人类共同所有，任何国家不可独自占有和使用，但为了解决陆地资源日趋短缺问题，各国争夺海洋资源的“蓝色圈地运动”仍然愈演愈烈。

在这种形势下，完善深海能源开发战略和体制机制，解决深海投资大、作业和工程难度大及地缘政治风险等问题，继续加大深海勘探开发力度，加快发展海洋信息技术以服务于海洋资源保护和开发，成为我国的一项重大战略任务。

2. 深海区域科学考察与技术研究

鉴于深海的战略地位，各海洋强国纷纷把目光投向深海，深海成为各国开展科技竞争的新“战场”。如今，深海科技以前所未有的速度发展，深海观测技术逐渐成为推动重大科学研究的关键。在这种形势下，为了维护国家安全，我国必须落实海洋强国战略，深入开展深海领域科学考察，抓紧探测深海资源；加快深海科学技术研究，着力提高科技创新策源能力；抓紧启动深海空间站，吸引更多具有高科技研发实力的机构进入深海领域，推进大型深海科技装备和核心技术向深海聚集；同时，还要加大国际合作力度，加强深海资源、生态环境和气候变化问题研究。

科技之光

中国载人深潜创造新纪录

1986 年，中国第一艘载人潜水器“7103”救生艇研制成功。自此，我国自主研发载人潜水器的脚步就未曾停歇，“蛟龙号”“深海勇士号”“奋斗者号”载人潜水器接连诞生，它们的国产化程度越来越高，实用性越来越强，性能越来越优越，助力中国深潜人的“深蓝梦”变为现实。

图 14-2 “奋斗者号”万米载人潜水器

外观酷似一条绿色大头鱼的“奋斗者号”，是由我国自主研制的全海深载人潜水器，它具备覆盖全球海洋 100%海域的作业能力，是国际上首次可以同时搭载 3 人下潜的万米载人潜水器，如图 14-2 所示。

2020 年 11 月 10 日，“奋斗者号”完成了万米级海试，首次探底全球海底最深处——马里亚纳海沟“挑战者深渊”。“奋斗者号”此次下潜深度达到 10 909 米，在海底停留了 6 个小时，并进行了一系列的深海探测科考活动，带回了矿物、沉积层、深海生物及深海水样等珍贵样本。其实，就在 2020 年 10 月 27 日，也是在马里亚纳海沟，“奋斗者号”刚刚成功下潜并突破了 1 万米，达到 10 058 米。这个纪录还未保持半个月，“奋斗者号”就再次向海沟最深区域发起了新挑战，并成功坐底 10 909 米的海底。新纪录迅速被打破的背后，是我国自主研发深海装备技术的不断突破和进步。

资料来源：吴月辉，《下潜深度见证创新高度（新知）》，《人民日报》，2020-11-18

（三）极地安全

随着全球变暖、冰区技术的进步和交通工具的改善，极地与经济、政治、文化、安全的联系变得日益广泛，直接关乎各国利益和人类未来。要想参与极地事务，维护基地安全，航运和科考是主要渠道。

1．极地资源的合理利用

极地是冰雪覆盖的高纬度地区，这一“无主权”地区蕴藏着丰富的石油、天然气、矿物和渔业资源。据美国地质调查局统计，北极圈内已探明并可用现有技术进行开发的石油储量约为 900 亿桶，占世界未探明石油储量的 13%；天然气储量约为 1 669 万亿立方米，占世界未探明储量的 30%；液化天然气约为 441 亿桶，占世界未探明储量的 20%。南极地区以雪和冰的形式存储着全球 70%的淡水，还有储藏量巨大的磷虾等众多生物资源，对全球生态安全和人类永续发展意义重大。

对于全球能源逐渐匮乏的现状来说，极地无疑是地球“最后的宝藏”。当前，极地作为重要资源和能源的主储存地，已成为各国争夺的新疆域。许多国家都把极地研究与开发作为国家的一项重要战略。极地争夺已经日趋“白热化”，我国必须深入思考维护极地权益的相关重大问题。

2．极地区域航道的探索与治理

北极地区快速冰融使得北极航道的开发前景日益广阔，参与利用北极航道蕴含着巨大的经济价值。因此，各国纷纷对极地区域航道开启探索。据北极理事会估计，北极地区从 2030 年起可能因大范围融冰而出现经过俄罗斯北极地区的东北航道及经过加拿大海域的西北航道。与通过苏伊士运河或巴拿马运河的传统航线相比，东北、西北两条北极航道的远洋航行都将至少缩短 40%的航程。这不仅可以节约油料成本，还能够避开马六甲海峡、亚丁湾等恐怖主义和海盗活动多发的区域。但是，一些北冰洋沿岸国把北极航道视为国家主权涵盖范围，以国内法来管理航运，并对船只过境航行实行强制性的申请和报告制度，严重影响到他国船只的通行权利。

南极虽然“主权冻结”具有公域性质，被称为无领土主权归属、无土著居民、无高等植物的“三无大陆”。但澳大利亚、新西兰等 7 个南极主权声索国和美俄 2 个声索保留国仍然要求在《海洋法公约》框架下划定各自在南极的“势力范围”，并以环境保护为由，通过建立南极陆地和海洋特别保护区来实现对南极的“软控制”。这严重影响了其他各国在南极地区的通行权利。

中国作为联合国安理会常任理事国，是北极理事会正式观察员，也是《南极条约》协商国及其体系的维护者，应在完善极地治理规则、促进极地和平与稳定等方面发挥建设性作用，维护各国和国际社会的共同利益。

3．极地区域科学考察与技术研究

极地地理位置特殊，关乎域内外各国军事安全。作为连接欧亚、北美的顶点，北极到北半球任何一个地区的距离都是最短的，从北冰洋发射导弹几乎可以覆盖整个北半球国家；而且由于长年被较厚的冰层覆盖，北冰洋成为战略核潜艇等军事武器天然的隐蔽保护场地，具有极强的军事威慑力。与此同时，在南极地区建立极地卫星地面接收站，还关系到未来信息化战争条件下夺取信息优势、进而掌握战争主动权。此外，北极和南极还是试验和研发空间天气、电磁、气象等前沿军事技术，以及训练军事人员和检验军事装备在极端条件下作战能力的极佳试验场所，也是各大国部署“全球到达、全球打击”战略的重要一环，其军事价值可见一斑。

无论在冷战期间还是当前，美俄（苏联）都将北极视为战略安全前沿，并频频进行军事行动。截至 2021 年 4 月，俄罗斯已在北极建设了 400 多座军事基础设施，以确保其在北极地区的绝对军事优势。美国自冷战起建立的从阿拉斯加经格陵兰至冰岛的导弹防御系统，以及与加拿大联合建立的早期预警网络运作至今。可以说，美俄等国在极地的军事博弈，对极地非军事化原则构成直接挑战，更危及包括我国在内的各国领土防御和对极地的和平利用。

相对于世界其他区域而言，极地区域的自然地理、地质构造、水文气象都较为复杂，影响巨大。为了日后进行资源开发、占据军事优势，各国积极开展极地考察活动，开展气候变化和极端天气研究。2020 年 7 月 15 日，我国开展第十一次北极科学考察；2021 年 5 月 7 日，我国完成第三十七次南极科学考察。

技术装备是认知、利用和保护极地的基础。极地的开发与挺进并不仅仅是科考船所能解决的问题，更是一个系统的战略工程，涉及进入、探测、运输、冰区管理、平台供应和应急救援等多项问题，每项都需要技术的支撑。这要求我国有意识地适应极地要求，增加投入，研发高科技产品，以实现在严酷的环境下进行高难度的工作。

时事博览

中国第三十七次南极考察圆满完成

2021 年 5 月 7 日，“雪龙 2 号”船返回上海国内基地码头，如图 14-3 和图 14-4 所示，标志着中国第三十七次南极考察圆满完成。

图 14-3 “雪龙 2 号”抵达码头

图 14-4 南极科学考察队回归

平均年龄不超过 34 岁的考察队员，搭载我国自主建造、拥有自主知识产权的第一艘极地科考破冰船——“雪龙 2 号”，于 2020 年 11 月 10 日从上海出发奔赴南极，历时 179 天，行程 3.6 万余海里，顺利完成了南极长城站、中山站的物资补给和人员轮换任务，开展了南大洋生态系统和海洋环境综合调查，成功回收了西风带环境监测浮标，并取得了多项科研成果。

资料来源：刘诗瑶，《“雪龙 2”号，今日返回！》，人民网，2021-5-7

（四）生物安全

生物安全是指国家有效防范和应对危险生物因子及相关因素威胁，生物技术能够稳定健康发展，人民生命健康和生态系统相对处于没有危险和不受威胁的状态，生物领域具备维护国家安全和持续发展的能力。在经济全球化深入发展的时代背景下，生物安全在全球安全治理中的地位愈加凸显。例如，新发突发传染病会给人体健康与生命安全造成巨大威胁，并给经济社会发展造成难以估量的损失；生物遗传资源的严重流失会给国家带来巨大损失；同时，随着生物技术的飞速发展和广泛应用，人们在享受生物技术所带来的发展红利的同时，也面临着生物技术误用和滥用、生物技术武器化、生物恐怖主义等严峻挑战。

生物安全是国家安全的重要组成部分。维护生物安全应当贯彻总体国家安全观，统筹发展和安全，坚持以人为本、风险预防、分类管理、协同配合的原则。具体而言，包括防控重大新发突发传染病、动植物疫情；研究、开发、应用生物技术，保障实验室生物安全；防范生物恐怖袭击、防御生物武器威胁；保障人类遗传资源和其他生物资源安全；等等。

二、新型领域安全的重要性

当今时代，世界格局处在大变革、大调整之中，国际经济、科技、军事竞争格局正在发生历史性变化。大国之间的战略博弈日趋复杂，尤其是在太空、深海、极地等新型安全领域，竞争明显加剧。为了赢得主动，赢得未来，国家必须确保各新型领域的安全。

（一）新型领域安全涉及潜在的重大国家利益

“国是千万家，有国才有家”，维护国家安全以国家利益至上为准则是毋庸置疑的。国家利益是一个主权国家在国际社会中生存需求和发展需求的总和，所以国家利益拓展到哪里，国家安全边界就要跟进到哪里。外层空间、国际海底区域和极地等新型领域的开发利用、考察研究都与国家利益息息相关。

近些年来，我国在太空、深海和极地等新型领域的科技发展亮点频出，如“神舟”飞天、“嫦娥”探月、“蛟龙”潜海、“雪龙”科考等，并取得了不俗的成绩。这些都是维护新型领域安全的重大探索活动，都涉及潜在的重大国家利益。

有研究表明，在航天领域每投入 1 元钱，可以产生 7～12 元的回报。我国在航天领域的投入保障了航天事业又好又快的发展，同时，航天活动带来的经济社会效益，也给民众生活带来了福音。

在深海领域，我国于 20 世纪 70 年代开始国际海底区域勘查活动：2001 年在东北太平洋获得多金属结核矿区；2011 年在西南印度洋获得多金属硫化物矿区，2014 年在西北太平洋获得富钴结壳矿区，获得了三块具有专属勘探权和优先开采权的海底矿区；2015 年在东太平洋获得多金属结核资源的专属勘探权和优先开采权。

在极地领域，我国的极地考察始于 1984 年，经过 30 余年的努力，如今已形成由“雪龙号”极地科学考察船、6 个考察站（南极长城站、中山站、昆仑站、泰山站和北极黄河站、中—冰北极科考站）和中国极地研究中心组成的科研体系，为维护我国的重大利益作出了重大贡献。

（二）新型领域安全是未来国际竞争的新焦点

外层空间、国际海底区域和极地等新型领域都是“全人类的共同财产”，不专属于世界上任何一个国家。随着世界政治格局的调整变化，各国在新型领域的战略博弈日益加剧，新型领域安全逐渐成为国际竞争的新焦点。

美国一些专家提出了“全球公域”的概念，掀起了新一轮全球公域“圈地运动”，众多发达国家为占据新型领域战略高地，进行了一轮又一轮的明争暗斗。在争夺太空方面，各国推出并完善太空战略，组织太空技术研发，探索载人航天、卫星发射、反导、登月及火星等，强化太空作战力量建设，锻造太空“精兵”；在争夺深海方面，各国适时调整并完善海洋战略与政策，研发深海设备与创建深海部队，不断研发创新深海载荷技术、海洋遥感技术、水下网络技术等深海技术；在争夺极地方面，各国制定极地领域战略与规划，普遍加大研发投入，建立极地新型力量并进行对抗性演练；等等。

互动空间

2015 年 8 月 1 日，俄罗斯总统普京下令将空军和空天防御军合并，组建俄罗斯空天军；2018 年 6 月 18 日，美国总统特朗普下令美国防部立即启动组建美国太空军。截至目前，越来越多的国家开始筹划创建太空“精兵”。你认为这一军种的使命任务是什么，它会给国家安全带来怎样的影响？

2020 年，2019 新型冠状病毒以不断变异的方式和人类进行战斗，波及全球各地。那场以医疗人员为主要作战力量、全民参与战斗的没有硝烟的全面生化战争，让世界各国看到了的生物领域安全的重要性。未来，各国在生物安全方面的竞争将越来越激烈。

第二讲　坚持探索合作　维护新型领域安全

随着经济实力和自主创新能力的不断增强，我国在“上天入海下地”等前沿科技领域不断前进，在重大传染病疫情防控方面不断积累经验。然而，在新型领域前行的道路上，我国也面临着各种技术挑战与未知的风险。要维护我国新型领域的安全，就必须推进顶层设计，加快人才培养，同时开展国际合作。

一、新型领域安全面临的威胁与挑战

（一）太空安全面临的威胁与挑战

太空安全面临的威胁与挑战主要包括开发探索时面临的技术挑战、开发经营时面临的挑战，以及频轨资源短缺、太空碎片增加所带来的风险等。

1. 开发外层空间面临技术挑战

自人类开展太空活动以来，航天技术发展就始终与国家安全息息相关，太空安全问题也因此由来已久。1970 年，我国第一颗人造地球卫星“东方红一号”发射升空，拉开了中华民族探索宇宙奥秘、和平利用太空、造福人类的序幕。自苏联中断了对华的技术援助后，中国人民只能在一穷二白的情况下走上自力更生的道路。由于太空环境的极端特异性，我国在开发外层空间的过程中经历过众多的技术挑战，包括卫星、火箭等太空技术的研发等。如今，在新一轮科技革命和产业变革推动下，我国会进一步探索和开发外层空间，在探索和开发过程中同样会面临诸多技术挑战。

例如，2020 年 7 月，中俄两国航天机构确定了国际月球科研站的合作；2021 年 3 月，中俄两国政府签署了《关于合作建设国际月球科研站的谅解备忘录》，启动国际月球科研

站的合作。根据两国计划，后续还将发布《国际月球科研站实施路线图》，以及明确其他有兴趣国家或国际组织的加入程序。在建设月球科研站和探索月球的过程中，我国必然会面临新的技术挑战，如研制可重复使用的航天器、太空定位系统、飞船新型推进器等技术挑战。

2. 太空开发经营面临安全问题

2007 年 9 月，美国国家航空航天局（NASA）时任局长迈克尔·格里芬在纪念 NASA 成立 50 周年的演说中正式提出了“太空经济”概念，将航天活动的机制效益拓展到了“经济”。“新航天时代”呼之欲出，商业化成为人类航天事业发展到一定阶段的必然产物。我国商业航天的蓬勃发展及基本的航天技术日益成熟，给众多创业者提供了机遇。与此同时，良莠不齐的航天创业公司也可能使得太空的开发经营出现不合理竞争、工程项目基本无利可图、组织关系遭到破坏、顶尖人才大量流失等情况。

更重要的是，近半个多世纪以来，人类对太空的探索取得了飞速发展。但在太空事务管理方面，国际社会的行动相对滞后。冷战时期形成的处理太空事务的国际条约，强调把太空作为“全球公地”，要以国际合作来确保太空安全，但这些国际条约对国际太空行动主体没有强制性约束，从而留下了安全隐患。如今，各国卫星被广泛用于军事目的，用来支持与强化本国的军事作战能力，太空军事化与武器化已经成为不争的事实。这对太空安全构成了极大的威胁。

3. 频轨资源短缺、太空碎片增加阻碍人类活动

频率和轨道是卫星运行中必不可少的资源。一颗卫星所占据的通信频率和运行轨道难以和其他卫星共享，而且新发射的卫星必须规避已有卫星的通信频率和飞行轨道，否则就会彼此产生通信干扰，甚至相撞。因此，随着近年来近地空间的航天器越来越密集，太空中的频轨资源越来越稀缺，各国间的竞争达到了前所未有的激烈程度。

历史纵横

人类航天史上第一次卫星相撞事故

美国东部时间 2009 年 2 月 10 日上午 11 时 55 分，美国一颗为私营公司所有的商用通信卫星与俄罗斯一颗已经报废的卫星相撞，这是太空中首次发生的完整在轨卫星相撞事件。

美国宇航局发言人表示，此次撞击事件发生在西伯利亚上空约 780 千米处（属于近地轨道范围），由美国国防部空间监视网观测到。发生相撞的卫星分别为美国铱卫星公司的“铱 33”卫星和俄罗斯的“宇宙 2251”军用通信卫星。前者重约 560 千克，于 1997 年发射；后者重约 900 千克，于 1993 年发射，之前已处于报废状态。两星相撞后顿时化为两团碎片云飞散开去。

事件发生后，美俄双方互指对方要为这次撞击负责。俄罗斯太空专家指责美国太空总署未能在事前及时发出预警，而美国太空总署则表示，发出预警并非他

们的职责。美国国防部空间监视网则承认无法一一追踪到太空上数以万计物体的移动方向。不过，五角大楼发言人布赖恩·惠特曼承认，美俄卫星相撞是因为美国在计算卫星轨道时存在失误。他同时表示，此次相撞绝对是个意外。

此外，太空垃圾正成为人类探索太空过程中绕不开的一道难题。自20世纪50年代人类具备了进入太空的能力以来，越来越多的航天器进入太空。航天器在到达使用年限或者出现故障时就可能脱离人类的控制，在太空中依靠惯性继续飞行。当失效的航天器越来越多时，它们就很可能发生相撞事故，由此产生太空碎片。

据西班牙《阿贝赛报》网站2015年11月21日报道，美国太空碎片监测站网络已经发现了1.7万个目标（每个至少有一个垒球那么大），以每小时1.75万英里（1英里=1.61千米）的速度呼啸而过。如果再算上直径不到10厘米的碎片，那么，太空碎片接近50万个。这些太空碎片使得发生太空碰撞的风险显著上升，也使人类太空活动与相关系统面临共同威胁。

（二）深海安全面临的威胁与挑战

深海安全面临的威胁与挑战，主要包括开发深海时面临的技术挑战和探索深海时可能面临的未知风险。

1. 开发深海区域面临技术挑战

深海区域不属于任何国家管辖，是最大的政治地理单元。其面积接近地球面积的一半，深海资源丰富，法律地位特殊，具有较高的战略价值。海洋学专家认为，深海科学技术是21世纪世界科技发展的重要前沿，未来深海资源的竞争，其焦点也是深海技术的竞争。开发深海需要克服勘查和开采两个技术难题。

我国的深潜技术不断创新发展，实现了重大突破，已经达到世界先进水平。但是，我国深海开采技术研究起步相对较晚，水平较低，深海开发设备发展相对滞后。例如，我国深海矿产资源开发技术还处于起步阶段，亟待开展示范工程建设，大力发展关键技术装备；我国水下海洋环境实时感知技术基础较为薄弱，关键技术和装备对国外供应商具有一定的依赖性，国产自主技术较少；等等。总之，技术落后依然是掣肘中国深海开发的关键因素。

2. 探索深海面临的未知风险

深海是一个漆黑、高压和冰冷的世界。由于99%的光线都难以穿过深度超过150米的海水，所以深海里几乎是漆黑一团，能见度极低；在海洋中，每下潜100米就会增加10个大气压，几毫米厚的钢板在1万米的洋底就像大气中的鸡蛋壳一样易碎，这不仅要求潜水器的浮力材料能承受住巨大的压力，而且要求它的渗水率极低，以保证其密度不变，否则就会沉入海底；越往海底深处去，温度就会越低，甚至可能在某一地点接近冰点，但同

万米深海烙上“中国印”

时，在海底存在的热液喷口又可能将海洋温度提高到 400℃；在封闭而神秘的深海领域，还存在着大量特有物种，这也让深海探索充满了未知。此外，海水的腐蚀性和破坏性也不容小觑。

深海勘探是一项极具挑战性的活动，需要先进的设备、庞大的预算、勇敢和有经验的人员，以及国家和国际各级政府的许可，但深海中蕴藏着无穷的秘密，也吸引着各国科研人员的不断探索。

生活实例

“蛟龙号”潜航员唐嘉陵：为深海科考搭建桥梁

1984 年出生的唐嘉陵是我国首批自主选拔、培养的“蛟龙号”潜水器专业潜航员，从 2009 年起，唐嘉陵开始投身于深海大洋事业第一线，始终奋战在深潜第一线。他全程参与了“蛟龙号”持续 4 年的海上试验，驾驶潜水器达到最大下潜作业深度 7 062 米，刷新了我国载人深潜新纪录并创造了世界同类型载人潜水器最大下潜深度，被誉为“载人深潜英雄”。

走向深海，时刻面临着未知的挑战。在深潜过程中，潜航员是第一责任人，既要保证装备和人员的安全，也要最大限度地把科学资料和样品带回来。在进行深海作业时的两段经历至今令唐嘉陵记忆犹新。有一次在某海域下潜到两三千米深度时，唐嘉陵正全神贯注地观察窗外的情况，突然发现前方五六米处挂着几根绳索一样的东西。对于深海装备来说，绳索很可能是致命的，因为被缠绕后很难脱身。于是，他赶紧使潜水器急停、上升，并观察了一番。最后发现，原来是深海章鱼的触角吸附在潜水器上。

还有一次在海底一个死火山喷口处进行取样作业时，由于潜水器停靠的压力和不断的冲击、晃动，死火山的外壳被蹭掉了，火山内部的热液开始往外喷，竟然将“蛟龙号”侧面的浮力块烧出一个直径约20厘米的黑疤。这惊险的一幕让唐嘉陵直冒汗，因为浮力块如果被烧掉，它就可能与本体脱离并造成浮力损失，给潜水器回到海面带来困难。于是，在取样作业结束后，他及时总结了这次作业的经验教训，优化了潜水器在热液区的工作路径，以便今后能够更加安全地在深海作业。

尽管大洋深处属于人类禁区，但仍然有许多五彩斑斓的神奇生物存在，远远超出人类的认知。这让唐嘉陵更加坚定了自己进行深海探索的信念。眼下，“蛟龙号”完成了升级，即将进行新的业务化运行，唐嘉陵与同事们整装待发，准备迎接新的任务和挑战。

朝气蓬勃的新时代画卷正在我们面前展开，等待有为青年去描绘属于自己的辉煌。让我们与唐嘉陵一起，自觉按照党和人民的要求锤炼自己，勇于创新、敢于担当，在火热的青春中放飞人生梦想，在时代的舞台上成就事业华章。

资料来源：张蕾，《唐嘉陵：为深海科考搭建桥梁》，《光明日报》，2020-8-29

（三）极地安全面临的威胁与挑战

极地安全面临的威胁与挑战主要包括保护、利用极地资源所面临的技术挑战，以及探索极地时可能存在的巨大未知危险。

1. 保护和利用极地区域面临技术挑战

随着全球变暖加剧，极地的大气、海洋、陆地圈层都发生了较为显著的变化。南极地区的臭氧层每年都会受到人造化学物质的破坏，南极冰架出现崩裂，巨大的冰山因此坠入海洋；北极的部分地区温度上升，北冰洋冰层逐渐融化，海冰范围退缩，引起了生态系统和生物资源的变化。种种迹象表明，极地保护刻不容缓，相应的技术发展面临着新的挑战。

与此同时，人类在极地开展科考活动时所需的装备，是认识极地的重要载体。然而，极地地区是海冰覆盖的高纬度海洋，极地海冰会阻隔无线电信号的传输。这导致人们难以利用水下仪器实现定位和通信，使得地面通信系统因受海洋和海冰阻隔而难以部署；铱星通信系统虽然可以提供极区通信服务，但可靠性不高且带宽有限。种种技术难题给保护和利用极地区域带来巨大挑战。

尽管参与极地的开发与治理对我国意义重大，但目前我国极地观测设备和勘测装备匮乏、已掌握的技术尚不能完全满足对极地开发利用与保护的需求。要想提升认识极地的水平，给极地的可持续开发和利用提供保障，我国就必须面对以下技术挑战：极地卫星遥感观测技术、通信定位技术、大批量数据传输和处理技术；冰区海洋观测与环境监测技术；极地航行船舶技术；冰—船相互作用的实验室物理模拟技术；新型极地抗冰勘探与钻井技术；绿色环保能源的持续供给技术；等等。

2. 探索极地存在巨大未知危险

南极平均海拔高度达 2 350 米，长年被冰雪覆盖，所储存的冰雪占全世界冰雪总量的 95%，全年多暴风雪天气，年平均气温为−25℃～−30℃，最低气温甚至可达−89.6℃。北极则终年气候酷寒，夏季多阴霾天气，冬季多暴风雪。

科考人员对极地区域进行探索时，极有可能因为恶劣多变的天气而发生意外状况。例如，极地船只碰触暗礁或被破碎的海冰挤压时可能发生侧翻甚至沉没，船上人员的生命可能因此面临危险。同时，随着人类极地活动的日趋频繁，极地区域原有样貌可能遭到破坏，进而使得永冻层融化，地面垮塌，冻土中的细菌从休眠状态中复苏，从而威胁人类的生命健康。例如，2016 年，西伯利亚地区炭疽杆菌死灰复燃，引发大范围驯鹿和人感染。

生活实例

中国“雪龙号”南极驰援俄科考船

2013 年 12 月 25 日，俄罗斯远极地研究考察船“绍卡利斯基院士号”被困在了浮冰区，船员发出了求救信号。

"雪龙"冰海突围记

当天5时50分，中国"雪龙号"科考船正航行在南大洋海域，值班驾驶员收到"绍卡利斯基院士号"最高等级都海上求救信号后，便以最大航速前往600多海里外的浮冰区驰援"绍卡利斯基院士号"。

"雪龙号"冒着极大风险穿过西风带气旋中心，全速前进，于12月26日顺利抵达浮冰区。在救援过程中，"雪龙号"一度距离"绍卡利斯基院士号"只有6.5海里，但由于浮冰太厚，连续几日的救援工作困难重重，均未获得成功。

12月29日，"雪龙号"的两位船长乘坐"雪鹰12"直升机进行了实地勘察，发现冰情依然严重。因此，救援工作依然无法顺利开展。

直到2014年1月2日，瞬息万变的南极天气终于转晴。"雪龙号"的工作人员经慎重商议后决定利用"雪龙号"上的"雪鹰12"直升机开展救援工作。确定了救援方案后，"雪龙号"的12名海冰先遣队员冒着生命危险探寻路径，机组人员经过近5个小时飞行，成功救出了被困于俄"绍卡利斯基院士号"的52名工作人员。

勇士不顾生，故能立天下之大名。"雪龙号"上的中国勇士们在获悉他国船只陷入危难后，秉承国际主义、人道主义精神，紧急驰援，助乘客转危为安，彰显了我负责任大国的形象。

资料来源：张建松，《救援，被困，突围——新华社记者亲历"雪龙"号惊险细节》，新华网，2014-1-5

（四）生物安全面临的威胁与挑战

生物安全进入了当代国际视野，生物因素成为诱发国家经济和社会危机的重要因素。

1. 重大传染病、动植物疫情对人类健康的危害

在全球范围内，人类、动物新发突发传染病呈现出存量多、增速快、传播广、危害重等趋势，威胁着人类和动物的健康和生命，成为国家生物安全的首要威胁。

近20年来，人类新发突发传染病造成了难以估量的生命、财产损失。2003年出现的SARS病毒在极短的时间内传播到全球30多个国家和地区，致使900余人死亡。此外，频发的动物疫情不仅给养殖户带来重大损失，制约畜牧业的持续发展，而且危及食品安全和人类健康，如禽流感、猪瘟等。

此外，人们在生活中比较容易忽视植物疫情。其实，在自然界中，植物病毒侵染植物的现象相当广泛，而且很多植物病毒病害与人们的生活密切相关。例如，粮食、油料、果树、蔬菜、药材、林木和花卉等植物一旦染上病毒，人类日常生活就很有可能受到影响，人类健康也可能受到威胁。

2. 生物因素对生态环境的危害

随着我国对外经济贸易的不断发展，新兴业态不断涌现，外来有害生物也呈现出种类批次增多、蔓延范围扩大、危害加剧的特点，对生态环境、农林生产和人体健康造成巨大危害。外来有害生物的侵入将破坏原有的生态系统结构，使得生态系统结构失衡和功能退化。当外来生物与本土近缘物种杂交后，杂交后代可具有更强的抗逆能力，进而使本土物种面临更大的威胁，部分本土物种的灭绝速度不断加快，遗传多样性急剧贫乏。

互动空间

现实生活中存在哪些危害生物安全的行为和现象？这些行为和现象可能带来哪些危害？在日常生活中，青年学生可以采取哪些措施来维护生物安全？

3. 生物因素对社会经济与国家利益的危害

外来有害生物不断繁殖、更新和扩散后所带来的问题，依靠物理、化学、生物等措施都很难解决，其严重后果之一就是带来巨大的经济损失。1990 年至 1997 年，在美国白蛾发展的最盛时期，陕西全省疫区直接经济损失达 2.34 亿元，疫区及周围地区间接损失 9.63 亿元；2006 年，椰心叶甲虫大面积入侵海南，扩散至全省 18 个县市，染虫植物多达 320 万株，如今，无法根除的椰心叶甲虫每年给海南造成的损失高达 1.5 亿元。2020 年 6 月 2 日，生态环境部发布的《2019 中国生态环境状况公报》显示，我国共有 667 种外来入侵生物，每年造成的经济损失高达数千亿元。

除了对农、林、牧、渔业产生巨大破坏作用外，生物因素还可能影响我国的国际贸易。外来有害生物导致国内新发疫情增加后，部分国家可能通过动植物检疫作为非关税贸易壁垒和技术性壁垒，限制我国部分产品进入国际市场，或者对我国产品出口提出更加严格的要求。这将增加我国的出口商品成本，降低我国商品的国际竞争力，影响我国国家利益，在一定程度上也将影响经济全球一体化进程。

与此同时，我国是世界上生物遗传资源特别丰富的国家，很多珍贵、稀有的生物遗传资源起源于我国。为此，有的国家采取多种手段，不断从我国搜集、掠夺生物遗传资源，并通过市场、经济和技术等手段，使作为生物遗传资源原产国的我国变为受害国。例如，一些国家以合作研究名义诱使国内合作方提供生物遗传资源，以旅游者名义偷窃我国珍稀濒危物种资源，以合法贸易和邮寄的方式夹带我国生物物种资源出境，经生物技术的开发利用形成产品，再通过所谓的知识产权保护，在我国牟取暴利。

此外，全世界至少有 25 个国家具有生产大规模杀伤性生物武器的能力，一些恐怖组织也具备利用生物战剂发动恐怖袭击的能力。因此，生物战威胁将长期存在，生物恐怖袭击不容忽视。

二、维护新型领域安全的途径与方法

维护新型领域安全，就必须着眼于新型安全领域威胁、挑战的新变化，与时俱进地制定相关政策法规，推动战略谋划，提升关键核心技术突破能力，建立高质量人才自主培养体系，多方位开展国际性合作。

（一）推进新型领域安全的顶层设计

政策法规是维护新型领域安全的有力武器。西方发达国家自 20 世纪 80 年代起就开始逐步加强新型领域的立法工作。美国、日本、俄罗斯及有关欧洲国家也都将太空、极地、深海、生物安全作为国家安全战略的重要内容，通过法律和国家政策保障本国在新型领域国家利益的安全。

我国在各新型领域也有着现实的和潜在的国家利益，近年来也制定了一系列相关法律，以保护各新型领域的国家利益。例如，2016 年 2 月制定并颁布了《中华人民共和国深海海底区域资源勘探开发法》，规范和推进了我国在深海海底区域的活动；2020 年 10 月制定并颁布了《中华人民共和国生物安全法》，该法系统梳理、全面规范了各类生物安全风险，提升了我国生物安全治理能力。

然而，我国新型领域安全方面的法律法规需要完善的空间仍然比较大。例如，我国的太空立法工作严重滞后，只有《空间物体登记管理办法》《民用航天发射项目许可证管理暂行办法》等少数部门规章，立法位阶不高；我国开展极地工作时所遵守的通常是国际法，本国缺少极地相关的法律法规。

立足于维护国家安全的未来需要，我国必须建立健全维护和塑造新型领域安全的法律法规体系，对维护各领域安全的具体任务作出原则性规定，为相关工作提供法律依据、预留立法接口。此外，我国必须制定太空、深海、极地、生物等新型领域发展规划，为我国夺取新型领域发展制高点打下基础。

（二）加快新型领域安全的科技创新和人才培养

要想维护新型领域安全，我国必须加快新型领域核心科技创新和基础设施设备建设，尽快培养和储备新型领域的科技人才。

1．加快新型领域核心科技创新与基础设施设备建设

近年来，中国在探索太空、深海、极地等前沿科技领域不断获得新突破。“嫦娥五号”月球探测器（见图 14-5）、“北斗三号”全球卫星导航系统、载人航天器等重大创新成果举世瞩目；深海深地探测、水下无人潜航、人工智能等面向国家重大需求的战略高技术领域持续取得重大突破；破冰科考船、大气激光雷达、南极巡天望远镜（见图 14-6）等得到实际应用；等等。

图 14-5　“嫦娥五号”月球探测器

图 14-6　南极巡天望远镜

虽然成绩令人欣喜，但现实让人警醒：我国关键核心技术创新能力依然不足，与部分发达国家仍存在较大差距。例如，我国极地冰下自主水下机器人、北极冰区组网观测等重大装备，以及北极技术的研发与应用滞后明显。因此，为了维护新型领域安全，我国应积极开展新型领域装备发展战略研究，基于国际发展趋势进行技术预见，加大科技投入，增强科技竞争力。

2．加快培养和储备新型领域人才

新型领域的开辟最具探索性和前瞻性，我们需要赶超的是技术领跑、实力领先的强敌对手，需要攻克的是出奇制胜、突破既有的高难课题，要想实现比肩竞争、谋求超越，唯有增强自主创新能力。而要想增强自主创新能力，就必须建立高质量人才自主培养体系，打造一支爱国奉献、团结协作、具有创新自信、敢于攻坚克难的高水平创新队伍，提升人才队伍的原创能力和关键核心技术突破能力，把科技发展的主动权牢牢掌握在自己手里。

例如，培养和储备极光光学观测设备操作员、深海潜航器设计师、载人航天器地面模拟设备创建者、重大新发传染病疫情防控人员等人才，为我国在新型领域实现由跟跑、并跑向领跑的转变打下牢实基础。

生活实例

“深海宇航员”——助中国人深海圆梦

2021 年 6 月 25 日，我国首个自营深水大气田——“深海一号”大气田顺利投产，这火焰点亮了长久以来中国人挺进深海的蓝色梦想。“深海一号”气田的勘探突破和成功开发，标志着我国从装备技术到勘探开发能力全面实现了从 300 米到 1 500 米超深水的跨越，深海油气资源开发迈进新时代。

在“深海一号”背后，有一批青年“深海先锋”，他们凭着锐意创新、果敢担当，以及咬定青山不放松的恒心毅力，劈波斩浪，成就了这一宏伟业绩。35 岁的海油工程 ROV（水下机器人）总监韩超带领年轻团队勇担使命，创造了一个又一个海上安装奇迹，把中国人的脚印稳稳扎在 1 500 米的大海深处。

ROV 即水下机器人，又称“无人遥控潜水器”，是一种工作于水下的极限作业机器人。它是深海油气开发的必备装备。领航员是ROV的操作者，因培养难度大、周期长、费用高，而被业界称为“深海宇航员”。在过去60年里，这一领域的工作者都来自欧美国家。曾有人断言，中国可以把宇航员送上太空，但在短时间内不可能培养出自己的领航员队伍。

2007年，21岁的韩超加入中国海油工程团队时，摆在他面前的只有两台“元老”级ROV，没有任何培训体系和实操机会，每次下水作业时都只能站在外国工程师身后观看。在一次海上作业过程中，韩超与一名外方ROV领航员在讨论施工步骤时争论了起来，外方ROV领航员直接甩了一句：“我干这行已经20多年了，20年后再来和我讨论吧！”韩超被外方ROV领航员的傲慢深深刺痛了，他暗下决心，“一定要从老外手中拿回操作权”。

要想操控好ROV，必须达到人机合一的境界。ROV全身由3万多个精密部件组成，操作技术涉及十几门学科的专业知识。在操作过程中，“深海宇航员”要盯着9台显示器和各种传感器数据，右手管控ROV，左手操作机械手，脚踩收放踏板，同时还要对船舶、ROV、水下设施的位置了如指掌。在玩得转设备的同时，“深海宇航员”还必须修得了机器，弄得通原理，编得出指令。

为了熟练掌握并不断提升操控ROV的技能，韩超拜师学艺，勤学苦练，几乎每天都抱着厚重的英文资料，泡在控制间和维修间，抓住一切机会进行练习。在日复一日的训练下，他和团队仅用了5年时间，就达到了国外领航员10年修炼的水平。

经过8年时间的勤学苦练，韩超一路跨越一级领航员、二级领航员、高级领航员、ROV监督4个级别。2015年，韩超成为首个获得国际权威ROV总监资质证书的中国人，是当时国际上最年轻的ROV总监。2019年，韩超凭借过硬技术，勇夺中国海油第九届技能大赛ROV操作员竞赛金奖。这一年，中国海油多个深水项目相继启动，韩超盼来了圆梦深水大气田的时刻。

如今，“深海一号”大气田即将建成，韩超又有了新的目标。“我们不但要有自己的领航员队伍，还要掌握ROV设备自主制造和软件自主开发关键技术，下一个五年，我们定要实现实质性突破。”他信心十足地说。

资料来源：王冬梅，《韩超：“深海宇航员”圆梦深水大气田》，《工人日报》，2021-5-6

（三）开展新型领域安全国际合作

新型领域安全与全人类的命运息息相关，我国应始终坚持相互尊重、平等互利的原则，加强与世界其他国家在探索、利用和治理外层空间、国际海底和极地区域，以及防疫、抗疫、维护生态环境等方面的国际合作，并推动新型领域安全文化建设，为造福全

人类作出贡献。

1. 推动新型领域国际治理和规则制定

近年来，随着科技进步及经济全球化的发展，太空、深海、极地、生物等新型领域的国际机制不断建立，成为国际组织与全球治理发展的新方向和突破点。新型领域的合作缺乏统一规范，而传统领域的治理经验难以简单移植，这就为广大发展中国家提供了相对平等的参与机会。

为了维护新型领域安全，我国应充分发挥联合国主渠道的作用，深入参与各新型领域国际规则的制定，确保新型领域开发有法可依，公平惠及每个国家；加强与其他发展中国家的政策协调，扩大与美欧的合作对话，以新疆域、新领域为切入点，增强发展中国家的话语权和影响力；在《联合国宪章》《联合国海洋法公约》《外层空间条约》等现有国际法的基础上，推动完善新疆域、新领域治理的法律框架，促进经济社会的发展、国际和平稳定的保持和人类共同福祉的创造。

2. 推进新型领域的国际合作

在太空、深海、极地和应对传染性疾病等新型领域，我国应秉持和平、主权、普惠、共治的原则，积极参与国际合作，努力把新疆域和新领域打造成各方合作的新平台，而不是相互博弈的竞技场。

具体而言，我国应秉持尊重、合作、共赢、可持续原则参与南北极事务，大力开展在气候变化、科考、环保、生态、航道和资源开发、人文交流和人才培养等领域的沟通与合作，如推动共建经北冰洋连接欧洲的蓝色经济通道；主动融入深海领域的国际大科学计划，与各国科学家在深海领域共同攻坚克难和探索未知，如中、俄、日本的海洋科学家共同开展西太平洋海山生态与环境联合科考；与多个国家和国际组织开展航天国际合作，推动航天技术更好造福世界各国人民；等等。

历史纵横

中—冰北极科学考察站

2018 年 10 月，位于冰岛北部城市卡尔霍尔的中—冰北极科学考察站正式揭牌运行。

中—冰北极科学考察站的合作始于 2012 年中国、冰岛两国政府签署的关于北极的合作框架协议。同年，中—冰机构签署合作备忘，在冰岛北极建立了中—冰联合极光观测台。2017 年，在中国的提议下，两国将极光观测台“升级”为一座北极科学考察站。这个科学考察站除了可以进行极光观测，还能够进行大气、海洋、冰川、地球物理、遥感和生物等学科的观测任务，能容纳 15 人同时在此工作生活。

当然，这个致力于监测北极气候和环境变化的平台，也对来自其他国家的科研人员开放。

3. 推动新型领域安全文化建设

在经济全球化、区域一体化不断深入发展的背景下，新型领域在战略、经济、科研、环保、航道、资源等方面的价值不断提升，受到国际社会的普遍关注。这些领域的问题涉及国际社会的整体利益，攸关人类生存与发展的共同命运，具有全球意义和国际影响。为了维护新型领域的安全稳定，我国必须推动新型领域安全文化建设，增强全球依法、有序参与开发和利用新型领域，通过和平方式解决权益争议的意识。

实践活动 “新领域设备秀”主题班会

曾几何时，太空、深海、极地只是少数国家的专属竞技领域。如今，全球参与新型领域探索的国家越来越多，中国在新型领域的科学技术也越来越成熟。请以“新领域设备秀”为主题，开展一次班会，以加深对我国新型领域相关设施设备的了解，增强民族自豪感。具体内容与要求如下：

（1）全班学生自行分组，每组 4～5 人，并推选 1 名组织能力强的学生作为小组代表。

（2）各组成员查找相关资料，了解我国在太空、深海、极地领域研发并实际应用的科学设施设备，如我国的月球探测器、火星探测器、潜航器、破冰船等。

（3）各组先选择一个最感兴趣的科技成果（如“嫦娥五号”），然后收集其具体信息，包括功能特点、相关人物、发展过程、达成成就等。

（4）由各小组代表采用文字、图像或视频等形式，在班会上对本组的信息收集成果进行展示和解说。

教师可参考表 14-1 对各小组进行评价。

表 14-1　实践活动评价表

评价标准	分值	分数小计	教师评价
分工合理，各成员均积极参与	20 分		
收集的信息全面、具体、准确	30 分		
所展示的内容符合班会主题	30 分		
解说逻辑清晰，语言流畅	20 分		